U0574086

新时代

师德师风建设的理论与实践

教育部师德师风建设基地（北京师范大学）

北京师范大学中国教育与社会发展研究院 ◎组编

北京师范大学出版集团
BEIJING NORMAL UNIVERSITY PUBLISHING GROUP
北京师范大学出版社

图书在版编目（CIP）数据

新时代师德师风建设的理论与实践 / 教育部师德师风建设基地（北京师范大学），北京师范大学中国社会与发展研究院组编. -- 北京：北京师范大学出版社，2024.8. -- ISBN 978-7-303-30007-5

Ⅰ. G635.16

中国国家版本馆 CIP 数据核字第 2024J99P85 号

图 书 意 见 反 馈　gaozhifk@bnupg.com　010-58805079
营 销 中 心 电 话　010-58808083　58805532

XINSHIDAI SHIDE SHIFENG JIANSHE DE LILUN YU SHIJIAN

出版发行：北京师范大学出版社　www.bnupg.com
　　　　　北京市西城区新街口外大街 12-3 号
　　　　　邮政编码：100088
印　　刷：唐山玺诚印务有限公司
经　　销：全国新华书店
开　　本：710 mm×1000 mm　1/16
印　　张：19.5
字　　数：290 千字
版　　次：2024 年 8 月第 1 版
印　　次：2024 年 8 月第 1 次印刷
定　　价：66.00 元

策划编辑：张丽娟　　　　　责任编辑：陈佳宵
美术编辑：焦　丽　李向昕　装帧设计：焦　丽　李向昕
责任校对：段立超　　　　　责任印制：马　洁　赵　龙

教育部教师工作司 2022 年委托重点调研课题
"中小学师德师风建设基本情况研究"（JSSKT2022010）成果

教育部教师工作司 2023 年委托重点调研课题
"新时代师德师风建设模式研究"成果

序

"以中国式现代化全面推进中华民族伟大复兴"是习近平总书记向全党、全军和全国各族人民发出的伟大号召。建设教育强国，是全面建成社会主义现代化强国的战略先导，是以中国式现代化全面推进中华民族伟大复兴的基础工程。强教必先强师，培养高素质教师队伍是建设教育强国最重要的基础工作，师德师风是评价教师队伍素质的第一标准。在党的二十大报告中，习近平总书记强调，要加强师德师风建设，培养高素质教师队伍，弘扬尊师重教的社会风尚。

2014年9月9日，习近平总书记同北京师范大学师生座谈，发表了重要讲话"做党和人民满意的好老师"，号召广大教师要做"有理想信念、有道德情操、有扎实学识、有仁爱之心"的"四有"好老师，特别强调"好老师首先应该是以德施教、以德立身的楷模"。2022年9月7日，习近平总书记在给北京师范大学"优师计划"师范生的回信中，再次勉励广大师范生努力成为党和人民满意的"四有"好老师。2023年9月9日，习近平总书记致信全国优秀教师代表，深刻阐释了"中国特有的教育家精神"，希望广大教师"大力弘扬教育家精神"。习近平总书记的系列重要讲话为加强新时代师德师风建设指明了目标和方向，提供了根本原则。

为深入贯彻落实习近平总书记关于教育的重要论述、切实加强师德师风建设，2020年1月，教育部办公厅发布《关于公布教育部师德师风建设基地名单的通知》，北京师范大学获批教育部首批师德师风建设基地。依托国家级师德基地，2020年6月，北京师范大学与北京市教委共建"北京市中小学师德师风建设基地"，积极服务学校驻地城市——北京。2020年12月，教育部发文成立全国师德师风建设专家委员会，旨在充分发挥专家组织关于师德师风建设的研究、咨询和指导作用，北京师范大学成为全国中小学幼儿园师德师风建设专家委员会秘书处单位，依托教育部师德师风建设基地(北京师范大学)发挥平台支撑作用。

北京师范大学高度重视师德基地建设，由我担任基地主任，依托中国教育与社会发展研究院开展建设工作。基地建设以习近平新时代中国特色社会主义思想为指导，以北京师范大学校训"学为人师，行为世范"为宗旨，以"做'四有'老师，育时代新人"为使命，以"精神引领，文化涵养"为理念，围绕师德师风研究、政策咨询、师德师风情况监测和示范性师德教育模式构建等几个重要领域，积极实施如何成为国家教育智库建设新亮点、如何深入推动北师大师德师风建设，以及如何培育带动广大中小学幼儿园教师师德修养提升三大任务，深入推进师德基地各项建设工作。

教育部师德师风建设基地(北京师范大学)成立三年多来，通过与北京市教委共建基地，积极探索基础教育师德师风建设"市校共建"模式；深入推进区域中小学师德师风建设的综合改革，在北京、重庆、广东、湖南和甘肃等省市布局建设了一批高质量的北京师范大学师德涵养实验区，分层探索基于个体、以校为本、面向区域的师德师风建设多元模式；承担教育部"国培计划"示范项目师德专项研修和各级各类师德培训项目，探索总结出中华文化涵养师德"105"研修新模式，举办 43 期"京师好老师生命成长营"和 11 期"百日《论语》线上学习班"，涵养了一批又一批新时代"四有"好老师，为破解基层教育部门和中小学幼儿园师德师风建设的现实难题开展示范和引领。

《新时代师德师风建设的理论与实践》正是教育部师德师风建设基地(北京师范大学)依托教育部教师工作司委托重点调研课题"中小学师德师风建设基本情况研究"(编号 JSSKT2022010)和 2023 年委托重点调研课题"新时代师德师风建设模式研究"取得的阶段性研究成果。本书坚持以习近平新时代中国特色社会主义思想为指导，深入贯彻习近平总书记关于教育的重要论述，特别是关于师德师风建设的重要讲话精神，重点研究分析党的十八大以来，中小学幼儿园师德师风建设的基本情况和师德师风建设模式。全书分为上篇和下篇两个部分。上篇聚焦新时代师德师风建设的理论研究进展，基于多学科的理论视角，采用定量分析和定性分析相结合的研究方法，深入分析新时代师德师风建设概念的内涵与外延，全面展现我国中小学师德师风建设在理论建构、政策演进、学术研究与社会舆论等多个层面的整体情况，以期更全面地了解和把握新时代师德师风建设的内在规律，为开创具有中国特色、中国风格和中国气派的教师教育研究提供引领和示范；下篇聚焦新时代师德师风建设的典型案例。2022 年 12 月 17 日至 18 日，全国中小学幼儿园师德师风建设专家委员会首届年会暨北京市学校德育研究会年会(2022)举办，大会发布了 52 项新时代师德师风建设典型案例。这些案例都是经过全国中小学师德师风建设专家委员会的指导、遴选、推荐和评选等环节层层确认选定，具有较高的质量。编委会的专家从中选出 37 项典型案例编入本书。希望这些涌现出的典型案例能够成为各个区域中小学和幼儿园在推动师德师风建设过程中可复制、可推广、可借鉴的典型经验，并进一步助力"用中国道理总结好中国经验，把中国经验提升为中国理论"。

本书的读者对象定位于广大中小学师德师风建设的理论与实践研究者、培训者和中小学校长、教师等，也可作为中小学教师的师德研修课程通用读本或参考资料，更适合广大教师和师范生自主阅读。希望本书的出版能为以中国式现代化为引领，扎实推动教育强国建设，培养高素质教师队伍，进一步加强和改进新时代师德师风建设提供重要参照。

是为序。

程建平

2023 年 9 月 10 日

目　录

上　篇

中小学师德师风建设理论进展

　　把握师德师风建设理论研究进展是深入认识新时代师德师风建设规律的必然要求，也是落实立德树人根本任务的客观需要。师德师风建设是一个由主体（教育）、客体（受教育者）和中介（内容、方法等）诸多要素构成的有机系统，面向真实、复杂的师德实践，有必要深入探讨实践场域中师德问题是如何被建构起来的，社会多方力量（如国家政治、意识形态、学术机构、大众媒体等）如何参与师德建设实践，发挥着怎样的作用，建构了怎样的师德标准与教师媒介形象。

　　本部分将在厘清师德师风建设相关的内涵与外延的基础上，进一步探究党的十八大以来，我国中小学师德师风建设的政策变迁，探查纵向时间演进背后的历史脉络与主要特征。同时依托中国知网、《人民日报》和新浪微博等各类代表性平台，采用网络爬虫、数据清洗和自然语言处理等大数据挖掘与分析技术，结合影响中小学师德师风建设的主要因素，综合分析学术研究场、官方舆论场和民间舆论场等多个层面的数据信息，对近十年来我国中小学师德师风建设的演化趋势进行描述。

第一章

中小学师德师风建设的理论阐释

理论建构既是新时代中小学师德师风建设的重要内容之一，也是新时代中小学师德师风建设的实践探究得以顺利开展的重要基石和出发点。本章从不同视角对师德、师风和师德师风等基本概念的内涵和外延进行理论探析，以明确新时代师德师风的基本概念，进而聚焦新时代中小学教师的身份角色和具体的师德表征，最后从理论层面探讨新时代中小学师德师风建设的系统建构，为后续的研究和讨论提供理论基础。

一、我国师德的传统意涵

中国传统师德是中华民族传统道德的重要组成部分，作为一种文化传统，它已经扎根在民族的文化心理之中。把握我国传统师德的意涵，不仅有助于传承中华民族优秀传统文化，也为新时代的师德师风建设提供了文化脉络和历史参考。

几千年来，我国涌现出不少与教师道德相关的思想和论述。诸多教育家、思想家都曾表达过对教师道德的思考，这些思考往往夹杂于关于教师、教育乃至为人的各种论述中，经过不断的历史实践与探索，形成了比较稳定的师德理念和师德文化。

(一)中国传统师道内涵

我国传统社会并未出现"师德"这一明确概念，学界一般认为，"师道"是我国古代关于师德师风最早的认知、最有力的概括。成书于战国时期的儒家经典著作《礼记》中提到"凡学之道，严师为难。师严然后道尊，道尊然后民知敬学"(《礼记·学记》)。大意为为学之道，尊敬教师最难，教师受到尊敬，学问才能受到尊敬，学问受到尊敬，百姓才能重视学习。这句被认为是关于"师道尊严"最早的表述。但"师道"一词正式出现大约在汉代。① 关于师道的考证最早源自学者萧承慎的《师道征故》，他指出"师道"一词出自汉代萧望之举荐匡衡时，奏称"衡经学精习，说有师道可观览"(《汉书·匡衡传》)。之后，根据《后汉书·桓荣传》载，桓荣在谢辞太傅的上书中，有"臣师道已尽"一说。②

"师道"最早代表着一种政治性权威，也就是我们常说的"师道尊严"。《礼记·学记》中所提到的师道尊严就是从国家治理的角度出发，具有较强的政治性，倡导通过师道尊严，来彰显儒家德治仁政的核心价值观。③ 汉代，独尊儒家的体系建立，官府强调"师道"成为社会层级体系建构的一部分。北宋年间，人们按照《荀子·礼论》的论述排出"天地君亲师"的等级次序，这种等级的划分在明代得以流行，经官方宣扬后获得社会的高度认可，衍生"一日为师，终身为父"的通俗说法。师生之间是不平等的，是存在等级与辈分差异的，成为"师道尊严"的重要内核。④

但"师道"也一度面临失落。汉代以后，儒教一度衰落，对教师要求的官方化也在一定程度受到冲击，社会上出现"耻师"的现象，"独尊儒术"让人内在的天性无法充分发挥，大家提出要遵从人的自然性，内在天性的自然发挥便使得"道之不存久矣"。于是，韩愈作为师道的维护者掀起了"复道"运动，将师德列于对教师要求的首位。但是在当时的社会条件下，韩愈并未采取严格师德要求这一策略，而是将师道的概念加以拓展，通过"闻道有先后，术业有专攻"营造了更加平等的师生关系，为师道指明新的出路。⑤ 因此，韩愈所讲的师道尊严具有专业化、人文化的倾向，把"师"和"道"结合看成教师传道授业解惑的前提，强调道统和学统的高度统一。⑥

关于现代学者对于师道的定义，陈桂生认为有广义和狭义之分。萧承

---

① 根据现有学者的考据，"师道"一词可追溯到汉代，但严谨来看，并不意味着汉代以前没有"师道"一词所指称的事态。

② 萧承慎.师道征故[M].台北：师大书苑有限公司，2000：1.

③ 石中英.师道尊严的历史本意与时代意义[J].当代教师教育，2017，10(02).

④ 储朝晖.师德传统与现代建构[J].河北师范大学学报(教育科学版)，2023，25(04).

⑤ 储朝晖.师德传统与现代建构[J].河北师范大学学报(教育科学版)，2023，25(04).

⑥ 石中英.师道尊严的历史本意与时代意义[J].当代教师教育，2017，10(02).

慎在《师道征故》中所论的"师道"包括了"为师之道""尊师之道"和"求师之道"三个方面，属于广义的师道；而师道的重心——"为师之道"则是狭义的师道。韩愈在《师说》中所说的"师道之不传"，其包含的现象指"今之众人"，"耻学于师"，"士大夫之族，曰师曰弟子者，则群聚而笑之"，是从广义的师道来看的；而"师者，所以传道授业解惑也"属于"为师之道"的范畴，因此是狭义的师道。① 石中英则将当前学界对于师道的解读分为三类。其一认为师道就是指"师承、师传"，诸如汉代的经学解读各家观点不同，跟随某家学习，就要传承某一家的观点。其二认为师道是"教育之术"，即教师的能力。其三认为师道就是"为师之道"，界定了教师的职责和使命。通过对"道"的分析，石中英认为第三种观点更为可取，即师道指的是"为师者在履行自己职责时所应当秉持的根本价值原则和所应当追求的根本价值使命，是儒家之道在教育领域内的具体化和规范化要求"②。沈璿等人也指出了"师道"的双重意涵，在理解"道"时，不能简单将其归结为一般意义上的"方法"，在中国哲学中"道"还代表着一种终极真理，因此"师道"不仅指涉术的层面，还指涉成为合格教师应持守和追求的教师职业的终极真理。③

对于师道的内涵，不少学者在"为师之道"的范畴内，对传统师道思想进行了梳理和归纳。付粉鸽指出为师之道是师德、师才、师术的统一。道德情操的高尚、思想境界之超越是为师者的首要品质，此外，教师还需具有渊博的知识，懂得合理正确的教学方法。④ 相似的，孟艾菊也将师道分为师智、师法、师德三个维度，分别对应教师的专业知识、专业技能和道德素养。⑤ 屈博则认为理解"师道"，要分别从"师"和"道"两个层面理解，韩愈《师说》中所强调的"师"既是具体知识的传播者，又是人格的塑造者。如果只是知识的传播者，其"师"的身份就会受到质疑。"道"则是由"仁"产生的合乎其原则的行为，所以韩愈所指的"道"特指儒家之道。韩愈以弘道为志向，并将"道"的概念重新演绎，强调儒家仁义之道的交相传递。"道"与"师"的关系，则是"道之所存，师之所存"，"道"是"师"的规范与标准，"师"应该成为"道"的体现者、传播者和捍卫者。①

韩愈之后，对于师道的讨论仍在继续，其重点落在对于韩愈所提出的"师道不传也久矣"现象的研究。当今社会对于教师的期望与要求不断提高，随之而来的关于教师权威、使命、责任担当等的讨论愈发热烈，"重振师道"的呼声也愈发强烈。虽然韩愈由"师道不传"而提出的恢复师道传统有其特定的历史意义，但在尊师重教的精神实质与重构师道的价值内涵上，古今是一脉相承的。

屈博将"师道不传"的原因归结为三个方面，即"师"的问题、"道"的问题、"众"的问题。"师"的问题体现在"经师"与"人师"的区分，教师作为"道"的体现者、传播者、捍卫者等身份缺失，人们不再以"道"为求师的标准，而是以求取功名的功利性目标作为评价标准。此外，教师知识水平与教学能力的下降进一步导致了师道不传。"道"的问题体现在儒家思想的衰微、学校教育的式微，使得汉以来所奠定的儒家思想的权威地位受到动摇，人们的教育期许也不只聚焦于儒家之道，佛老之道开始盛行。儒家仁义之道未能适应人们在思想、教育等方面的需求。面对当时错综复杂的政治环境、竞争激烈的考试制度，人们迫切寻找新的精神慰藉。"众"的问题指大众对教师的态度也在转变。在魏晋以来的士族社会中，非师无学的狂妄学风，使得人们不再以求师、拜师为荣，学校教育的发展受到阻碍。到了科举盛行、文学风靡的唐代，甚至进一步转变为"耻师""不敬师"。韩愈之后，"师道不传"的呼声仍然存在。② 孟祥庚则研究了后韩愈时代师道仍不传的原因，其中教师的问题包括教师唯"名利"是求，有一定地位和话语权的教师通过广收徒众来扩大自己的声望和影响，进而获得名利，而出身贫寒的教师只能将教师这一职业当作一种谋生手段。学生的问题主要体现在"士不慕学"。在士子心中无名位的道德之师、博学之师根本不在他们选择的范围之列。他们一心所想只是借助有名位之师以利科举之途。这也导

---

① 屈博. 何以为师？——《师说》中的"师道不传"的问题辨析[J]. 教师教育研究，2019，31（05）.

② 同上。

致了师生关系的恶化，从以"求道"为基础的教学互动变为权势和功名的利益交换。针对这些问题，韩愈及后世学者也提出了诸多解决办法。为使师道重新得以传承，首先就要提高择师的标准，让真正有"师实"的人成为教师。教师本身当以"不可易之师"作为自己的职业追求，全社会也应共同营造"尊师重道"的氛围，从而真正提高教师的社会地位。①

（二）中国传统师德内涵

师德虽是现代概念，但有关师德内容的记录屡见于相关历史文献。与"师道"不同，"师德"主要回答教师应当遵守怎样的规范、达到怎样的标准，把作为价值理念的"道"内化为自己的德性。因此，"师道"与"师德"不只是话语的不同，更是对教师的两种要求，前者涉及为什么当教师的问题，即"志于道"，后者属于当合格教师的问题，即"据于德"。②

从师德的渊源来看，我国传统社会"师德"的形成经历了从"官德"中分离出来的过程。在西周以前，"学在官府""政教合一"，官员就是教师，教师就是官员，因此师德实际上是官德的一个分支。春秋战国时期，中国传统社会经历从奴隶制到封建制社会的转变，政治和学术逐渐下移，私学兴起，教师开始在民间涌现，其中以孔子为兴办私学的代表，促进了文化教育的发展和士阶层的崛起，并将"德教"的教育理念传于后世。③ 但到了秦朝，开始实行"以法为教，以吏为师"④，杜绝儒生聚徒讲学，严令禁止私学，客观上使此前已经分化出来的"师"这一职业不再独立存在，师德便是官德，对官吏的要求与规范就是对师的要求与规范。到了汉代，除了延续秦的"以吏为师"外，董仲舒提出的"独尊儒术"获得朝廷采纳，强化了"官师合一"，对教师的要求官方化。"三纲五常"成为对官员和教师职业道德的核心要求，又说"善为师者，既美其道，有慎其行"，对教师的道德品质、知识才干、言谈举止都有要求。如果说春秋时期的师德更加强调教师

① 孟祥庚. 后韩愈时代的"师说"——"师道仍不传"的困境与出路[J]. 教师教育研究，2021, 33(02).

② 陈桂生. 师道辨析[J]. 河北师范大学学报（教育科学版），2008(05).

③ 徐少锦. 中国传统师德及其现代价值[J]. 道德与文明，2002(05).

④ 王先慎撰，韩非子集解[M]. 北京：中华书局，1998：452.

的自我修养，汉代的师德因为有了官方的参与，则更加体现了他律的意蕴。①

传统师德的内涵最早比较丰富地体现在孔子的论述和个人经历当中，并对后世产生了深远的影响，为传统师德的内涵奠定了基础。作为中国历史上最有影响力的思想家，孔子的师德思想主要体现在《论语》中，其中涉及诸多对教师的论述，包括教师观、教学法、对教师修养的要求等。在传统语境中，"为师"和"为人"往往不能分开，所以对教师人格形象和道德修养的要求，往往也是对人的要求。此外，孔子弟子三千，他的教育实践经历也书写着他的师德思想。根据现有研究，可以将孔子对师德的要求总结为以下几点。

首先，教师的核心目标是"立人""达人"。有学者指出，"夫仁者，己欲立而立人，己欲达而达人"中的"立"就是有所成就，"达"就是通晓学问、成就才能。"仁"包含着对不同行业应该达到的最高境界的要求，教师的"仁德"就是"立人"和"达人"。希望自己有所成就、建立功业，那就应该帮助和促成别人实现自己的理想；希望自己学有所成、通晓世务、明白事理，就应该引导和帮助别人达到这样的境界。作为教师，良好的职业道德就体现在"立人"和"达人"上。② 孔子所说的"立人""达人"，实质上是他培养人才的指导思想，也是他教育的出发点和归宿，也有学者将这两个概念视作教师之"志"，即立志从教。③

其次，教师应当崇尚学问，谦虚好学，做到"学而不厌，诲人不倦"。古人非常重视广博的知识对教师的重要性，知识的不断积累与更新是为师的先决条件，一名合格的教师，首先必须具备扎实的理论功底和问学求实的探索精神，要热爱自己的职业，并勇于钻研，开拓进取。孔子自身的经历也证实了这一点，他不是生而知之者，而是"好古敏以求之者"。孔子虚心好学，不耻下问，并且一生都在不断学习，"十有五而志于学，三十而立，四十不惑，五十而知天命，六十而耳顺，七十而从心所欲不逾矩"，正是他自己"学而不厌"之生命进程的真实写照。

---

① 储朝晖.师德传统与现代建构[J].河北师范大学学报(教育科学版)，2023，25(04).
② 赵常丽.孔子师德观的现代意义[J].青海民族学院学报，2008(02).
③ 黄正.孔子重义轻利师德观的积极意义[J].江苏高教，2000(04).

再次，教师应当为人师表，提升自身的道德修养。孔子非常注重教师个人的德性修养，强调言传身教，为人师表。所谓"为己之学"，就是说学习的第一要义在于培养个体人格，而不是为了追求富贵名利，沽名钓誉。教师既然是专门的教育者，就必须有高尚的人格和严格的操守，不论学问水平高低，首先要为人师表，率先垂范，用自己的言行为学生做出表率。一名好老师，是做人与问学的统一，通过克己复礼、见贤思齐，使自己的思想道德修养达到较高的境界，从而成为学生效法的楷模，在学生心目中留下崇高的形象。孔子一生安贫乐道、严于律己，正是用自己的实际行动践行着他的思想。

又次，教师在面对学生时，应当做到关爱学生、有教无类。孔子认为，一个有德性的人，心中一定是充满爱的，反映在师生关系上，就是对学生的关心和爱护。有学者指出，孔子对学生的爱首先表现在不隐其学，毫无保留地传授知识，其次表现在对弟子的尊重和严格要求，不吝赞美也总是一语中地指出弟子们的优缺点，还表现在有教无类、一视同仁。此外，孔子与弟子感情深厚，弟子冉伯牛生病了，孔子探望；颜回死时，孔子痛哭并说"天丧予！天丧予！"。只有爱得深，才能更认真、更耐心、更细心地对学生进行教育。①

最后，教师应当提升自身的教学水平和能力，做到循循善诱、因材施教。循循善诱和因材施教是孔子最主要的两个教学策略。循循善诱指在教学中必须使受教者先发现困难，有求知的动机，然后再去启发他。这就要求教师把学生作为教学的主体，在教学中最大程度地发挥学生的学习主动性，并不断提高自己的教学水平，注意教学方式、方法的运用，不断寻找解决问题的最佳方法和最好途径。因材施教则需要关注每个学生的个性。孔子对其弟子的特点了如指掌，将其弟子们按其特长分为德行、言语、政事、文学四类，因人而异，分别施教，发展个性，最终帮助他们成长为有用之才。因此，教师在教学时要实施差异教育、开放式教育，尊重学生的个性化发展。

《荀子》中也提到了对于教师的要求："师术有四，而博习不与焉。尊

---

① 孙利．从《论语》看当代教师职业素养[J]．北京理工大学学报(社会科学版)，2009，11(02)．

严而惮，可以为师；耆艾而信，可以为师；诵说而不陵不犯，可以为师；知微而论，可以为师。"这意味着教师除了有渊博学问之外，应具备四个基本条件：一要有尊严和威信；二要有丰富的阅历和崇高的信仰；三要有讲授经文的能力，能够根据内在逻辑，循序渐进，诵说时有条有理，不凌不乱；四要能钻研并精通所教内容，并且善于阐发，微言大义，而不仅是记问之学。①

纵览传统师德的内涵，不难看出以下几点。首先，传统师德对教师自身提出了很高的要求，这些要求又可以分为两个层面，一是对教师个人道德、品行的要求，二是对教师学识的要求，这也意味着即便在古代，师德也不仅仅是一个道德范畴的概念，而且包括了教师的学问水平，教师需要在道德和学问上都达到较高的水平，才能成为弟子学习的榜样，即既做"经师"，也做"人师"。其次，传统师德也关注教师的教育理念与教育技巧，包括教师要关爱学生、有教无类、循循善诱等，这其实涉及教师的专业性问题。也就是说，教师不仅自身要品学兼优，还要了解一定的教育规律和方法，能够将自身的良好品质和学识传递给下一代。最后，传统师德也重视对教师发展的要求，包括教师要学而不厌，不断提升自身的德性和学问。放在现代语境下，这其实代表了教师的终身学习和专业发展。可以看到，即便在古代，教师的成长与进步也为人所重视。

二、新时代师德师风的概念内涵

21世纪以来，"师德师风"这一概念越来越多地进入我国的政策话语体系和日常生活。随着我国相关政策文件对于师德师风的使用不断增加，师德师风越来越成为当下我们认识和理解教师道德的切入点。师德师风概念受到我国传统师德、师道思想的影响，受到国际社会对于教师道德和专业伦理认识的影响，也受到我们所处的新时代社会大环境的影响。因此，新时代的师德师风也有着自身独特的内涵，需要专门厘清。要认识新时代师德师风的概念，需要先分别从"师德"和"师风"两个方面来理解，在延续原有认识的基础上赋予其新的内涵，构建整全的新时代师德师风概念。

---

① 储朝晖.师德传统与现代建构[J].河北师范大学学报(教育科学版)，2023，25(04).

（一）当代师德及相关概念的内涵和外延

师德作为界定教师道德形象和责任的主要表述，具有时代性和实践性。随着时代的发展变化，当代的师德也有了新的内涵。当代学术界对于师德的定义主要分为三种：一是王逢贤的观点，认为师德不仅包括教师"职业道德"与"一般道德"，还包括世界观、人生观、政治立场和法纪行为；① 二是顾明远、朱小蔓等人的观点，认为师德是教师在工作过程中应该遵循的道德原则和规范的总和，包括教师的道德品质、思想信念、对事业的态度和情感，以及有关行为的规范等；② 三是陈桂生的观点，认为师德既是教学工作基本的准则和规范，又是教师必备的情操品质，内化为教师的职业精神，外显为教师的职业声望。③ 可见，对师德的界定不仅限于教师专业工作的范围，而且有对其个人所提出的道德要求；师德体现为教师职业道德、教师人格品行与社会道德期望的多重叠加。随着教师专业化发展的需求增加，越来越多的研究者聚焦从"专业"视角重新阐释原有的师德概念内涵，认为师德不同于一般的行业道德，师德建设应充分考虑教师专业工作和专业发展的特性。④ 因此"教师专业道德""教师专业伦理"和"教学伦理"等术语组合相继进入学界。它们揭示了建构当代师德概念的几点共识：一方面，应当谨慎避免将传统师德过分崇高化的倾向，确定适度的专业道德内容，不要过度扩大到日常生活领域，以避免脱离大多数教师的实际修养水平；⑤ 另一方面，应当着力提炼服务于教师专业的伦理道德，例如，终身学习的专业态度，活泼开朗、耐心细致、善良正直的专业人格，始终将受教育者的发展利益放在第一位的专业精神等。⑥ 檀传宝是国

---

① 林崇德主编.师德通览[M].济南：山东教育出版社，2000：905.

② 顾明远主编.教育大辞典（第1卷）[M].上海：上海教育出版社，1990：16；朱小蔓等.教育职场：教师的道德成长[M].北京：教育科学出版社，2004：2.

③ 陈桂生.略论"教师的职业精神"[J].当代教育科学，2008(05).

④ 早期有影响力的研究包括：徐廷福.教师专业伦理建设探微[J].教育评论，2005(04)；徐廷福.论我国教师专业伦理的建构[J].教育研究，2006(07)；李学农.专业化概念下的教师职业道德建设[J].教育与职业，2006(32)；罗昂.教师专业伦理的内涵与持续发展[J].中国德育，2008(4).

⑤ 张桂春.国外教师职业道德建设的经验及启示[J].教育科学，2001(01).

⑥ 黎琼锋.从规约到自律：教师专业道德的建构[J].教育发展研究，2007(01).

内较早明确呼吁师德从"职业道德向专业道德转移"的学者,① 并已出版一系列理论著作。在此基础上,新时期师德建设的研究需要结合当代和未来教育发展趋势提出新的内容维度与方法策略。

1. 师德概念的内涵

从概念内涵来看,已有研究对教师道德的解释模式可以分为三种,依次为规范论、素养论和精神论。三种解释模式分别从不同的视角和出发点来界定师德,因此对应的内涵之间也略有差异。

规范论认为教师道德是社会对教师提出的道德要求或道德期待,表现为口头约定或写入文本的规则或准则要求。我国教育政策文件和日常话语中经常谈到"教师要遵守职业道德规范"。有研究认为,"教师职业道德规范是由国家或教育行业行政部门颁布的,教师在从事教育专业工作时,所应遵循的价值取向、基本原则和行为规则",具体可以分为道德理想、道德原则、道德规则三个层次。②

素养论认为教师道德就是教师的道德品质,是教师在行为中表现出的稳定的行为倾向与个体素养。有研究将教师道德等同于教师的道德修养,认为师德在教师整体素质中占有统领地位,既是教师自我素质提高的导引和动力因素,又是教师自我素质提高的重要目标和检验标准。③ 我国教育政策文件和日常话语中反复提出的"提高教师的师德水平",正是基于素养论的表达。

精神论认为教师道德是教师自身的信念、价值追求与精神世界。许多教育工作者都认为教师应具有"崇高的灵魂""美的心灵"和"较高的精神世界"。④ 人们在教育政策和日常话语中也常常提到"教师应有道德信念"或"教师应有道德追求"。这些表达将教师道德等同于个人信念、价值追求与精神世界。部分以"教师专业精神"为主题的研究从教师认同、教师美德和教师使命三个层面来建构教师专业精神的内涵,将教师美德视为教师专业精神的一部分。这类研究认为精神"包含了理性、情感和道德的各个要

---

① 檀传宝.论教师"职业道德"向"专业道德"的观念转移[J].教育研究,2005(01).

② 傅维利,朱宁波.试论我国教师职业道德规范的基本体系和内容[J].中国教育学刊,2003(02).

③ 傅维利.简论师德修养[J].中国教育学刊,2001(05).

④ 翟福英.老教育工作者谈"师德"[J].人民教育,1982(09).

素"，并承认道德"在精神系统中起统摄、支架性的作用"。①

规范论、素养论和精神论都有一定的道理，但是三者也存在着比较明显的差异，发挥着不同的功能。规范论视角下的师德带有明显的规范属性，相应的师德概念所需要的工作就是厘清教师需要遵守的道德标准和规范，哪些能做，哪些不能做，哪些应该做，哪些必须做，将是非之间的红线表述清楚。因此，在实践过程中，规范论视角下的师德更倾向底线师德，为了提升师德规范的可操作性，在表述时也更强调教师的具体行动。此外，规范论不可避免地代表了一种外部的规约，无论教师内心是否形成自我规范，都要接受师德规范的"他律"。素养论则带有一定美德论的属性，将师德看作教师所应具有的品格，这种品格一方面来自教师自身的修养，另一方面来自社会对教师的期待和要求。教师需要不断外塑和内化师德品质对于教师的行为、理念、价值选择等多方面的要求，并将其作为提升自身修养的一种方式。比起规范论和素养论，精神论视角下的师德更强调教师内在的精神追求，师德就是教师个人的价值所在，是教师追求理想、成就自我必不可少的部分。因此，精神论的师德在表述中也不可避免具有"崇高性"和"抽象性"，较难通过可观测的行动来展现，更看重的是教师内在的信仰。

2. 师德概念的外延

从概念外延来看，可以将对教师道德的界定分为广义、中义与狭义三种。从广义的界定看，教师道德指教师的精神素质，包括教师的道德品质与政治思想素质等在内。诚如相关研究者指出，"师德的'德'已远远超出了教师职业和一般道德的范围。师德不仅含有道德，也含有世界观、人生观、价值观、政治立场和态度、法纪观念和行为等。师德不限于教育活动的需要，也是作为社会的公民和先进分子所应具备的素质。这不是对师德的过高苛求，而是教师的社会地位对其角色和本色素质的客观规定。"②

中义的界定把教师道德确定为教师个人的道德，包括教师在私人领域、公共生活领域和职业生活领域的所有道德表现或道德要求。例如，我国《幼儿园教师专业标准（试行）》《小学教师专业标准（试行）》和《中学教

---

① 张华军，朱旭东．论教师专业精神的内涵[J]．教师教育研究，2012，24(03)．
② 王逢贤．师德建设的理论思考[J]．中国教育学刊，1997(04)．

专业标准（试行）》将教师的"个人修养与行为"列为教师道德的一部分。相关研究者也认为，教师必须承担"作为人的道德义务"，这"虽不是职业性的，但却与职业的道德要求有明确的紧密关系和内容的重叠"①，"职业道德是个人的德性在职业行为中的体现""个人的职业道德是个人德性的不可分割的一部分"②。

在狭义的界定中，教师道德专指教师的职业道德。所谓职业道德，就是指"人们在一定的职业活动中所形成和遵循的、具有自身职业特征的道德规范以及与之相适应的道德观念、情操、品质"③。"教师职业道德是从事教育职业的人所应当遵循的行为准则和必备品德的总和，是一般社会道德在教师职业中的特殊体验。它是教师行业的特殊道德要求，是调整教师与学生、教师与教师、教师与学校领导、教师与学生家长，以及教师与社会其他方面关系的行为准则；它从道义上规定了教师在教育过程中应该以什么样的思想、情感、态度和作风去待人、接物、处理问题，以及做好工作，为社会尽职尽责。"④

无论是从广义、中义，还是狭义的角度界定师德，都有一定的道理，但是在具体使用时要注意区分，既要符合使用的现实情况，也要避免师德概念的过分泛化。在现实生活中，往往存在着师德概念混用和泛化的问题，这可能导致师德概念的混乱，不利于全社会对师德建立清晰的认知。师德实际上介于个人道德和职业道德、公德和私德之间，但又完全不能将其泛化为对教师生活方方面面的要求。因此，在探讨师德的外延时，要注意厘清师德的边界问题，在教育实践中更应如此。

3. 教师专业伦理概念的兴起和内涵

除了师德概念本身，一个不可避免的相关概念，则是"教师专业伦理"。随着教师专业化运动浪潮从西方传到中国，教师专业伦理这一概念开始兴起，并在很大程度上成为师德概念的近义词。因此，有必要对这个概念进行阐释。

---

① 金生鈜. 何为好教师？——论教师的道德[J]. 中国教师，2008(01).

② 沈璿. 我国教师伦理规范的制度属性及其建构[M]. 北京：中国社会科学出版社，2015：34.

③ 钱焕琦主编. 教师职业道德[M]. 上海：华东师范大学出版社，2016：17.

④ 申继亮主编. 师德心语——教师发展之魂[M]. 北京：北京师范大学出版社，2006：6.

20世纪，美国学者肯尼斯·A. 斯特赖克（Kenneth A. Strike）和乔纳斯·F. 索尔蒂斯（Jonas F. Soltis）在《教学伦理》中采用分析哲学的方法对教师伦理的诸多概念、命题展开辨析，提供了一个教师伦理学研究的良好样例。契尔那葛卓娃等著的《教师道德》在探索社会主义教育伦理体系建立上成果斐然。进入21世纪，加拿大学者伊丽莎白·坎贝尔（Elizabeth Campbell）在《伦理型教师》一书中认真讨论了教师伦理及这一伦理的理论基础。20世纪80年代以后，我国重新开始专门的"教师伦理学"研究，涌现了一批相关专著。王正平、郑百伟的《教育伦理学——理论与实践》、李春秋的《教育伦理学概论》在伦理学的教育学应用上开始了有益的尝试。钱焕琦等人在《中国教育伦理思想发展史》开始了教育伦理的历史梳理，对教师伦理学研究有着基础性意义。此后，黄向阳、王本陆、孙彩平、冯建军等人也逐步开始了更为规范和深入的教师伦理探索。

从教师专业伦理本身的概念来看，"伦理"一词在西方源于古希腊文"ethos"，含有风俗、习惯、气质和性格等意义。在西方，它和道德的含义差别不大，都表示风俗习惯及内在的道德品质。我国的"伦理"一词最早见于秦汉之际成书的《礼记》。"凡音者，生于人心者也；乐者，通伦理者也。""伦"和"理"分别代表秩序和条理。西汉初年，"伦理"一词才被广泛使用，用来概括人与人之间的规范和道德原则。在我们的日常用语中，"伦理"的意思就是人伦道德之理，指人与人的关系和处理这些关系的规则。"教师专业伦理"一词源自西方，其重点在于西方对"专业伦理"的认识。区别于一般伦理和职业伦理，"专业伦理"既指约束专业人员从业行为的合理道德价值和规范，也指专业人员实际奉行的道德信念或行为准则。① 这里的"专业"指社会技能中的"专业性行业"，而不是普通职业，是将教师看作诸如医生、律师等专业群体而不是单纯的社会职业。专业伦理是由于个体的专业身份所带来的道德约束，"是这个职业特定的职业道德准则，并且是由特定职业的成员决定的，能够在该职业中达到最高标准"②。相关研究也强调，成为一名专业人士的行为本身就要求他遵守该专业群体的道德原则和

① Robert Audi. The Cambridge Dictionary of Philosophy（second edition）［M］. New York：Cambridge University Press，1999：749.

② Rukiye Şahin, Şafak Öztürk, Mehmet Ünalms. Professional ethics and moral values in Akhi institution［J］. Procedia－Social and Behavioral Sciences，2009，1(1).

标准，违背这些规范就是不专业的行为。^① 因此，使用"教师专业伦理"这个概念，就是将教师的地位提升到和医生、律师等同样的专业层面。美国全国教育协会制定颁布的《教育职业伦理准则》(也称 NEA 准则)是美国目前最具影响力的教师专业伦理规范，其中也提到教师专业伦理是一种职业群体规范，其目的是使教师更好地履行职业职责、维护专业声誉。所以说，专业性是教师专业伦理规范的本质特征。

"教师专业伦理"的概念在中国的兴起经历了一个过程。在此之前，中国学者讨论教师道德时大多使用"教师职业道德"这一概念，强调教师这一职业的道德要求。诸如，江存丽认为"教师的职业道德是教师在教学活动中的道德规范和应具备的道德品质"^②。朱小蔓把教师职业道德界定为"教师在教育教学活动中必须遵循的道德准则和必须具备的道德情操与道德品质的总和，内容主要包括课堂教学中、同事交往中和师生交往中表现出来的教师职业道德和教师在教育教学过程中的创新性表现"^③。但随着教师专业化的不断推进，多位研究者开始自觉地采用"教师专业伦理"概念。檀传宝最早提出，要实现从"职业道德"到"专业道德"的观念转变。^④ 徐廷福也指出，所谓教师专业伦理，是指教师在从事教育教学这一专业工作时应该遵守的基本伦理规范和行为准则。我国教师专业伦理的建构必须克服传统师德生成方式的不足，实现从身份伦理向专业伦理、从经验方式到理论方式的转换，注重教师专业伦理的系统性和可操作性，才能科学、合理地建构我国的教师专业伦理。^⑤

我国学者也对"教师专业伦理"给出了自己的界定。顾明远将教师专业伦理定义为教师在进行教育教学工作，处理各种关系、问题所遵循的道德准则和行为规范，包括教师的道德品质、思想观念、对事业的态度和情感、有关的行为规范等。^⑥ 从这个定义可以看出，教师专业伦理具有社会

① J. F. Soltis. Teaching Professional Ethics[J]. Journal of Teacher Education，1986，37(3).

② 江存丽. 浅谈新时期高校教师职业道德的基本规范[J]. 青岛大学师范学院学报，1995(01).

③ 朱小蔓，等. 教育职场：教师的道德成长[M]. 北京：教育科学出版社，2004：85.

④ 檀传宝. 教师伦理学专题：教育伦理范畴研究[M]. 北京：北京师范大学出版社，2000：17.

⑤ 徐廷福. 教师专业伦理建设探微[J]. 教育评论，2005(04).

⑥ 顾明远主编. 教育大辞典[M]. 上海：上海教育出版社，1990.

性和规范性。檀传宝对教师伦理中的基本范畴进行了阐释，包括教师的幸福、义务、公正、仁慈和良心，一一说明了其含义与教育特质，以及相关修养机制。① 冯婉桢则对教师专业伦理概念的内涵和外延进行了分析，指出教师专业伦理虽然有专业特殊性，但属于社会伦理的一部分，其伦理要求不应违背社会伦理的普遍原则与要求；教师专业伦理内部应包括专业权利与专业义务两部分，并应使两部分内容尽可能均衡。②

比较"教师职业道德"和"教师专业伦理"这两个概念可以看出，"教师职业道德"更多是个体化的约束，而"教师专业伦理"则更倾向于在关系中建立双向约束，并维护教师专业群体的形象。从教师定位来看，"教师专业伦理"更加突出了教师的专业身份，代表了其从一般职业转向专业人员、从经验型教师向专业型教师的转变。③ 从特点来看，"教师专业伦理"更具有公共性和规范性，更能体现社会对于作为专业人员的教师的整体期待。

(二)师风概念的意涵探析

尽管"师德师风"作为一个日常生活概念，被人们广泛使用；但对于"师德师风"这样一个统一的、严谨的学术概念，尚未形成较为系统、完善的论述。特别是对于"师风"这个概念缺乏深入的学理分析与阐释。绝大多数研究仅仅把"师风"当作"师德"的同义词或补充词。换言之，关于师德师风的研究只侧重"师德"，而忽略"师风"。因此，要认识新时代师德师风的整体意涵，非常有必要对"师风"这一概念进行专门的阐释和界定。

1. 从字义角度剖析"师风"

"师风"是起源于我国的一个概念。在现代汉语表述中，"风"的概念有很多，其中与师风关系密切的意思主要包括风范、风度、风貌、风俗、风气等，在此基础上的师风概念主要有两个层次的意涵，一个是个体层面的，即老师的风度，另一个是群体层面上的，即教师这个行业的风尚风气。在古文中，师风一词最早出现在《北齐书·元文遥传》中，文中提到：

---

① 檀传宝. 教师伦理学专题：教育伦理范畴研究[M]. 北京：北京师范大学出版社，2000.

② 冯婉桢. 教师专业伦理的边界——以权利为基础[M]. 北京：教育科学出版社，2012.

③ 檀传宝. 教师伦理学专题：教育伦理范畴研究[M]. 北京：北京师范大学出版社，2000.

行恭美姿貌，有父风，兼俊才，位中书舍人，待诏文林馆。齐亡，阳休之等十八人同入关，稍迁司勋下大夫。隋开皇中，位尚书郎，坐事徙瓜州而卒。行恭少颇骄恣，文遥令与范阳卢思道交游。文遥尝谓思道云："小儿比日微有所知，是大弟之力，然白掷剧饮，甚得师风。"思道答云："郎辞情俊迈，自是克荷堂构，而白掷剧饮，亦天性所得。"行恭弟行如，亦聪慧早成，武平末，任著作佐郎。

其中涉及师风一句话的大意是："小儿近略有学问，这是大弟的功劳，然而白天赌博，过量饮酒，也是从老师学的。"从中可以看出，在这里师风是对个体层面的描述，且本身暗含无形的影响、教化之意。

我国历史上对于"师风"的使用很少，要明确"师风"，尤其是"风"的意涵，还可以从其他相似的词语中来理解。这里主要选用"家风"和"校风"两个概念进行阐释。

"家风"，一般指一种由父母或祖辈提倡并能身体力行和言传身教，用以约束和规范家庭成员的风尚和作风。徐梓指出，我们可以将家风理解为家庭的风气，将它看作一个家庭的传统、一个家庭的文化。如同一个人有气质、一个国家有性格一样，一个家庭在长期的延续过程中，也会形成自己独特的风习和风貌。这样一种看不见的精神风貌、摸不着的风尚习气，以一种隐性的形态，存在于特定家庭的日常生活之中，家庭成员的一举手、一投足，无不体现出这样一种习性，这就是家风。① 家风有一种强大的感染力量，是家庭伦理和家庭美德的集中体现。家风是家庭成员道德水平的集中体现。此外，家风具有无形的教化功能。家风有别于家庭世代相传的道德准则和处世方法，它指涉一个家庭的性格特征。虽然它一旦形成，也就成为教化的资源，对家族子弟具有熏染影响、沾溉浸濡的意义，但家风是一种不必刻意教诫或传授，仅仅通过耳濡目染就能获得的精神气质，具有"润物细无声"的意义。作为一种精神力量，家风既能在思想道德上约束其成员，又能促使家庭成员在一种文明、和谐、健康、向上的氛围中不断发展。

"校风"则是另一个涉及"风"的常用概念。校风是一个学校各种风气的

---

① 徐梓. 家风的意蕴[J]. 寻根，2014(03).

总和，是学校在办学过程中长期积淀而成的具有行为和道德意义的风气，是在校内乃至社会上具有极大影响并被普遍认可的思想和行为风尚。校风是校训的拓宽、延伸和具体化，其要素包括学校领导的工作作风、教师的教风和学生的学风，以及学校积淀的传统文化精神、学术探索所形成的风气和氛围，集中体现了学校的办学理念、育人方针、学术追求和办学特色，是学校品位和格调的重要标志之一。

通过以上阐述不难看出，无论是"家风"还是"校风"，都更强调"风"在风气、风俗这一层面的意涵。"家"和"校"的共同点在于二者都是一个群体概念。家所囊括的是每一个家庭成员，校所包含的则是学校中教师、学生在内的每一个个体。家风和校风，都是一个环境内的所有个体在长期的互动中沉淀而成的一套稳定的道德模式和文化氛围。如果只有个体，那么就谈不上家风、校风。虽然"师"与"家"和"校"有所区别，不具有比较明确的环境限制，但是"师"在这里同样是一个群体概念，代表的是整个教师群体所展现出的形象。因此，理解"师风"，应当看到其风气、风俗的一面，将师风作为群体概念来理解，而不仅仅作为教师个人的风度，方能体现其概念自身的独特性和内涵。

此外，从概念的特点来看，"家风"和"校风"都是无形的，作为文化产物或精神产物存在。相比于落到实处的家训、校训，家风和校风更多蕴含在整体氛围中，需要感受和体会。此外，家风和校风都具有潜在的教化功能，用蕴含在环境中的文化无形地滋养和影响其中的每个个体。师风同样具有这样的特点，它是由每一个教师个体所塑造和组成的群体文化和精神形象，同时，也润物细无声地涵养着每一位教师乃至整个社会。因此，要理解师风，还要看到它的环境和文化属性。

2. 从政策话语中剖析"师风"

"师风"这一概念不仅在生活中被使用，也经常出现在我国的政策文本中，并且在新时代的政策话语体系中承担着越来越重要的作用。虽然政策文本并未对师风概念下明确的定义，但我们依旧可以从相关的政策话语中挖掘和剖析师风的内涵。在政策文本中，师德师风概念在绝大多数情况下都作为一个整体概念出现，与此同时，师德这一概念依旧在政策文本中被使用。梳理师德师风概念的演进历程，了解其与师德的差异，有助于我们认识师风概念的独特内涵。

师德师风概念最早出现在 2001 年颁布的《教育部关于印发〈全国教育事业第十个五年计划〉的通知》中，第六条"基本形成适应素质教育需要的教师队伍"提到："教师队伍的整体素质和师德师风建设取得明显成效。各级各类学校的教师学历水平基本达到《教师法》规定标准，有条件的地区可进一步提高对教师学历的要求。职业学校'双师型'教师达到一定比例。高等学校专任教师中具有硕士和博士学位教师的比例有较大提高。各级各类学校专任教师的专业结构、职务结构和年龄结构更为合理。专任教师的数量、知识结构基本满足学校的规模发展和课程改革的需求。"但是师德师风建设这个概念在此后并未得到广泛使用，在相关的政策文本中仍以"师德""师德建设"等概念为主。在此期间，也有与"师德师风"相近的描述，诸如师德风范、教师风貌等。

直到 2010 年，"师德师风教育""师德师风建设"等概念重新在教育部发文中出现。诸如 2010 年 5 月 13 日出台的《教育部关于印发〈中等职业学校管理规程〉的通知》第十四条规定"学校按照国家有关规定要求，建立健全师德考评奖励机制，开展师德师风教育、法制教育和安全教育"。2010 年 9 月 6 日出台的《教育部关于向全国教书育人楷模学习的决定》中提到"全国教育系统要迅速掀起向全国教书育人楷模学习活动的热潮。要把学习楷模活动与贯彻落实全国教育工作会议精神和《教育规划纲要》紧密结合，与当地教师队伍建设实际紧密结合，与'创先争优'活动紧密结合，扎实有效地开展师德教育活动，切实加强师德师风建设"。

2012 年，"师德师风建设"首次作为政策条款中的小标题出现。2012 年 3 月 16 日出台的《教育部关于全面提高高等教育质量的若干意见》第二十六条提到"加强师德师风建设。制定高校教师职业道德规范。加强职业理想和职业道德教育，大力宣传高校师德楷模的先进事迹，引导教师潜心教书育人。健全师德考评制度，将师德表现作为教师绩效考核、聘用和奖惩的首要内容，实行师德一票否决制。在教师培训特别是新教师岗前培训中，强化师德教育特别是学术道德、学术规范教育。制定加强高校学风建设的办法，完善高校科研学术规范，建立学术不端行为惩治查处机构。对学术不端行为者，一经查实，一律予以解聘，依法撤销教师资格"。

从 2014 年以后，师德师风概念开始在教育部政策条文中被广泛使用。比较有代表性的包括 2014 年 9 月 29 日出台的《教育部关于建立健全高校师德建设长效机制的意见》提到的"加强师德宣传，培育重德养德良好风尚。……把培育良好师德师风作为大学校园文化建设的核心内容，挖掘和提炼名家名师为人为学为师的大爱师魂，生动展现当代高校教师的精神风貌。充分利用教师节等重大节庆日、纪念日契机，通过电视、广播、报纸、网站及微博、微信、微电影等新媒体形式，集中宣传高校优秀教师的典型事迹，努力营造崇尚师德、争创师德典型的良好舆论环境和社会氛围。对于高校师德建设中出现的热点难点问题，要及时应对并有效引导"。

2018 年，"师德师风建设"在中央文件中出现。2018 年 1 月 20 日颁布的《中共中央国务院关于全面深化新时代教师队伍建设改革的意见》在"指导思想"中提到，"全面贯彻落实党的十九大精神，……落实立德树人根本任务，遵循教育规律和教师成长发展规律，加强师德师风建设，培养高素质教师队伍，倡导全社会尊师重教，形成优秀人才争相从教、教师人人尽展其才、好教师不断涌现的良好局面"。在第二项专门提到要"着力提升思想政治素质，全面加强师德师风建设"，要求"实施师德师风建设工程。开展教师宣传国家重大题材作品立项，推出一批让人喜闻乐见、能够产生广泛影响、展现教师时代风貌的影视作品和文学作品，发掘师德典型、讲好师德故事，加强引领，注重感召，弘扬楷模，形成强大正能量。注重加强对教师思想政治素质、师德师风等的监察监督，强化师德考评，体现奖优罚劣，推行师德考核负面清单制度，建立教师个人信用记录，完善诚信承诺和失信惩戒机制，着力解决师德失范、学术不端等问题"。2018 年 11 月 8 日出台的《教育部关于印发〈新时代高校教师职业行为十项准则〉〈新时代中小学教师职业行为十项准则〉〈新时代幼儿园教师职业行为十项准则〉的通知》《教育部关于印发〈中小学教师违反职业道德行为处理办法（2018 年修订）〉的通知》《教育部关于高校教师师德失范行为处理的指导意见》在导语部分都提到了进一步加强师德师风建设。

在 2019 年 11 月 5 日，教育部等七部门印发了《关于加强和改进新时代师德师风建设的意见》的通知，师德师风建设正式在标题中出现。通知规定了关于师德师风建设的多项举措，要求基本建立起完备的师德师风建设制度体系和有效的师德师风建设长效机制，完善多方广泛参与、客观公正科学合理的师德师风监督机制等。

通过梳理政策脉络可以看出，"师风"的重要性的提升与中国特色社主义进入新时代是同步的，强调师风本身就是新时代对于教师的新要求。具体分析政策话语可以看出，比起师德建设，师德师风建设的表述增加了宣传、文化、环境、氛围、风尚等概念，重在树立教师整体形象和时代风貌，并通过各种媒介载体进行传播，在整个社会形成一种良好的氛围。比起师德建设对于制度性的强调，师风建设更强调通过文化、娱乐等"软手段"来影响社会，这也契合了"风"本身无形但润物无声的意涵。

（三）新时代师德师风概念的内涵

基于以上梳理，新时代师德师风的概念已经比较清晰。新时代师德师风既标举"师德"和"师风"意涵的独特性，也强调二者的融通。群体难以谈师德，个体称不上师风，处理好"师德"和"师风"的关系，强调个体性和群体性的相互影响和建构，用整全的、发展的思路理解和认识师德师风，是新时代师德师风概念的重要突破。因此，首先要将师德和师风的概念加以区分，突出师风概念的特点，使得二者各有分工。其次要挖掘二者的内在逻辑，立足于教师个体明确师德，同时强调师风在群体层面发挥的作用，让个体的师德和群体的师风相互建构，最终形成完整的新时代师德师风概念。

1. 作为个体概念的师德

对于师德的概念界定，需要从教师个体入手，主要包含两个层面，一是教师作为个人的道德，二是教师作为从事教育行业的专业人员的道德。其中教师的个人修养和行为也会影响教师教育目标的达成，因此我们需要在一定程度上对教师的个人修养和行为进行约束。但在这里需要讨论的问题是：对于教师个人道德约束的边界何在？一般意义上，我们可以通过时间和空间来划分一种职业的界限，比如上班时间和下班时间、工作领域和非工作领域等。然而教师的身份具有特殊性，教育性并不会随着教师和下班而中止，教师在个人领域的行为也会影响学生、家长、社会对于教师的认识，进而影响教师的教育行为。这就需要进一步探讨对于教师个人领域的约束所应当遵循的原则，以便进一步明确师德的边界。

师德的核心是教师作为从事教育行业的专业人员的道德，这与教师的专业角色息息相关。在不同的专业角色下，教师需要承担不同的责任、面临不同的期待、处理不同的关系，这就形成了教师核心的职业道德。因此我们可以基于教师的专业角色，从责任伦理和关系伦理两个维度对教师的职业道德进行探讨。在责任伦理维度，需要解决的问题是中小学教师需要承担的专业责任有哪些，如教学、科研、行政任务等，教师应该如何完成这些责任的要求等。关系伦理维度需要解决的问题包括中小学教师需要处理的不同关系有哪些，如师生关系、同事关系、家校关系、师校关系等，以及不同关系间发生冲突时应该如何解决等。这就需要在明确相应师德原则的基础上，通过进一步的明确师德规范，来获得具有操作性的师德概念。

2. 作为群体概念的师风

对于师风的概念界定，应当从群体的视角入手，将其看成教师个体所建构和存在的文化和精神环境。因此，师风是一个群体的教师长期形成的稳定的、无形的氛围和风气，也同时影响和约束着群体内每一个教师个体。对于师风的具体概念，主要可以从三个层面来理解。第一，师风是一个群体内教师个体师德的总和。这个总和不是一般意义上的相加，而是教师在教育实践和互动中所形成的复杂的风气。一个组织的师风与每一个教师息息相关，教师个人的师德也会影响群体的环境和氛围。第二，师风是一个群体的文化环境，对每一个个体具有无形的影响主要体现在社会文化、校园文化、师德教育、宣传工作的开展等方面。第三，师风是一个群体的制度环境，涉及群体的制度建设，包括师德规范制定、师德考评和问责制度等。制度环境为教师个体师德的约束提供保障，同时也时时刻刻影响着教师的言行举止，进而使得整个组织形成一种稳定的师风。

3. 构建与涵养：新时代师德师风的内在逻辑

师德和师风各有侧重，但二者又紧密联系、互相影响，最终一起形成了师德师风这一整全概念。因此，既要分别理解师德和师风的内涵，又要认识清楚二者的关系和内在逻辑。师德是个体的指称，师风是一定范围内教师群体的指称，每一个教师个体都生活在其所处的教师群体中，构建着这一群体并受到群体的影响。师德和师风也是如此。个体师德是群体师风形成的基础，群体师风是涵养个体师德的环境。良好的师风依赖于其中的每一个教师对自身道德的严格要求，而教师的个人道德也可以在一个良好的、具有约束力的环境中得到提升。因此，在认识和研究师德师风的时候，既要着眼于每一个微观的教师个体，关注个人的道德发展和境遇，又要看到宏观的制度、文化乃至时代环境对于每个教师的影响。只有如此，师德师风的概念才是丰富和完整的。

三、新时代中小学教师的身份角色与师德表征

教师作为"人类灵魂的工程师",承担着传递知识、教化心灵的重要任务。但在不同的学段中教师身份角色、职责有所差异,对教师的道德要求也有所不同。一般来说,对教师教育专业性的要求往往和学段成反比,也就是说,学段越低的教师,越需要具有充足的教育能力和个人素养。中小学生大多还未成年,人生观、价值观都有待塑造,教师的德行对学生的影响往往更加深远。此外,中小学教师承担着义务教育的重要任务,往往需要接受更加严格的师德要求,其师德内涵和表征也具有较为明显的学段特性。因此,要界定新时代中小学教师师德的具体表征,就要从新时代中小学教师的身份角色入手,以身份角色为立足点,以责任伦理和关系伦理为两个维度,共同构建新时代中小学教师的师德概念。

(一)新时代中小学教师的身份角色

在我国漫长的历史发展过程中,教师曾扮演着不同身份的角色,这也就意味着不同的道德使命和责任。而新时代背景下中小学教师的身份角色更加复杂和多元,因此也面临着不同层次的师德要求。结合我国已有的关于中小学教师身份角色的研究,总体上可以将新时代中小学教师的身份角色分为三个层次,包括作为国家工作人员的教师、作为专业人员的教师、作为人的教师。

1. 作为国家工作人员的教师

在计划经济阶段,中小学教师被认为是"国家干部",但"国家干部"并非一个规范的法律用语,它只是指从事社会公共事务的一类人员,是一个沿用多年的习惯用语。随着我国干部管理体制改革的不断深入,计划经济时代形成的包括企业、事业单位的工作人员在内的庞大的干部体制,逐渐向干部人事管理的科学化、分类化方向发展,"国家干部"这一沿用多年的习惯称谓也已成为历史名词。①

---

① 尹力. 重新确定中小学教师的身份:国家工作人员[J]. 教育研究与实验,2003(01).

中小学教师也往往被认为属于公务员，因其工资待遇等都依照公务员标准执行，但从相关规定来看，中小学教师并不处于公务员行列。我国1993年通过的《国家公务员暂行条例》的第三条明确规定"本条例适用于各级国家行政机关中除工勤人员以外的工作人员"。可见，我国的公务员采用的是狭义的规定，仅限于在各级国家行政机关中执行公务的人员，而立法机关、审判机关、检察机关及国有事业单位、社会团体中执行公务的人员均没有被纳入其中，不属于公务员。作为事业单位工作人员的中小学教师也同样被排除在外。基于《国家公务员暂行条例》对公务员范围的界定，同年出台的《教师法》第二十五条规定："教师的平均工资水平应当不低于或者高于国家公务员的平均工资水平，并逐步提高。"把教师与国家公务员相比较，一方面反映出了中小学教师的工作性质具有公务性，另一方面恰恰又说明其不是公务员。① 2005年出台的《中华人民共和国公务员法》重新调整了公务员的范围，其中第二条规定了成为公务员的三个条件："本法所称公务员，是指依法履行公职、纳入国家行政编制、由国家财政负担工资福利的工作人员。"中小学教师是依法履行公职的工作人员，并由国家财政支付工资，然而中小学校属于事业单位，教师不占用行政编制，因此按照《公务员法》的规定，中小学教师依旧不在公务员之列。

也有观点认为，应该将教师作为普通劳动者看待。诸如吴开华、覃伟桥认为，事业单位与其职工的关系，包括学校与教师的关系本质上也是劳动雇佣关系，可以适用于《中华人民共和国劳动法》。《中华人民共和国教师法》对于教师聘任制的规定与《劳动法》中有关劳动合同的规定是一致的。② 解立军认为，学校与教师就劳动关系双方的基本权利和义务同企业与职工的劳动关系无本质区别，将教师作为劳动者适用于《劳动法》，是真正贯彻实施了法律面前人人平等的原则，是法治精神的体现。③ 但是尹力指出，根据《劳动法》第二条规定："在中华人民共和国境内的企业、个体经济组织以下统称用人单位和与之形成劳动关系的劳动者，适用本法。国家机关、事业组织、社会团体和与之建立劳动合同关系的劳动者，依照本

---

① 李晓强. 中小学教师的身份：困境与出路[J]. 教学与管理，2006(04).
② 吴开华，覃伟桥. 论教师聘任制的法律性质[J]. 教育评论，2002(05).
③ 解立军. 教师和学校间的人事争议应如何解决[J]. 人民教育，2004(07).

法执行。"要确定中小学教师是否是普通劳动者，就要看教师与学校之间是否建立了劳动合同关系。在教师聘任制实行之后，教师与学校签订合同的性质不够明确，但根据 2000 年出台的《关于加快推进事业单位人事制度改革的意见》，我们可以看出，中小学校作为事业单位，在实行聘任制的过程中，教师与学校之间基于签订的合同而产生的关系既不同于受《中华人民共和国合同法》等民法所调整的民事关系，也不同于受《劳动法》所调整的劳动关系，而是一种人事关系。并且由于很多中小学校没有人事权，在实际操作中表面上是教师与学校签订合同，而实际上是教师与当地教育行政部门签订合同，教师与学校的地位并非完全意义上的对等，有教育行政部门的参与、组织、实施，必然带有行政的特性。因此，从教师与学校签订的协议来看，也不能将教师纳入普通劳动者行列。

教师既然不是国家公务员，也不是一般意义上的普通劳动者，那么应该如何界定教师的法律身份呢？在这里，我们倾向于将中小学教师，尤其是公立学校的中小学教师，界定为履行教育职责和行使国家教育权力的"国家工作人员"。这一身份主要源自中小学教师的职业特性，即公务性。这一特性源自现代社会中国家教育权的存在。现代社会政府一般会用法律明确国家期望塑造的国民形象或国家教化国民的宗旨，并举办公共的国民教育机构，通过实施强制的国民教育以确保国家教育权的实现。中小学实施基础的国民教育，是国家教育权行使的具体执行机构。但作为抽象意义上的组织或单位，是不可能作出具体行为以实现权力行使的，它必须通过其内部工作人员履行职务的行为来达到这一目的。作为学校代理人的教师在履行教育教学职责时，其行为即为学校法人的行为。因此，国家教育权的行使最终必然延伸到教师的职务行为上。由于中小学教师以其职务行为实质性地完成国民教育任务，这就决定了他们的职业具有执行公务的特性。因此有学者认为，公办中小学教师应与政府确立行政合同关系，而民办中小学教师与学校之间则更倾向于一般的劳动关系。[①] 但随着近几年民办教育的不断深入发展，民办学校的中小学教师依旧承担着国家的义务教育职责，姑且不论合同关系，民办中小学教师依旧需要承担同等的师德约束。

---

① 陈韶峰. 论中小学教师的身份[J]. 教育发展研究，2009，29(06).

2. 作为专业人员的教师

早在 1994 年，我国《教师法》就规定"教师是履行教育教学职责的专业人员"。随着我国教师专业化的不断发展，教师作为专业人员的身份已经获得了广泛认同。教师作为从事教育行业的专业人员，教师职业自然会有一定的专业门槛，并受到专业共同体的约束。但教师和诸如医生、律师等专业人员有所不同，教师不仅要获得自身的专业发展和共同体认同，更重要的是要和学生进行互动，对学生进行知识传递和价值影响。这也就意味着教师的专业人员身份主要可以分为两个层面，一是客体层面，即教师首先需要通过自己的实践活动去满足他者特别是学生的发展需要，继而在促使学生发展的过程中进一步满足家长、国家和社会的需要；二是主体层面，即教师需要在满足他人需要的基础上，获取满足自身存在发展所必需的物质条件和精神需要。① 基于此，我们可以将中小学教师的专业身份主要划分为以下两点。

首先，中小学教师是学生成长的重要他人。加拿大学者大卫·杰弗里·史密斯指出，身份并不是先于那些关系而存在的某种固定的东西，而正是通过那些关系而找到的。教师的真正和终极身份，并不取决于教师本人及其自我理解，而必须在自己于现在面对的事物之间的关系中求得。② 而教师最本质的价值，就在于教师从事的职业，是培养人的精神性工作，因而其身份的核心是学生成长的重要他人。没有学生，教师的身份就失去了其根本意义。有学者指出，教师的身份认同价值取向应确立在工具本体性价值取向之上，即教师价值实现的本体价值就是其工具价值，教师的本体价值应当基于教师的工具价值来实现，而教师的工具性价值就在于教师从事的教育活动满足了学生和社会的需要。③ 一方面，教师职业从诞生之初就承担着有关知识、文化乃至人格的教育、影响工作。另一方面，教师存在的合理性就在于其为人类社会提供了某种难以替代的服务，其服务对象不是教师自身，而是以学生为基础的整个人类社会。促进学生发展才是教师专业发展的本体价值，也是教师专业身份的根本任务。正如有学者所言，教

---

① 容中逵. 中小学教师身份认同构建的基本理路[J]. 中国教育学刊，2019(01).
② ［加拿大］大卫·杰弗里·史密斯. 全球化与后现代教育学[M]. 郭洋生译. 北京：教育科学出版社，2000.
③ 容中逵. 中小学教师身份认同构建的基本理路[J]. 中国教育学刊，2019(01).

师的最高价值取决于他对学生有用，取决于他对社会的效用，被需要的需要才是作为教师存在的唯一理据，如果教师不对受教育者有价值，那么他作为教师就没有意义。① 中小学生正处在人生观、世界观、价值观塑造和发展的重要阶段，教师对于学生具有至关重要的作用。教师的一言一行、对学生的态度等，都会在有形无形中影响学生的成长。这种影响力是多层次的全方位的，教师身份之中就包含着道德、知识和能力的合法条件，教师在学生心目中具有权威地位，学生会把教师作为模仿和认同的对象，也容易接受教师对自身观念和行为的要求，教师负有促进学生全面发展的作用，在学生的社会化过程中，学生的做人品行是首位的。教育不仅是客观信息传递的过程，更是一种教师和学生之间人际互动的过程，教师对学生的成长起导向作用，教师对学生的态度、方式和行为是学生自我评价的重要信息。教师在了解与认识学生的真实内在世界、帮助促进学生成长的同时，也是在用自己的品德、学识和情感来濡化、陶冶和引导学生，教师看到学生的成长与发展，犹如看到自己生命的"再生"，学生的发展成了教师生命的延伸。教育就是人与人心灵的沟通、生命与生命的对话，教师不但要用自己的学识育人，还要用自己的品德化人，俗话讲"身教重于言教"，人只能由人来建树，教师教育学生应以德为先，德是做人的根本。教师作为学生成长过程中的"重要他人"，负有重要的道德责任。教师的道德责任要求教师在教育过程中要承担教育引导和道德示范作用。② 因此，教师最重要的职责就是对学生负责，对学生的全面发展和健康成长负责。

其次，中小学教师也是转化知识的知识分子。吉鲁提出的"教师作为知识分子"是把教育完全看作一种伦理和政治实践，认为教师作为知识分子必须承担他们作为公民和学者的责任，无论对哪个社会来说，道德状态的最终的检验，就是这个社会中孩子们的状态，教师要把学生教育成积极的具有反思批判性的公民，教师自己首先就应该是转化性知识分子。③ 这就意味着教师需要不断学习和成长，提升自身的学识，实现自身的专业发展。知识分子身份所带来的是技术、专业领域的深入和共同体内部的约

① 叶澜，等．教师角色与教师发展新探[M]．北京：教育科学出版社，2001．
② 李清雁．教师是谁：身份认同与教师道德发展[D]．西南大学，2009．
③ [美]亨利·A．吉鲁．教师作为知识分子——迈向批判教育学[M]．朱红文译．北京：教育科学出版社，2008．

束。通过研讨会、教学培训、科研课题等专业实践，教师不断获得教师共同体内部的认可。知识分子这一专业身份也为教师的职业晋升和成就感获得提供了又一来源，更加指向教师个人的价值。这也意味着教师应当树立职业理想，不断提升自身的专业水平和能力，以实现专业上的突破。

3. 作为人的教师

中小学教师除了由于行使国家教育权而具有的国家工作人员身份外，作为专业人员不能忽视的是，中小学教师也是一般意义上的人的存在。这一方面意味着教师需要遵守和满足人的基本要求和道德规范，也意味着在对中小学教师进行约束和要求时，不能过分侵占其作为一般人的基本权利。

一方面，人本身就是一种道德的存在，道德性是人的规定性之一。人首先是一种生命的存在，作为生命的存在，生命本身的生产和再生产是人存在过程所面临的基本问题。正是在生命本身的生产和再生产过程中，形成了最初的以配偶、亲子等为内容的社会关系作为人的社会性的一种表征，道德构成了社会秩序与个体整合所以可能的必要担保。道德的特点在于，作为存在的一种规定，它同时参与了存在本身的实现和完善。"道德既是人存在的方式，同时也为这种存在人自身的存在提供了某种担保"①，道德成为人存在的方式及生活实践过程中的本体论规定。人是个体性存在和社会性存在的统一，通过需要和利益表现出来，任何一个人都有如何把握和处理个人的利益与需要同他人、社会的利益与需要关系的问题，这就决定了道德需要是人的最本质的需要之一。"人的存在是物质存在、精神存在和道德存在的三位一体，人的道德存在是人的最深层最本质的存在，它的终极形式是良心，只有把人的道德存在也纳入认识的视野中来，关于人的全面发展和完善的思考才是有价值的，一个人只有从事有益于人类的公共事业，才能发现自我完善的途径。当前，稳定的、持续的有益于人类的事业主要包含在规范的职业活动之中。所以，职业活动是人的全面发展、自我实现和自我完善的基本途径。"②这就意味着，教师在进行教育活动时，也时时刻刻体现着其作为人本身的意义和价值。

---

① 杨国荣. 道德与人的存在[J]. 中州学刊, 2001(04).
② 张康之. 论人的道德存在以及人的自我完善[J]. 甘肃社会科学, 2005(06).

另一方面，对于教师作为一般意义人的理解，在于要看到教师身份的多元性。教师作为一个职业角色，并不是教师个体的唯一身份。一个教师，也可能是父母、子女、丈夫或妻子。作为一个完整的人，我们需要接受不同的角色对我们的要求，教师也是如此。但需要注意的是，教师个体在处理教师身份和处理其他私人身份之间的边界。对于教师的其他角色，也应当给予相应的尊重和保护。由于教育性质的复杂性和价值性，教师个人的形象（即便是私德领域的）也往往影响着教育效果的达成及教师整体的形象。因此，无论是教师本身还是政策制定者，都应当明确教师身份和普通人身份的边界，既保障教育目标顺利达成，也保护教师作为普通人的基本权利。

(二) 新时代中小学教师的师德表征

不同的身份角色背后意味着不同的角色责任和义务，也就决定了相应的道德标准。基于新时代中小学教师的三个主要身份角色，我们可以依次梳理出中小学教师的师德表征。

1. 作为国家工作人员的师德表征

教师作为行使国家教育权的直接一环，在一定程度上就代表了国家要求。教育是国家的事业，是为了培养社会主义的建设者和接班人，而教育的根本任务就是立德树人。从责任伦理的维度看，作为国家工作人员的教师的主要职责就是依法代表国家行使学校教育权。这首先意味着，要做到妥当地行使教育权，教师首先要明确自身行动对于国家和社会的重要使命性质，将立德树人放在最重要的位置。要做到立德树人，教师首先就要以身作则，用较高的道德标准要求自己。其次，作为国家工作人员，教师需要具备基本的思想政治素养。这一点也在我国的政策和法律中被不断强调。教师从事的是为国家培养人才的职业，因此，教师不能任意传播个人的观点，而应当与党和国家的基本政策方针相一致，不断提升自身的思想政治水平和站位。

除以上两点之外，更核心的一点是，教师要做到依法行使教育权。每个公民都要履行完成义务教育的义务，国家教育权在一定程度上是一种公权力，而中小学教师作为教育公权力的直接执行者，就要和其他行使公权力的职业一样，做到严格限制、依法行使，严禁渎职和滥用职权的现象。

教师的渎职主要体现在不能完整地完成教育任务，诸如工作怠慢、迟到早退等。教师的滥用职权主要体现在利用教师身份所带来的权威进行不当牟利，诸如收受礼品，组织或进行课外有偿补课、导致"上课不讲下课讲"现象，利用职务之便对学生进行性骚扰，对学生进行不当体罚，等等。

在这里需要格外注意的是对于教师惩戒权的探讨。随着教师体罚学生的事件频发，教师是否具有惩戒权、在多大程度上具有惩戒权，就成了备受关注的问题。首先，我们认为教师惩戒权具有其合法性。教师惩戒权作为教师学校教育权的一部分，应当有与学校教育权同样的来源。来源主要为两方面，一为国家的授权，二为家长的委托。第一，学校教育权是由国家教育权演化而来的，代表了国家的授权。教育是国家的事业，是为国家培养人才，因此从某种程度上来讲，学校是代表国家专门进行教育工作的机构，而教师则是国家教育权的行使者。邱康乐指出，惩戒权是教师基于教育法拥有的合法权力。① 国家通过制定法律，规定教师的权力和应当承担的职责，这些权力和职责是随着教师身份体现的，个体获得了教师资格，就必定要拥有这些权力，承担相应的职责。在我国现行的法律中，明确规定了教师的权力和职责，因此，学校教育权的来源是合法的。从法理层面讲，教育权的实现离不开教师惩戒权的行使，教师惩戒权理应作为学校教育权的一部分，同样拥有国家的授权。第二，学校教育权是由家庭教育权演化而来的，代表了家长的委托。家庭教育权作为最原始的教育权之一，最初由父母及其他家庭成员拥有，在进入学校后，家长们选择把孩子送到学校接受系统化、常规化的教育，一定程度上是将自己的教育权委托给学校和教师代为行使。而教育权在行使过程中，必然伴随着惩戒行为，因此在长久以来的经验中，多数父母也将惩戒权一并委托给教师。站在当下来看，家长将孩子送进学校，使孩子拥有了这所学校的学籍，即意味着家长将教育权委托给了这所学校的教师，教师则拥有了教育其子女的权力。而教育惩戒权作为教育权的一部分，理论上也一并授权了学校和教师。因此，教师具有教育惩戒权，但其具体的权力边界则需要立法来进一步明确。一方面，要在上位法中明确提出教师惩戒权的概念，让教师们有法可依；另一方面，要出台与教师惩戒权相关的细则，明确哪些是合理的

① 邱康乐.教师惩戒权的法律困境与改进路径[J].宁波教育学院学报，2019，21(02).

惩戒行为，哪些是明令禁止的，这样既保证了教师拥有一定的惩戒权，也避免了教师滥用职权、体罚的情况出现。此外，教师惩戒权也要实现在程序上的合法，这主要取决于教师行使惩戒权时的程序要清晰、完整，相应的机制和制度要完善。在立法明确教师惩戒权的边界后，如若教师出现了超出惩戒权限定的体罚学生的行为，就可以认定为滥用权力，违反了师德。

从关系伦理的维度看，教师在此主要需要处理与国家、相关教育行政部门及学校之间的关系。这就要求教师明确为国家培养人才的职业属性，遵守各层级的管理规范。

2. 作为专业人员的师德表征

前面已经论述，中小学教师作为专业人员主要包含两个主要身份，一是学生成长的重要他人，二是转化社会知识的知识分子。

作为学生成长的重要他人，教师肩负着学生全面发展的重任。现代社会强调教师的服务性、公益性和利他性，是以教育教学为本位的，而教师工作和教育教学息息相关，教师道德和教育的价值取向相关联。[①] 从这一身份角色出发，教师的责任伦理和关系伦理具有一致性，即教师需要在良好的师生互动之间完成教育职责。一方面，这要求教师关爱学生，用爱作为教育的底色。教师与学生之间的互动不是纯粹的职业往来，而是处处存在着情感和价值的流动。教师对学生的关爱滋润着学生，同样，教师对学生的负面感情也会对学生造成长久的伤害。因此，中小学教师首先要做到关爱学生。当教师与学生家长沟通时，也应当将学生的成长作为最高原则，将家长看作助力孩子成长之路的合作者。另一方面，重要他人的身份要求教师做到以身作则、为人师表。教师是学生的榜样，教师的言传身教时刻塑造着学生。我们希望培养怎样的孩子，就应当以怎样的标准要求教师。如美国学校教育中以儿童为中心，重视对学生独立性的培养，在教育中追求公正和正义，因此要求教师既要尊重学生，在教学中给学生更多的发展机会，也要有公正的德性和正义感。这也使得社会天然对教师有着崇高的期待，社会期望教师成为理性的典范、道德准则的楷模、文化科学的权威、特定社会价值的维护者，社会需要教师反映历史和现实中最美好的

---

① 李清雁. 教师是谁：身份认同与教师道德发展[D]. 西南大学，2009.

东西。探讨教师是谁就是要探讨教师应该如何度过其教育教学生涯才有意义的问题，教师是有着清醒自我意识和角色意识的存在，教师要有非凡的道德勇气和经得起考验的人格力量①。因此，即便我们反对过分神圣化教师形象、对教师施加以过分的道德枷锁，但教师依然应当以较高的道德标准要求自己，整个社会依然需要教师作为一种崇高群体而存在。

作为转化社会知识的知识分子，从责任伦理的维度看，教师的"德"就在于实现教师职业的圆满，即提升专业技能，实现专业发展，树立职业理想。有研究者指出，当教师的过程就是成为教师的过程，从事教师这个职业也是个体不断成长的过程，教师的职业人生就是用教师的生命实践去表达教师身份的意蕴，教师存在的过程就是增进人生内涵、丰富生命体验的历程，这也是教师职业的魅力所在。②教师应是有追求的个体，作为知识分子应追求真知和真理，作为优秀公民应追求正义与和谐，作为"灵魂工程师"应追求德行与幸福。教师要为教育而存在，"为教育而活着的教师们，他们深深理解教育，并且以他们平凡的人生来诠释他们对教育的理解，懂得为什么教怎么去教懂得作为教师意味着什么并且努力去实践自身对教师身份的理解。他们从不停止探寻教育的意义，他们深深理解他们所从事的工作的特殊性，理解教育的价值和意义，并努力把自身投入到这种价值与意义的建构之中"③。因此，教师需要在专业实践中不断探索和成长，丰富自身的学识，提升专业技能，并在这个过程中获得对于教师身份的认同，将教师作为一种事业而非谋生手段，最终将教师的专业发展与自身生命价值的体现联系起来。从关系伦理的维度看，教师在此主要需要处理与同事和教师共同体之间的关系，这就涉及同事间的相互尊重、共同体责任的承担等。

3. 作为"人"的师德表征

教师作为一般意义上的"人"，首先，需要遵守最基本的法律和道德规范，承担其人之为人的基本责任。虽然目前还没有对教师的私德有非常明确的规定，但是教师自身依旧需要以较高的标准要求自身。其次，教师需

①　陶志琼. 教师的境界与教育[M]. 北京：北京师范大学出版社，2006.

②　李清雁. 教师是谁：身份认同与教师道德发展[D]. 西南大学，2009.

③　刘铁芳. 走在教育的边缘[M]. 上海：华东师范大学出版社，2006：12.

要把握好私人关系与职业关系之间的边界。对于教师私人领域的道德，从理论上来讲并不属于师德的范畴，但前提是这些私人领域不会对教师的职业身份和教育效果产生影响。在设定教师个人道德与职业道德的边界时，主要可以遵循三个原则：一是不伤害原则，二是关系互斥原则，三是利益互斥原则。

不伤害原则意味着教师的个人行为不能对教师的职业身份所涉及的个体产生伤害。诸如教师不得歧视、报复他人，不得伤害学校共同体中的任何人。即便是在学校之外，教师的个人行动或公开言论也在一定程度上影响着教师整体的形象。关系互斥原则指的是教师的私人关系和职业关系不应存在冲突或重合。最能体现这一原则的规定是严禁中小学教师和学生发生性关系或恋爱关系。首先，中小学生大多处在未成年阶段，思想不够成熟，不具备完全的行为能力。其次，即便学生和教师都是自愿，学生和教师之间的恋爱关系属于私人关系，但已经与他们之间的职业权威形成冲突，在这种情况下，由于职业关系造成的不平等性，学生很可能处于劣势的一方。除此之外，在同事之间，也应尽量避免有私人关系的教师之间建立具有直接权威属性的职业关系。利益互斥原则指教师个人利益的获得不能与学校或整个教育的利益相冲突。教师不能通过职务之便为自身牟利，以牺牲或损害学校或国家利益来谋取私利。

四、新时代中小学师德师风建设的理论构建

在明确了新时代中小学师德师风概念的内涵和中小学教师的师德表征后，就需要对新时代中小学师德师风建设的理论框架进行系统建构。"师德师风建设"是一个在实践中生成的概念，具有明显的现实指向，并涉及教育、法律、政策、传媒、公共管理等诸多方面。要系统地建构新时代中小学师德师风建设的理论体系，就需要了解其内在依据和实践路径。下面依次讨论师德师风建设的两个向度和两种取向，并梳理中小学师德师风建设的主体和内容，以从学理层面推进中小学师德师风建设的理论构建。

(一)新时代师德师风建设的两个向度

"师德师风建设"是我国在不断的发展变化中所提出的概念。"建设"作

为动词，本身就具有明确的实践指向性。因此，对于师德师风建设的认识就不能仅仅从抽象的学理层面入手，还需要关注我国当前具体的现实情境。当前中国特色社会主义已经进入新时代，国家和社会对于教育和教师的要求都有了新的变化。作为一个实践指向的概念，我们可以将师德师风建设划分为两个向度——理论向度和实践向度。

在理论向度层面，要想做好新时代师德师风建设，就必须清晰地把握新时代师德师风概念的内涵，对相关概念之间的关系有清晰、科学的界定，这也是此处花大量篇幅对各个基础概念进行讨论的原因。因此，师德师风建设的理论向度要求从学理层面科学准确地认识师德师风，只有把握了基础概念的内涵，才能把握建设的目标和方向。理论向度的师德师风建设也可以理解为对于师德师风的元建设，即对于师德师风概念本身的不断挖掘和探索，对教师、学校和社会提出应然层面的要求，进而为师德师风建设的实践指明方向。从另一种意义上来说，理论研究同样也是一种实践，也需要基于时代背景和社会现实进行考量。

在实践向度层面，新时代师德师风建设要求通过各种具体、清晰、有效的措施和手段，在全社会树立正确的师德观念、营造良好的师风、提升每一个教师的师德水平，形成尊师重教的良好社会氛围。因此，实践向度的师德师风建设，需要考虑到不同主体、不同领域间的互动和相互影响。实践向度的师德师风建设重视对当前社会师德师风现状的考察、对于各项切实有效的策略的探寻和落实。绝大多数时候我们所提到的师德师风建设，基本上都是从实践向度来理解师德师风建设的。

（二）新时代师德师风建设的两种取向

要把握新时代师德师风建设的内涵，还需要了解新时代师德师风建设的两种取向——弘扬崇高师德和坚守底线师德。无论是界定师德师风的内涵，还是在师德师风建设实践中落实相关的策略，都基于这两种不同的取向。实际上，两种不同的取向标志着师德师风建设的高位和底线，而在这两条参照系中间的部分，则属于常态化师德师风建设的范畴。

从理论向度来看，两种取向决定着对于师德内涵理解的侧重点不同。显而易见，弘扬崇高师德的取向更关注崇高师德，强调教师要树立崇高的职业理想，培养高尚的道德情操，关注具有代表性、引领性的高尚的师德

新时代师德师风建设的理论与实践

形象和事迹，强调教师的奉献精神甚至牺牲精神。① 崇高师德是社会对于教师的高层次要求，也在一定程度上代表了整个社会对于道德最高标准的构想和期待。这种对师德崇高性的强调源自社会对教师的期待，教师作为"人类灵魂的工程师"，从事着"太阳底下最光辉的事业"，肩负着为整个国家和社会培养未来人才的使命。在儒家文化的影响下，教师不仅要"恒其教事"，而且负有"正人心"的重要任务，因此教师必须在实际行动和道德操守上能做学生的榜样。在具体表述上，崇高师德往往会以高度凝练和抽象的形式出现，诸如"志存高远，爱岗敬业，忠于职守，乐于奉献"等，具有非常鲜明的价值引领意图，但也可能存在高不可及、过分拔高师德的评价标准等问题，甚至可能使得师德形象显得"不食人间烟火"，难以引起广大教师的共鸣。与之不同，坚守底线师德的取向更加关注教师所应具有的最基本的道德规范，即底线师德。底线师德具有具体、操作性强、可变动等特点，它与崇高师德分别坚守着师德体系的"下边界"和"上边界"。因此，界定底线师德，往往从教师最基本的义务和责任出发。同时，底线师德与师德失范概念息息相关，因而也往往通过列举师德负面清单来明确底线师德的界限。从表述方式来看，底线师德不再追求抽象，而是具有比较明确的行动指向性，在表述中经常可以看到"必须""应当""禁止""不得"等带有明确行动指向的标志词。立足底线师德的好处是能够使师德概念更加具有可操作性，便于管理、考核和评价，同时也避免了对教师不切实际的道德要求，但只关注底线师德，也可能造成教师道德出现下移的风险。因此，在理解和制定新时代师德标准时，既要防止对教师的道德形象过分神圣化，也要防止对教师的要求过低，需要在高位与底线之间，寻找常态化的师德标准。从实践向度来看，两种取向引领下的师德师风建设的具体措施和重心也有所不同。基于弘扬崇高师德的目的来建设师德师风，就需要寻找和挖掘师德师风先进事迹，通过道德教育、道德宣传等形式，鼓励和引导教师树立崇高的职业理想、培养高尚的道德情操。在师德评价时也以正向激励为主，诸如对师德先进个人颁发荣誉奖项等。而基于坚守底线师德的师德师风建设策略则有所不同，其目的在于规避和解决当前社会已经出现的师德失范问题。因此往往要先发现和梳理当前社会已经出现的师德

① 李敏，檀传宝.师德崇高性与底线师德[J].课程.教材.教法，2008(06).

36

问题和困境，并针对这些问题提出切实有效的解决方案，警示教师不得出现违反底线师德的行为。在师德评价时也多施以负面手段，诸如教师考核时的一票否决制、对违反师德的教师或组织给予一定的处分，等等。

无论是弘扬崇高师德，还是坚守底线师德，都对新时代师德师风建设有着重要的意义，但高位和底线之间还存在着很大的空间，多数教师的师德水平都处于其间，过分强调两级的差异，将个别案例推广到整个教师群体中会存在巨大的风险。如果将崇高师德作为参照系，往往会造成先进性有余而广泛性不足的问题，使得教师形象显得不食人间烟火，让广大教师觉得难以企及。如果将底线师德作为参照系，渲染个别突破底线的害群之马，则可能将教师形象妖魔化，引发社会对于教师群体的敌对情绪，不利于教师作为学生成长过程中的"重要他人"的正面影响，同时还可能引发教师的身份认同危机，不利于教师队伍建设。[①] 因此，在具体的实践中，尤其要注意两种取向的平衡，警惕由于过分偏颇某一方面所带来的教师"圣人化"或"妖魔化"的负面后果，区分好道德理想、道德原则和道德规范的层次，对师德高尚的教师给予褒奖，对师德败坏的教师予以严惩，同时更要关注广大普通教师，在引导教师培养高尚师德的同时，也要注意边界，给教师留有个人空间。同时，要高度关注常态化的师德师风建设，以日常的师德形态作为突破口，加强有针对性的师德诊断，提升师德和自律性，从细微处推动师德师风建设。

（三）新时代中小学师德师风建设的主体

新时代中小学师德师风建设需要结合我国新时代的情况，明确建设主体，加强主体责任，以更好地落实各项理念和具体行动。通过梳理新时代中小学师德师风建设的相关文件和举措，可以推演出新时代师德师风建设的三个核心主体：一是各级教育行政部门，二是中小学校，三是教师个体。三者既是层次相对分明的建设主体，也是纵向的互动主体。

首先，各级教育行政部门是师德师风的顶层建设者。教育部和各省级教育行政部门往往需要进行师德师风建设的顶层设计，包括学术建设、制度建设和文化建设。在学术建设层面，需要教育部和各省级教育行政部门

---

① 班建武.师德建设要高度关注常态师德[J].中小学校长，2021(09).

加大对师德师风相关研究的支持，诸如设置省部级师德师风相关课题，鼓励高校教师开展中小学师德风建设的研究，鼓励相关学术著作的写作和出版。在制度建设层面，教育部需要制定相应的中小学教师职业规范，明确相应的教师管理、评价和监督与处理机制，各省级教育行政部门需要在教育部纲领性文件的基础上，结合地方情况制定更加细化、更加明确具体的地方性文件。在文化建设层面，教育部和各省级教育行政部门需要定期开展师德风主题宣传活动，组织和开展师德师风先进个人的表彰和先进事迹的宣传和学习，并积极协同其他部门或出版社、影视公司等文化传媒机构，联合出品与师德师风有关的各类文化作品，引导社会舆论的大方向，在全社会营造良好的师风氛围，提升教师群体的社会地位和社会声誉，增强教师的职业感和幸福感。

其次，中小学校是师德师风的中层建设者。一个学校就是一个相对完整的组织，有内部的管理制度和文化，中小学校要做到因校制宜，将上级文件规定的内容转化成学校的管理实践。因此，中小学校的主要职责在于开展学校范围内的制度建设和文化建设。在制度建设层面，学校应当出台相应的校本规范和处理办法，做好学校层面的师德教育、师德考核、师德奖惩和师德监督；在制度落实的过程中，确保每一个环节有明确的责任主体，以及清晰、正义的处理程序；在文化建设层面，学校需要结合自身实际，进行显性文化和隐形文化的建设，诸如在校园张贴爱师敬师的标语或教师的事迹，以及在师生互动中、教师的互动中建构良好的隐形师风。

最后，教师个人是师德师风的直接建设者。在提及师德师风建设时，很容易忽视教师本身的主体性。实际上，教师个体既是师德师风建设的对象，也是建设者和执行者本身。师德师风建设不能仅仅作为制度或管理手段存在，只有落实到每一个教师的实践中，师德师风建设才算落到实处。因此，需要强调教师在师德师风建设中的主体作用，充分发挥教师的主观能动性，在执行过程中不断征求教师意见。强调教师的主体性，即强调师德的内生性和教师的自律性。单纯依靠外界强加的政策管理，难以使师德规范深入人心，只有将师德规范化作每个教师内部角色的需求，化作专业组织的群体自律，师德师风建设才能避免沦为空洞的口号或强加的束缚。

除了三个最核心的建设主体，师德师风建设也不只与教育领域相关，而是需要全社会共同付出努力。师风建设的核心就在于营造良好的、全社会尊师重教的文化环境，而这样的环境塑造还需要其他边缘主体的共同努力，诸如学生家长、新闻媒体和各类社会文化机构等。其中新闻媒体就是非常重要的一环。在新媒体飞速发展的今天，信息传播的速度和范围得到了极大的提升，社会上关于教师的各种报道也更加丰富，这一方面有助于优秀事迹的传播，另一方面也带来潜在的风险。一些比较极端的教师师德失范案例可能被广泛传播，进而影响到整个教师群体的形象和社会对于教师的信心。总之，新时代师德师风建设需要全社会共同努力，不仅是对教师的要求，也是对整个社会的要求。良好的师德需要每个教师坚守底线，追求崇高，良好的师风则需要整个社会共同营造。

（四）新时代中小学师德师风建设的内容

新时代中小学师德师风建设也要做到与时俱进，结合时代背景和客观条件，进行具体、全面的落实。从实践的角度来看，新时代中小学师德师风建设可以划分为三个层面——学术建设、制度建设和文化建设。其中学术建设属于师德师风建设的理论向度，制度建设和文化建设属于师德师风建设的实践向度，制度建设更侧重传统意义上的师德建设，而文化建设则对于师风的营造有更加重要的作用。

学术建设往往是在谈及中小学师德师风建设时容易被忽视的一部分。实际上，在学术界重视对中小学师德师风的研究，挖掘中小学教师身份形象和道德角色的特殊性，对于指导中小学师德师风建设实践有着重要的意义。虽然学术研究的主要发起者是高校学者，但是他们依旧可以把中小学纳入他们的研究领域。学术建设就是要鼓励学者开展与中小学师德师风相关的学术研究和实地调查，加大对相关课题的支持力度，积极促进相关研究成果的转化，使得更多学者愿意投身这一领域，并让理论指导实践。

制度建设实际上就是传统意义上的、狭义的、政策话语中的师德师风建设。无论是国家层面出台的宏观政策，还是地方和各级各类学校的教师管理、教育、评价、考核制度，本质上都属于制度或制度落实的一部分。从国家政策到地方性制度再到校本规范，需要逐步深入和细化。国家层面重在宏观制度建设和引导，地方则需要考虑到所管辖的学校的情况，进行多校间的考核和督导工作，而校本规范则需要更加细致，在遵守上级制度的基础上结合学校的实际情况进行细化。从内容来看，师德建设主要包括师德教育、师德考核、师德奖惩和师德监督四个板块，其中师德教育侧重于定期对教师进行师德规范培训，或从伦理学或实践角度对教师进行职前和在职的培养；师德考核、奖惩和监督则更多从制度管理层面入手，对教师的师德情况进行监督和反馈。需要注意的是，新时代的师德师风建设更加强调对教师思想的引导和强化，要求提高教师的政治素养和意识形态安全意识，提升教师的精神内涵和价值追求。

文化建设则更加指向师风的培育和弘扬，具体可以分为两个领域——校园文化建设和社会文化建设。一所学校的师风是学校文化的重要组成部分，因此学校应当通过各种显性、隐形的措施和手段，营造良好的氛围，使得教师在这样的文化熏陶下发自内心地热爱教育事业、关心学生，感受教师职业所赋予的道德感和责任感。社会文化建设则重在全社会营造尊师重教的良好风尚，树立良好的教师道德形象。在当今这个时代，媒体是社会舆论和文化塑造的重要途径，从书本、报刊等传统纸质媒体，到广播、影视剧等音像媒体，再到互联网时代的各种网络平台和自媒体，都承担着社会文化建设的责任。社会文化领域的师风建设需要运用好媒体的力量，做好优良师德事迹的宣传工作，并发挥好舆论的监督功能，在全社会形成良好的师风。

总体来看，新时代的师德师风建设呈现出长效化、常态化的倾向，一方面更加强调对于教师的内在提升，通过各项措施，让教师自律和他律相结合，使得师德师风建设具有更深层次、更持久的效果，另一方面关注日常的师德状况，从细微之处有针对性地解决问题，提升教师整体素质。

（何睿，北京师范大学教育学部；班建武，北京师范大学教育学部教育基本理论研究院）

第二章

中小学师德师风建设的政策演进

本章以历时性视角系统梳理近年来，特别是党的十八大以来，我国中小学师德师风建设的政策变迁，探查纵向时间演进背后的历史脉络与主要特征。通过对国家层面中小学师德师风建设的政策文本、标志性事件与典型案例等进行深度分析，刻画全国中小学师德师风建设政策的整体图景。

一、中小学师德师风建设的历史沿革

党的十八大以来，中小学师德师风建设立足中华民族伟大复兴和中国特色社会主义现代化教育强国建设这一历史背景，围绕基础教育迈向公平而有质量这一教育目标，全面贯彻落实立德树人教育根本任务，大力造就党和人民满意的高素质专业化创新型教师队伍。在习近平总书记"四有"好老师、"四个引路人""经师"与"人师"等师德师风重要论述和相关重要讲话精神指引下，中小学师德师风建设十多年来坚持高位引领与底线要求相结合，不断建立健全师德师风建设管理制度体系、持续创新完善教师荣誉表彰体系，在以政策体系构建推动基础教育全方位全过程全领域落实师德师风第一标准，常态化推进中小学师德师风建设走向制度化、规范化和法制化轨道，营造全社会尊师重教良好氛围方面发生历史性变革，取得历史性进展。

党的十八大是在我国进入全面建成小康社会决定性阶段召开的一次十分重要的大会，对加快推进社会主义现代化、开创中国特色社会主义教育事业新局面具有重大而深远的意义。本次大会提出把立德树人作为教育根本任务，明确教育发展的根本方向是努力办好人民满意的教育。同时要求

"加强教师队伍建设，提高师德水平和业务能力，增强教师教书育人的荣誉感和责任感"。之后，习近平总书记多次在不同场合就教师队伍建设和师德师风问题发表重要讲话。教育部等相关部门陆续发布有关师德师风建设的重要政策。本部分以习近平总书记提出"四有"好老师、"四个引路人""经师"与"人师"等师德师风建设重要思想、教育部等相关部门协同推进师德师风建设管理制度体系建设、创新完善国家教师荣誉表彰体系为整体线索，对十八大以来中小学师德师风建设的历史性变革和历史性成就进行简要回顾。

(一)确立"好老师"标准，明确中小学师德师风建设方向

坚持教育、教师和师德师风三位一体是中小学师德师风建设长期以来的基本方针。党的十八大后，教育在促进民族振兴和社会进步方面的基础地位进一步确立，教师的重要性更加突出。习近平总书记多次结合中华民族伟大复兴和社会主义现代化教育强国对高素质教师队伍的要求，以不同方式在不同场合对广大教师提出殷切希望，阐发"好老师"标准。

2013 年 9 月 9 日第 29 个教师节前夕，正在乌兹别克斯坦进行国事访问的习近平总书记向全国广大教师致慰问信，明确"教师是立教之本、兴教之源，承担着让每个孩子健康成长、办好人民满意教育的重任"，希望全国广大教师努力做到"三个牢固树立"。即，牢固树立中国特色社会主义理想信念，带头践行社会主义核心价值观，自觉增强立德树人、教书育人的荣誉感和责任感，做学生健康成长的指导者和引路人；牢固树立终身学习理念，加强学习，拓宽视野，更新知识，不断提高业务能力和教育教学质量，努力成为业务精湛、学生喜爱的高素质教师；牢固树立改革创新意识，踊跃投身教育创新实践，为发展具有中国特色、世界水平的现代教育作出贡献。

2014 年 9 月 9 日第 30 个教师节前夕，习近平总书记到北京师范大学看望师生，发表《做党和人民满意的好老师》重要讲话。习近平总书记在讲话中指出，教育是提高人民综合素质、促进人的全面发展的重要途径，是民族振兴、社会进步的重要基石，是对中华民族伟大复兴具有决定性意义的事业。教师重要，就在于教师的工作是塑造灵魂、塑造生命、塑造人的工作。教师的职业特性决定了教师必须是道德高尚的人群。一个优秀的老

师，应该是"经师"和"人师"的统一，既要精于"授业""解惑"，更要以"传道"为责任和使命。好老师没有统一的模式，可以各有千秋、各显身手，但有一些共同的、必不可少的特质。这些特质就是"四有"，即"有理想信念""有道德情操""有扎实学识""有仁爱之心"。

"四有"好老师标准的提出廓清了中华民族伟大复兴和社会主义现代化教育强国建设时代背景下的"好老师"标准，为新时代中小学师德师风建设指明了方向。其"以德为本，素养超群"的综合取向不仅重塑了我国教师队伍建设的基本方针、指导思想和标准路径，还开创了我国教师队伍建设思想的新篇章和新境界，① 为落实立德树人教育根本任务、纠正教师职业认识误区、修正师德教育实践路径提供了重要抓手与根本原则。

2015 年 9 月 9 日第 31 个教师节前夕，习近平总书记在给"国培计划〔2014〕"北京师范大学贵州研修班全体参训教师的回信中指出，发展教育事业，广大教师责任重大、使命光荣，"希望你们牢记使命、不忘初衷，扎根西部、服务学生，努力做教育改革的奋进者、教育扶贫的先行者、学生成长的引导者，为贫困地区教育事业发展、为祖国下一代健康成长继续作出自己的贡献"。

2016 年 9 月 9 日第 32 个教师节前夕，习近平总书记在北京市八一学校考察时进一步提出"三个传播"和"三个塑造"。强调教师从事的是传播知识、传播思想、传播真理的工作，是塑造灵魂、塑造生命、塑造人的工作，"广大教师要做学生锤炼品格的引路人，做学生学习知识的引路人，做学生创新思维的引路人，做学生奉献祖国的引路人"。

与"四有"好老师标准相比，"奋进者""先行者""引导者"和"四个引路人"的提法将"好老师"标准从关注教师个体或群体的"特质"转向关注教师对学生发展、社会进步、国家强大、民族复兴的重大意义。这些提法互相映衬，相得益彰，将新时期"好老师"的内涵诠释得更加立体、丰富和全面。

2017 年 10 月 18 日，党的十九大向世界宣告中国特色社会主义进入新时代。建设教育强国被明确为中华民族伟大复兴的基础工程。在教育优先

---

① 郝德永．以德为本：习近平总书记关于师德论述的理论蕴涵［J］．教育研究，2019，40（08）．

发展的战略布局下，基础教育领域持续推动和深化以提升质量、促进公平、实现均衡为目标的改革。围绕人民群众对美好教育生活的向往与教育发展不平衡不充分这一教育基本矛盾，中小学师德师风建设紧扣基础教育迈向公平而有质量的总体目标，着眼形成一支高素质专业化创新型教师队伍，持续强化高位引领与底线要求相结合，将"四有好老师""四个引路人""经师"与"人师"等新时代"好老师"标准及其内涵全方位融入常态化师德培育涵养。

2018年1月，中共中央、国务院发布《关于全面深化新时代教师队伍建设改革的意见》，从培养德智体美全面发展的社会主义建设者和接班人，全面提升国民素质和人力资源质量，加快教育现代化，建设教育强国，办好人民满意的教育等方面阐发教师队伍建设的重要意义。同时，首次旗帜鲜明地提出新时代教师队伍建设的"时间表"与"路线图"，明确"教师承担着传播知识、传播思想、传播真理的历史使命，肩负着塑造灵魂、塑造生命、塑造人的时代重任，是教育发展的第一资源，是国家富强、民族振兴、人民幸福的重要基石"，要"突出师德"，"把提高教师思想政治素质和职业道德水平摆在首要位置，把社会主义核心价值观贯穿教书育人全过程，突出全员全方位全过程师德养成，推动教师成为先进思想文化的传播者、党执政的坚定支持者、学生健康成长的指导者"。同年2月11日，教育部等五部门发布《教师教育振兴行动计划（2018—2022年）》，要求"加强师德养成教育"，用"四有好老师"标准、"四个引路人""四个相统一"和"四个服务"等要求，统领教师成长发展，细化落实到教师教育课程，引导教师以德立身、以德立学、以德施教、以德育德。5月2日，五四青年节前夕，习近平总书记在北京大学同师生座谈时再次提及"四有"好老师标准，并提出"评价教师队伍素质的第一标准应该是师德师风"。

2018年9月10日第34个教师节，全国教育大会在北京召开。本次大会规模小、规格高、意义重大。习近平总书记在会上强调，教育是民族振兴、社会进步的重要基石，是功在当代、利在千秋的德政工程。建设社会主义现代化强国，对教师队伍建设提出新的更高要求，也对全党全社会尊师重教提出新的更高要求。要把立德树人融入思想道德教育、文化知识教育、社会实践教育各环节，贯穿基础教育、职业教育、高等教育各领域，学科体系、教学体系、教材体系、管理体系要围绕这个目标来设计，教师要围绕这个目标来教，学生要围绕这个目标来学，凡是不利于实现这个目标的做法都要坚决改过来。同年 11 月 8 日，教育部印发《新时代中小学教师职业行为十项准则》和《中小学教师违反职业道德行为处理办法（2018 年修订）》。前者旨在"进一步增强教师的责任感、使命感、荣誉感，规范职业行为，明确师德底线，引导广大教师努力成为有理想信念、有道德情操、有扎实学识、有仁爱之心的好老师"。后者旨在扎实推进《中共中央国务院关于全面深化新时代教师队伍建设改革的意见》的实施，为新时代中小学教师对照新时代"好老师"标准严格自我约束、规范职业行为、加强自我修养提供有力抓手。

2019 年 11 月 15 日，教育部等七部门《关于加强和改进新时代师德师风建设的意见》要求深入学习贯彻习近平总书记关于教育的重要论述和全国教育大会精神，把立德树人的成效作为检验学校一切工作的根本标准，激励广大教师努力成为"四有"好老师，着力培养德智体美劳全面发展的社会主义建设者和接班人。此前，习近平在北京主持全国学校思想政治理论课教师座谈时指出，思想政治理论课是落实立德树人根本任务的关键课程。办好思想政治理论课的关键在教师。思政课教师"政治要强""情怀要深""思维要新""视野要广""自律要严""人格要正"，要给学生心灵埋下真善美的种子，引导学生扣好人生第一粒扣子。同年 6 月 23 日，中共中央国务院《关于深化教育教学改革全面提高义务教育质量的意见》，要求"按照'四有好老师'标准，建设高素质专业化教师队伍"。

2020 年 7 月 21 日，教育部印发《中小学教师培训课程指导标准（师德修养）》（简称《指导标准》）。《指导标准》以"四有"好老师为整体框架，提出爱国爱党、爱岗敬业、乐于奉献、为人师表、团结协作、廉洁自律、严谨治学、科学施教、与时俱进、以人为本、关爱学生、公平公正 12 个二级指标以及 12 个二级指标下的 28 个研修主题。同年 9 月 9 日第 36 个教师节前夕，习近平总书记向全国广大教师和教育工作者致以节日祝贺和诚挚的慰问，在慰问信中对全国广大教师面对突如其来的新冠肺炎疫情，在抗击疫情和"停课不停学、不停教"两条战线上迎难而上予以高度评价。同时，殷切希望广大教师不忘立德树人初心，牢记为党育人、为国育才使命，不断提升教书育人本领，为培养德智体美劳全面发展的社会主义建设者和接班人作出新的更大贡献。

2021年，教育部等九部门发布《中西部欠发达地区优秀教师定向培养计划》，要求优师计划实施高校围绕"四有"好老师培养目标，针对优师计划师范生开设系列特色课程，坚持正确政治方向，加强理想信念和思想政治教育，引领师范生深入学习领会习近平总书记关于教育的重要论述，开展"四史"教育，大力弘扬社会主义核心价值观，引导师范生树立正确的历史观、民族观、国家观、文化观，涵养长期从教、终身从教的职业情怀。

2022年4月11日，教育部等八部门发布《新时代基础教育强师计划》，重申把教师思想政治和师德师风建设放在首要位置，围绕落实立德树人根本任务，全面加强中小学教师思想政治建设，提高教师的政治意识、政治能力，严格落实师德师风第一标准，突出全方位全过程师德养成，推动教师以德施教、以德立身，引导广大教师争做"四有"好老师，当好"四个引路人"。

2022年10月16日，党的二十大在北京胜利召开。本次大会是在全党全国各族人民迈上全面建设社会主义现代化国家新征程、向第二个百年奋斗目标进军的关键时刻召开的一次十分重要的大会。习近平总书记在报告中提出"以中国式现代化全面推进中华民族伟大复兴"，对实施科教兴国战略、强化现代化建设人才支撑作出重要部署。同时，再次重申落实立德树人根本任务，强调育人的根本在于立德，特别是要"加强师德师风建设，培养高素质教师队伍，弘扬尊师重教的社会风尚"。中国式现代化的理念和思想给新时代教师队伍建设改革赋予了新的内涵特征、历史使命与发展道路，也为新时代师德师风建设注入了新理念、新内容和新方式。

2023年9月9日，习近平总书记在致全国优秀教师代表的信中称赞教师群体中涌现出的一批教育家和优秀教师"具有心有大我、至诚报国的理想信念，言为士则、行为世范的道德情操，启智润心、因材施教的育人智慧，勤学笃行、求是创新的躬耕态度，乐教爱生、甘于奉献的仁爱之心，胸怀天下、以文化人的弘道追求"，展现了中国特有的教育家精神。至此，以做党和人民满意的"好老师"为总纲领的新时代中小学师德师风建设方向和师德师风建设"国家标准"日益清晰完善，为后续相关部门和不同领域有的放矢、因地制宜、稳定有序推进各项工作奠定了扎实基础。

(二)丰富治理主体，健全中小学师德师风建设管理制度体系

"三个牢固树立""四有"好老师和"四个引路人"等"好老师"标准的提出

为中小学师德师风建设指明了方向，也对中小学师德师风问题治理尤其是师德师风建设管理制度体系提出了新要求。在党的十八大关于"形成党委领导、政府负责、社会协同、公众参与、法治保障的社会管理体制"和十九大关于"打造共建共治共享的社会治理格局"的重要精神指导下，教育部联合多个部门出台系列政策文件，为明确新时代师德规范，强化师德考核评价，常态化推进多元治理主体视野下的师德师风涵养，推动中小学师德师风建设走向制度化、规范化和法制化轨道提供了重要保障。党的二十大后，教育在推动中国特色社会主义现代化高质量发展中的基础性、先导性和全局性作用更加突出。高质量教育体系建设对党和人民满意的"四有"好老师的需要比以往任何时候都更为迫切。

2013年9月2日，教育部发布《关于建立健全中小学师德建设长效机制的意见》（教师〔2013〕10号，简称《意见》）。作为十八大后首个关于中小学师德师风建设的专项政策，《意见》（教师〔2013〕10号）深入贯彻落实2012年8月2日国务院《关于加强教师队伍建设的意见》（国发〔2012〕41号），从教育、宣传、考核、监督与奖惩等方面对构建中小学师德建设长效机制进行部署，提出"建立师德建设领导责任制度"，明确"地方各级教育行政部门负责对师德建设工作的指导和监管，主要负责人是师德建设工作第一责任人"。同时，要求"严格师德考核"，在教师资格定期注册、职务（职称）评审、岗位聘用、评优奖励和特级教师评选等环节实行"一票否决"，"充分发挥教育工会等教师行业组织在师德建设中的积极作用"，"中小学校长要亲自抓师德建设"，"学校基层党组织、广大党员教师要充分发挥政治核心和先锋模范作用。学校教代会和群团组织紧密配合，形成加强和推进师德建设合力"。

2014年1月11日，教育部发布《中小学教师违反职业道德行为处理办法》（简称《处理办法》），首次从惩戒性政策工具的角度为颁发30多年的《中小学教师职业道德规范》进行政策配套。《处理办法》提出学校及学校主管教育部门发现教师在教育教学活动中可能存在违背党和国家方针政策言行，不履行保护学生人身安全职责，在招生、考试、考核评价、职务评审、教研科研中弄虚作假、营私舞弊等行为时，应当及时组织调查，核实有关事实。学校及主管教育部门拒不处分、拖延处分或者推诿隐瞒造成不良影响或者严重后果的，上一级行政部门应当追究有关领导责任。同年7

月，教育部印发《严禁教师违规收受学生及家长礼品礼金等行为的规定》（简称《规定》），对教师违规收受学生及家长礼品礼金等不正之风提出"六大禁令"，要求加强组织领导，建立健全领导责任制和工作机制，"各地教育部门和学校要迅速将《规定》要求传达到教职员工、学生及家长"，"对《规定》禁止的六种行为开展监督检查"。

2015 年 6 月 29 日，教育部《严禁中小学校和在职中小学教师有偿补课的规定》就补课问题提出"六大禁令"，明确"各省级教育部门是责任主体"，"各地教育部门要将在职教师是否组织或参与有偿补课，作为年度考核、职务评审、岗位聘用、实施奖惩的重要依据，实行一票否决制"，"中小学校领导要带头执行规定，坚决杜绝学校组织或参与有偿补课行为，并加强对教师从教行为的管理"。2016 年 7 月中旬，教育部办公厅发布《关于开展治理中小学有偿补课和教师违规收受礼品礼金问题自查工作的通知》，要求各地"建章立制"，开展为期 3 个月的中小学有偿补课和教师违规收受礼品礼金问题治理自查工作。同时，强调落实领导主体责任和相关部门、相关人员责任，确保自查实效，避免走过场，明确"教育部将组建督查组，选取部分省份进行重点督促检查，并对督查情况进行反馈和通报"。

2018 年是中国特色社会主义进入新时代后的开局之年。教师队伍建设迎来重大改革发展，师德师风建设进入"严管厚爱并重"快车道。1 月 20 日，中共中央国务院发布《关于全面深化新时代教师队伍建设改革的意见》（中发〔2018〕4 号，简称《意见》）。《意见》（中发〔2018〕4 号）将"突出师德"确立为新时代教师队伍建设改革的基本原则之一，要求各级党委和政府要从战略和全局高度充分认识教师工作的极端重要性，把提高教师思想政治素质和职业道德水平摆在首要位置，把社会主义核心价值观贯穿教书育人全过程，突出全员全方位全过程师德养成，推动教师成为先进思想文化的传播者、党执政的坚定支持者、学生健康成长的指导者。2 月 11 日，教育部等五部门联合发布《教师教育振兴行动计划（2018—2022 年）》，要求研制出台在教师培养培训中加强德教育的文件和师德修养教师培训课程指导标准。将师德教育贯穿教师教育全过程，作为师范生培养和教师培训课程的必修模块。开展师德养成教育全面推进行动。5 月 2 日，习近平总书记在北京大学考察时指出，"评价教师队伍素质的第一标准应该是师德师风。师德师风建设应该是每一所学校常抓不懈的工作，既要有严格制度规定，也要有日常教育督导"。9月10日教师节当天，全国教育大会在北京召开。习近平总书记出席会议并发表重要讲话。李克强总理在会上讲话。中共中央政治局委员、中央书记处书记，全国人大常委会有关领导同志，国务委员、最高人民法院院长、最高人民检察院检察长、全国政协有关领导同志出席大会。9月17日，教育部发布《关于实施卓越教师培养计划2.0的意见》，要求将学习贯彻习近平总书记对教师的殷切希望和要求作为师范生师德教育的首要任务和重点内容，将"四有"好老师标准、四个"引路人"、四个"相统一"和"四个服务"等要求细化落实到教师培养全过程。11月8日，教育部发布《新时代中小学教师职业行为十项准则》和《中小学教师违反职业道德行为处理办法（2018年修订）》，为中小学教师结合新时代要求严格自我约束、规范职业行为、加强自我修养提供现实参照和有力抓手。

2018年之后，小学师德师风建设长期以来局限于教育系统内部的定位开始发生转变。师德师风建设的重要政策由多个部门联合发布成为新常态。2019年2月23日，中共中央、国务院印发《中国教育现代化2035》，强调"将师德师风作为评价教师素质的第一标准，推动师德建设长效化、制度化"。同日，中共中央办公厅、国务院办公厅发布《加快推进教育现代化实施方案（2018—2022年）》，要求"把师德师风作为评价教师队伍素质的第一标准，实施师德师风建设工程"。4月3日，教育部公开曝光首批4起违反教师职业行为十项准则典型案例。① 9月18日，教育部等五部门联合发布《关于加强新时代中小学思想政治理论课教师队伍建设的意见》，要求"严把选聘政治关、师德关、业务关，让有理想的人讲理想，有信仰的人讲信仰，师德高尚的人讲思政课""不断创新中小学思政课教师评价激励机制""将中小学思政课教师队伍建设作为对领导班子、干部考核的重要指标"等。11月15日，教育部等七部门联合发布《关于加强和改进新时代师德师风建设的意见》，提出"将师德师风建设要求贯穿教师管理全过程"，"推进师德师风建设任务落到实处"，具体举措包括"严格规范教师聘用，将思想政治和师德要求纳入教师聘用合同""将师德考核摆在教师考核的首要位置，坚持多主体多元评价""将各级各类学校师德师风建设长效机制落

---

① 截至2023年8月16日，教育部一共公开曝光十三批共93起违反教师职业行为十项准则典型案例。其中，中小学教师占47起。

实情况作为对地方政府履行教育职责评价的重要测评内容""夯实学校主体责任，压实学校主要负责人第一责任人责任"等。2020 年起，中小学师德师风建设的专业支撑得到进一步增强。1 月 7 日，教育部与全国 10 家单位主办共建教育部师德师风建设基地。北京师范大学、东北师范大学、复旦大学、浙江大学、江西省教育厅井冈山教师培训中心、曲阜师范大学、武汉大学、华南师范大学、西南大学、西北师范大学入选首批名单。8 月 28 日，全国教育科学规划领导小组办公室公布 5 项师德相关课题入选全国教育科学"十三五"规划 2020 年度立项项目名单，由来自北京师范大学、南京师范大学、云南师范大学、首都师范大学的研究者承担。此前，由首都师范大学校长孟繁华教授担任首席专家的教育部哲学社会科学研究重大课题攻关项目"新时代加强教师师德师风建设研究"正式立项并顺利开题。9 月，教育部等八部门印发《关于进一步激发中小学办学活力的若干意见》（教基〔2020〕7 号），强调中小学职称评聘要把师德表现和教育教学实绩作为岗位晋升的重要依据，推动教师岗位能上能下、人员能进能出；不得以中高考成绩或升学率片面评价学校、校长和教师。12 月 4 日，教育部组建中小学幼儿园师德师风建设专家委员会。

伴随专业支撑力量的不断增强，中小学师德师风建设近年来更加注重结合师德发展规律和学生健康成长需求落实师德师风第一标准，常态化推进师德师风培育涵养。2020 年 12 月 23 日，教育部发布《中小学教育惩戒规则（试行）》，明确教师在课堂教学、日常管理中，可以对违规违纪情节较为轻微的学生实施适当的教育惩戒，但不得因个人情绪、好恶实施或者选择性实施教育惩戒。2021 年 6 月 1 日，教育部发布《未成年人学校保护规定》，规定学校应当落实法律规定建立学生欺凌防控和预防性侵害、性骚扰等专项制度，建立对学生欺凌、性侵害、性骚扰行为的零容忍处理机制和受伤害学生的关爱、帮扶机制。同年 7 月 14 日，教育部再次发布《关于开展中小学有偿补课和教师违规收受礼品礼金问题专项整治工作的通知》，要求各地自 2021 年 7 月至 2022 年 3 月，面向全国中小学校和教师开展有偿补课和违规收受礼品礼金问题专项整治工作。2022 年 4 月 2 日，教育部等八部门联合发布《新时代基础教育强师计划》（简称《强师计划》），要求把教师思想政治和师德师风建设放在首要位置，围绕落实立德树人根本任务，全面加强中小学教师思想政治建设，全方位全过程推进师德养成，推动教师以德施教、以德立身。特别是明确提出"将各类师德规范纳入新教师岗前培训和在职教师全员培训必修内容","创新师德教育方式",通过榜样引领、情景体验、实践教育、师生互动等形式,激发教师涵养师德的内生动力。同时,将师德师风建设贯穿教师管理全过程,在资格认定、教师招聘、职称评审、岗位聘用、年度考核、推优评先、表彰奖励等工作中严格落实师德师风第一标准。

2023年4月14日,教育部发布《关于推开教职员工准入查询工作的通知》,要求严把教师队伍入口关,把师德师风第一标准融入教师招聘引进等环节,并完善教职员工准入查询制度,推动查询平台应用,以信息化、数字化提升教师队伍治理能力,为构建高质量教育体系奠定坚实的师资基础。

目前,一个由党中央高度重视、国家各部门协同推进,全社会共同推动的中小学师德师风建设管理体系和治理格局逐渐明晰。

(三)创新激励路径,完善新时代中小学教师国家荣誉表彰体系

荣誉表彰体系是弘扬高尚师德,激励教师自觉追求"好老师"境界的重要路径。党的十八大之前,国家级教师荣誉称号主要有教育部设立的"全国优秀教师""全国优秀教育工作者"和"全国教书育人楷模",以及教育部与人力资源和社会保障部设立的"全国教育系统先进集体""全国模范教师"和"全国教育系统先进工作者"。其中,"全国优秀教师"荣誉称号的遴选是20世纪80年代以来,在科教兴国、人才强国战略实施背景下为加快推动教育优先发展,激励一线教育教学工作者而设立的定期表彰奖励制度。"全国模范教师"的遴选以基层一线教师为主,在遴选时会适当向基层和教学一线倾斜,向农村教育、义务教育、中等职业学校教师倾斜,尤其是向偏远农村地区和少数民族地区教师倾斜。[①] "全国教书育人楷模"荣誉称号自2010年开始评选,最初由教育部主导,联合中央主要媒体和教育媒体开展;参评对象为曾获得过省部级(含)以上荣誉称号,在教书育人方面有突出贡献的各级各类学校教师;每年评选10位,在教师节期间由教育部统一进行荣誉表彰。

---

① 王一舟. 我国教师国家荣誉制度构建研究[D]. 华中师范大学,2020.

党的十八大后，为贯彻落实立德树人教育根本任务，建立一支师德高尚、业务精湛、结构合理、充满活力的中小学教师队伍，国家相关部门在原有基础上，坚持以德为先，持续构建和完善国家级中小学教师荣誉表彰体系。

　　首先，为重振师道尊严，大力弘扬高尚师德，对爱岗敬业、关爱学生、无私奉献，特别是生死关头见义勇为、舍己救人的中小学教师及时授予或追授"全国优秀教师"荣誉称号。2012年12月11日，人力资源社会保障部和教育部联合发布《关于授予张丽莉同志全国模范教师荣誉称号的决定》，号召全国广大教师和教育工作者要以张丽莉同志为榜样，更加紧密团结在以习近平同志为总书记的党中央周围，深入贯彻落实党的十八大精神，坚定理想信念、培养高尚情操、弘扬新风正气，努力做社会主义核心价值体系的模范践行者，做良好社会风尚的积极推动者。十年来，除了张丽莉，还有杨建一①、李芳②、张桂梅③、王旭红④等中小学教师分别于

----

　　① 杨建一，男，1980年参加教育工作。2006年，担任校长职务。2013年1月15日下午，在湖南省新化县上梅镇北渡小学，一名男子翻过围墙进入校园，手持凶器将正在操场上体育课的一名三年级学生刺倒。校长杨建一听到师生呼救声，立即奔赴操场，安排把受伤学生送往医院抢救，随后奋不顾身追赶行凶歹徒，与其展开殊死搏斗，不幸以身殉职。

　　② 李芳，女，1969年5月出生，汉族，中共党员，生前系河南省信阳市浉河区董家河镇绿之风希望小学教师。2018年6月11日下午放学，李芳护送学生离校返家，行至离学校50米的十字路口按交通信号灯指示有序通过时，一辆载满西瓜的无牌照三轮摩托车闯红灯急速驶来，且毫无刹车迹象。危难时刻，李芳奋不顾身冲上前去用自己的身体挡护学生，并奋力将学生推开。学生得救了，李芳遭到严重撞击，经多方抢救无效，于2018年6月13日4时逝世。

　　③ 张桂梅，女，满族，1957年6月生，中共党员，系云南省丽江华坪女子高级中学党支部书记、校长，华坪县儿童福利院院长。坚守滇西贫困地区40多年，放弃优越的工作条件，毅然投身深度贫困山区教育扶贫主战场，攻坚克难，执着奋斗，为当地教育发展和脱贫攻坚作出重要贡献。她矢志不渝，克服种种困难，努力阻断贫困代际传递，建成针对贫困山区家庭困难女孩的全国第一所全免费女子高中，使1600多名贫困家庭学生圆梦大学，托举起贫困家庭脱贫发展的希望与信心。她立德树人，始终坚持一线言传身教，加强师生思想政治和理想信念教育，给予困难学生母亲般的呵护，深受师生和群众爱戴。她敬业奉献，长期拖着病体忘我工作，将自己工资、所获奖金和社会捐助诊疗费等100多万元全部用于兴教办学，在与时间赛跑和病魔抗争中，以实际行动兑现着自己"只要还有一口气，就要站在讲台上"的诺言，用不懈追求书写着不忘初心、牢记使命，为党和人民事业永远奋斗的绚丽人生。曾获全国先进工作者、全国师德标兵、全国最美乡村教师等荣誉。

　　④ 王红旭，男，1986年12月出生，汉族，中国共产党入党积极分子，生前系重庆市大渡口区育才小学体育教师。2021年6月1日18时左右，2名儿童在大渡口万发码头长江段沙滩边玩耍，不慎落水。危急时刻，王红旭司志丢下自己3岁的孩子百米冲刺跳江救人，倾尽全力将孩子往岸上推，在数十名群众联手接力下，2名落水小孩被成功救起，他却因体力不支被江水冲走，不幸牺牲。

2013 年、2018 年、2020 年和 2021 年被授予或追授为"全国优秀教师"。

2014 年 9 月，人力资源社会保障部和教育部发布十八大后首次《关于表彰全国教育系统先进集体和全国模范教师全国教育系统先进工作者的决定》，授予北京市密云县穆家峪镇中心幼儿园等 500 个单位"全国教育系统先进集体"荣誉称号；授予徐颖等 719 名同志"全国模范教师"荣誉称号；授予钮小桦等 78 名同志"全国教育系统先进工作者"荣誉称号。其中，来自中小学的先进集体、模范教师和先进工作者占了相当大的比重。

其次，关注中小学教师队伍内部优质均衡，在评选表彰中向乡村教师倾斜。2015 年 6 月 1 日，国务院办公厅印发《乡村教师支持计划（2015—2020 年）》，提出"建立乡村教师荣誉制度"，明确国家向在乡村学校从教 30 年以上的教师按照有关规定颁发荣誉证书。省（区、市）、县（市、区、旗）要分别对在乡村学校从教 20 年以上、10 年以上的教师给予鼓励。各省级人民政府可按照国家有关规定对在乡村学校长期从教的教师予以表彰。鼓励和引导社会力量建立专项基金，对长期在乡村学校任教的优秀教师给予物质奖励。广泛宣传乡村教师坚守岗位、默默奉献的崇高精神，在全社会大力营造关心支持乡村教师和乡村教育的浓厚氛围。2016 年 4 月 15 日，教育部、人力资源社会保障部《关于做好乡村学校从教 30 年教师荣誉证书颁发工作的通知》，要求各地组织开展乡村学校从教 30 年教师荣誉证书颁发工作，明确"颁发对象应理想信念坚定，在思想、政治、行动上同党中央保持高度一致；热爱本职工作，师德高尚、勤勤恳恳、忠于职守；无违法违纪行为"。同年 8 月 15 日，教育部教师工作司发布《关于做好首批乡村学校从教 30 年教师荣誉证书颁发工作的通知》，要求在 2016 年 9 月 10 日教师节前和年底分两次颁发首批乡村学校从教 30 年教师荣誉证书，以实际举措落实《乡村教师支持计划（2015－2020 年）》。

最后，结合新中国成立 70 周年和中国共产党成立 100 周年等重大节庆创新教师激励路径。2019 年 7 月 16 日，教育部发布《关于做好庆祝 2019 年教师节有关工作的通知》，要求"弘扬高尚师德，广泛展示人民教师时代风采"，强调"各地各校要在节庆活动中突出师德第一标准，深入宣传表彰优秀教师典型，大力弘扬高尚师德。通过组织推荐全国模范教师、全国优秀教师和评选表彰本地本校优秀教师，加大优秀教师典型选树和先进事迹的挖掘宣传，确保让推荐评选过程同时成为宣传学习的过程，让身边的教师典型带动感召更多的教师见贤思齐"。9月5日，人力资源社会保障部和教育部发布《关于表彰全国教育系统先进集体和全国模范教师全国教育系统先进工作者的决定》。9月10日，庆祝2019年教师节暨全国教育系统先进集体和先进个人表彰大会在北京举行。会上表彰了718名"全国模范教师"、79名"全国教育系统先进工作者"、597个"全国教育系统先进集体"，以及1432名"全国优秀教师"、158名"全国优秀教育工作者"，授予1355项"国家级教学成果奖"。党和国家领导人习近平、李克强、王沪宁等在北京人民大会堂会见庆祝2019年教师节暨全国教育系统先进集体和先进个人表彰大会受表彰代表。9月17日，国家主席习近平签署主席令，授予于漪、卫兴华、高铭暄三人"人民教育家"国家荣誉称号。其中，上海市杨浦高级中学名誉校长于漪是中小学教师的杰出代表。11月15日，教育部等七部门出台《关于加强和改进新时代师德师风建设的意见》，要求"突出典型树德，持续开展优秀教师选树宣传"，"大力宣传新时代广大教师阳光美丽、爱岗敬业、甘于奉献、改革创新的新形象"，"综合运用授予荣誉、事迹报告、媒体宣传、创作文艺作品等手段，充分发挥典型引领示范和辐射带动作用"，"形成校校有典型、榜样在身边、人人可学可做的局面"。

2020年9月4日，中宣部、教育部公布2020年"全国教书育人楷模"名单，首次联合宣传表彰"全国教书育人楷模"荣誉称号获得者。10月13日，中共中央、国务院印发《深化新时代教育评价改革总体方案》，要求健全教师荣誉制度，发挥典型示范引领作用。12月10日，云南丽江华坪女子高级中学书记、校长张桂梅，被中宣部授予"时代楷模"称号。

2021年2月，中共中央办公厅印发《关于做好"七一勋章"提名和全国"两优一先"推荐工作的通知》，要求充分展示功勋模范和先进典型的精神风范，充分展示广大党组织和党员在各条战线、各个领域、各项工作中取得的丰硕成果；大力弘扬信念坚定、对党忠诚、勇于担当、无私奉献的崇高品格，推动全党形成见贤思齐、争做先锋的良好氛围，进一步统一思想、振奋人心、鼓舞士气。同时，决定在中国共产党成立100周年之际，首次以中共中央名义颁授"七一勋章"，表彰全国优秀共产党员、全国优秀党务工作者和全国先进基层党组织。6月29日，云南省丽江市华坪女子高中教师、校长张桂梅作为教育系统的唯一代表荣获党内最高荣誉"七一勋章"。

2022 年 4 月，教育部等八部门发布《新时代基础教育强师计划》，再次强调"完善教师荣誉表彰制度，加大优秀教师典型表彰宣传力度"。相关统计数据显示，2022 年新闻联播 14 次宣传教师队伍建设，7 次重点报道教师节活动。由中宣部"学习强国"平台推出的专题视频《习近平的教师情》，热榜话题阅读量超过 75 亿。此外，中宣部还推出了 1 个时代楷模群体、12 位全国教书育人楷模、10 位最美教师、1 个最美教师团体和 1 位特别致敬人物。针对校长、教师在抗击疫情和洪灾中的感人事迹，国家新闻出版广电总局推出献礼电视剧《大考》，文旅部东方演艺集团推出以"七一勋章"获得者张桂梅为原型的教师题材音乐剧《绽放》。①

至此，中小学师德师风建设构建出了以"人民教育家""时代楷模""全国模范教师""全国教育系统先进工作者""全国教书育人楷模""全国优秀教师"为代表的国家教师荣誉表彰体系。在这荣誉表彰体系的鼓舞和激励下，大批师德高尚的优秀中小学教师典型不断涌现。"教师的工作是塑造灵魂、塑造生命、塑造人的工作"这一神圣内涵也得到极大丰富，为营造全社会尊师重教良好氛围准备了重要前提。

总的来说，党的十八大以来，中小学师德师风建设延续了新中国成立后党和国家高度重视教师思想政治觉悟和师德修养水平的历史传统，体现了十八大报告"坚持以人为本，执政为民"的重要思想，彰显了国家相关部门以管理制度体系建设为抓手切实推动中小学师德师风建设的决心。党的十九大后，教育部和相关部门在习近平新时代中国特色社会主义思想指导下，强化部门协同与政策创新，把中小学师德师风建设成效继续向前推进，引领中小学师德师风建设迈入新时代。党的二十大后，基础教育领域的中国特色更加鲜明，中国教育现代化建设进一步展现出蓬勃生机。围绕"教育、科技、人才"三位一体助力全面建设社会主义现代化国家这一时代要求，师德师风建设全面推进以习近平新时代中国特色社会主义思想凝心铸魂，立足中华文化立场着力培养能做学生为学、为事、为人示范的"大先生"，分层分类培养学习型、奉献型、专业型和幸福型老师，升华教师

---

①　李帆，钱丽欣，邢星，宋佳欣.2022 中国基础教育政策分析[J]. 人民教育，2023(Z1).

队伍的职业精神。① 虽然本章提到的不少政策文件并非专门针对中小学教师，而是面向全体广大教师，但由于中小学教师是我国教师队伍中最大的组成部分，其对中小学师德师风建设的政策指导意义也不言而喻。可以说，经过十年的努力探索和扎实推进，中小学师德师风建设发生了历史性变革，取得了历史性重大进展。一个围绕落实立德树人根本任务，全面加强中小学教师思想政治建设，严格落实师德师风第一标准，突出全方位全过程师德养成，推动教师以德施教、以德立身的新时代中小学师德师风建设政策格局基本成型。

二、中小学师德师风建设的政策演进

党的十八大以来，国家中小学师德师风建设政策围绕立德树人教育根本任务，按照习近平总书记提出的"四有"好老师、"四个引路人""四个相统一"等新时代教师素质要求，坚持追求崇高师德和守住"底线"师德并重，持续完善由师德师风建设专项政策和教师教育政策与宏观教育政策构成的政策体系，推动中小学师德师风建设政策从"一枝独秀"走向"全面开花"。十多年来，中小学师德师风建设政策在发文数量、发文主体和发文类型上实现了历史性变革和历史性进展，政策文本的内容也由党的十八大后以"严管"和"考核"为主走向十九大后的"严管与厚爱并重"，进而走向二十大后的不断"激发教师的内生动力"。这些演进特征的出现是新中国70多年教育改革发展逻辑在中小学教师队伍建设领域的自然延伸与生动展现，是师德师风建设的政策内涵由"驱动"走向"赋能"、政策目标由"抽象"走向"具体"、政策内容由"单一"走向"多元"、政策范式由"管理"走向"治理"的必然结果。

(一)引言

师德师风建设政策是教育政策的重要组成部分，是教师教育政策的下位概念，是指国家机关、政党及相关政治团体在特定历史时期内，为实现

---

① 李政涛，卜玉华，程亮，刘世清，杜明峰，李栋，施久铭，谭希.2022中国中小学教育新进展新趋势[J].人民教育，2023(Z1).

教师队伍建设和教师教育发展目标，特别是解决师德师风建设中出现的特定公共问题，依据特定国家发展目标、社会发展任务及教育基本方针而采取的政治行为或规定的行动准则。它表现为以法律法规和政策规定与规范存在的政策文本，贯穿在师德师风建设的全过程，体现了国家教育治理主体对教育事业发展和教师队伍建设的国家意志与价值。党的十八大以来，我国中小学师德师风建设锚定形成一支师德高尚、业务精湛、结构合理、充满活力的高素质专业化创新型教师队伍的总体目标，围绕立德树人教育根本任务进行"整改落实"和"建章立制"，在大力弘扬高尚师德，引导教师以德立身、以德立学、以德施教，不断提升人格修养和学识修养，努力成为党和人民满意的"四有"好老师方面取得了重要进展和积极成效。本章将在简要回顾党的十八大以来中小学师德师风建设重要政策的基础上，进一步分析其演进特点和演进逻辑，以更全面和深入地了解近十年来我国中小学师德师风建设政策的内在理路。由于发文主体为中央政府（国务院及各部委），颁布的政策文件具有统领性，是地方政府部门制定政策的母本，代表的是国家层面的政策意见，具有权威性与基础性，加之"政策科学的主要任务在于关心如何理解和改善整个社会的发展方向，特别要关心对于社会发展方向具有重要意义的宏观层次的国家政策制定系统的改善"①，本部分的政策分析将以国家层面的中小学师德师风建设政策为主。

（二）研究设计

1. 政策文本来源

1.1 "北大法宝"数据库

"北大法宝"是由北京大学法制信息中心与北大英华科技有限公司联合推出的智能型法律信息一站式检索平台。1985 年诞生于北京大学法律系，收录自 1949 年迄今的法律法规，内容不断更新，包括中央法规司法解释、地方法规规章、合同与文书范本、港澳台法律法规、中外条约、外国法律法规、法律动态、立法背景资料等。本研究首先以"师德"为标题在"北大法宝"进行普通检索，得到属于"中央法规"的文件 15 份。剔除 2012 年之前和专门针对高校的文件，只剩下 5 份有效文件。重新以"教师"为标题＋"师

---

① 刘复兴. 教育政策的边界与价值向度[J]. 清华大学教育研究，2002(01).

德"为关键词在全文进行高级检索，得到"中央法规"233 篇。将时间限定在 2012 年 1 月 1 日—2023 年 4 月 25 日，剩下 154 份文件。进一步剔除专门针对高校学校、职业院校、技工院校、幼儿园、特殊教育或与这些教育领域相关的 51 份文件和 1 份工作报告，剩下 90 份主要文件。

1.2 教育部官方网站

在中华人民共和国教育部官方网站检索(检索路径：教育部官方网站－政府信息公开－法定主动公开内容－分类教育信息－教师工作－师德建设政策)到师德建设政策文本 105 份。进一步将时间限定在 2012—2023 年，并去掉专门针对高等学校的政策，得到 46 份主要政策文本。

1.3 中国知网(CNKI)

以"师德师风政策"为篇名在"中国学术期刊网络出版总库"进行检索，得到 36 条结果。进一步将时间限定在 2012—2023 年，去掉会议论文、报纸文章、专门针对高校的结果，包括重复的结果，剩下 18 条结果。对这 18 条结果进行详细阅读，并对文中涉及的政策名称进行统计，得到 15 份主要政策文件(见表 2-1)。

表 2-1 中小学师德师风建设政策文本数据来源与检索策略

数据来源	检索策略/检索路径	时间范围	检索时间
"北大法宝"数据库	1. 以"师德"为标题在"北大法宝"进行普通检索 2. 以"教师"为标题＋"师德"为关键词在全文进行高级检索	2012—2023	2023 年 4 月 26 日
教育部官方网站	检索路径：教育部官方网站－政府信息公开－法定主动公开内容－分类教育信息－教师工作－师德建设政策	2012—2023	2023 年 4 月 26 日
中国知网(CNKI)	以"师德师风政策"为篇名进行检索	2012—2023	2023 年 4 月 26 日

1.4 全国人民代表大会国家法律法规数据库

以"师德"为标题在"全国人民代表大会国家法律法规数据库"进行检索，得到 0 条结果。以"教师"为标题进行检索，得到 2 条结果。1 条是由全国人民代表大会常务委员会制定，性质为"法律"的《中华人民共和国教师法》(2009 年)。1 条是由国务院制定，性质为"行政法规"的《教师资格条

例》。以"师德"为标题＋正文进行检索，得到 0 条法律，只有 108 条地方性
法规。

2. 政策文本整理

按照"同项合并，异项保留"的基本原则，对以上 4 个不同来源的结果
进行对比与合并。同时，在"北大法宝"数据库中对合并后的政策文件进行
"引用"情况检索，保留命中"师德" 2 次或 2 次以上的政策文本。然后，对
保留下来的政策文本尤其是命中次数 2～5 次的文本进行人工分析。剔除与
"师德师风建设"不直接相关或虽然直接相关但属于倡导性而非工具性政策
的政策文本，同时，添加在"北大法宝"数据库中只命中 1 次但直接针对师
德师风建设问题的政策文本。最后，得出本研究拟重点分析的政策文本样
本 33 份（见表 2-2）。

表 2-2　中小学师德师风建设政策文本样本①

序号	发文字号	发布时间	发布机构	文件名称
1	教师〔2012〕1 号	2012.02.10	教育部	小学教师专业标准（试行）、中学教师专业标准（试行）
2	国发〔2012〕41 号	2012.08.20	国务院	国务院关于加强教师队伍建设的意见
3	教师〔2013〕3 号	2013.02.16	教育部	教育部关于印发《义务教育学校校长专业标准》的通知
4	教师〔2013〕10 号	2013.09.02	教育部	教育部关于建立健全中小学师德建设长效机制的意见
5	教师〔2014〕1 号	2014.01.11	教育部	教育部关于印发《中小学教师违反职业道德行为处理办法》的通知
6	教监〔2014〕4 号	2014.07.08	教育部	教育部关于印发《严禁教师违规收受学生及家长礼品礼金等行为的规定》的通知
7	教师〔2014〕5 号	2014.08.18	教育部	教育部关于实施卓越教师培养计划的意见

---

①　加粗文本为面向中小学师德师风建设的专项政策，其余为综合政策。

续表

序号	发文字号	发布时间	发布机构	文件名称
8	教师〔2015〕2号	2015.01.12	教育部	教育部关于印发《普通高中校长专业标准》《中等职业学校校长专业标准》《幼儿园园长专业标准》的通知
9	国办发〔2015〕43号	2015.06.01	国务院办公厅	国务院办公厅关于印发乡村教师支持计划（2015—2020年）的通知
10	教师〔2015〕5号	2015.06.29	教育部	教育部关于印发《严禁中小学校和在职中小学教师有偿补课的规定》的通知
11	教师厅函〔2016〕14号	2016.07.13	教育部	教育部办公厅关于开展治理中小学有偿补课和教师违规收受礼品礼金问题自查工作的通知
12	教师厅函〔2016〕29号	2016.12.16	教育部	教育部办公厅关于公布师德建设优秀工作案例的通知
13	国务院〔2018〕5号	2018.01.20	中国共产党中央委员会、国务院	中共中央、国务院关于全面深化新时代教师队伍建设改革的意见
14	教师〔2018〕2号	2018.02.11	教育部、国家发展和改革委员会（含原国家发展计划委员会、原国家计划委员会）财政部、人力资源和社会保障部、中央机构编制委员会办公室	教育部等五部门关于印发《教师教育振兴行动计划（2018—2022年）》的通知
15	教师〔2018〕13号	2018.09.30	教育部	教育部关于实施卓越教师培养计划2.0的意见
16	教师〔2018〕16号	2018.11.08	教育部	教育部关于印发《新时代高校教师职业行为十项准则》《新时代中小学教师职业行为十项准则》《新时代幼儿园教师职业行为十项准则》的通知

续表

序号	发文字号	发布时间	发布机构	文件名称
17	教师〔2018〕18 号	2018.11.08	教育部	教育部关于印发《中小学教师违反职业道德行为处理办法（2018 年修订）》的通知
18		2019.02.23	中共中央、国务院	中国教育现代化 2035
19		2019.02.23	中共中央办公厅、国务院办公厅	加快推进教育现代化实施方案（2018－2022 年）
20	国务院〔2019〕20 号	2019.06.23	中共中央、国务院	关于深化教育教学改革全面提高义务教育质量的意见
21	教师函〔2019〕8 号	2019.09.18	教育部、中共中央组织部中共中央宣传部、财政部、人力资源和社会保障部	教育部等五部门印发《关于加强新时代中小学思想政治理论课教师队伍建设的意见》的通知
22	教师〔2019〕10 号	2019.11.15	教育部、中共中央组织部、中共中央宣传部、国家发展和改革委员会（含原国家发展计划委员会、原国家计划委员会）、财政部；人力资源和社会保障部、文化和旅游部	教育部等七部门印发《关于加强和改进新时代师德师风建设的意见》的通知
23	教师厅函〔2020〕1 号	2020.01.07	教育部办公厅	教育部办公厅关于公布教育部师德师风建设基地名单的通知
24	教师厅〔2020〕3 号	2020.07.22	教育部办公厅	教育部办公厅关于印发《中小学教师培训课程指导标准（师德修养）》等 3 个文件的通知
25	国务院〔2020〕30 号	2020.10.13	中共中央、国务院	深化新时代教育评价改革总体方案

续表

序号	发文字号	发布时间	发布机构	文件名称
26	教师函〔2020〕8号	2020.12.04	教育部	教育部关于成立全国师德师风建设专家委员会的通知
27	中华人民共和国教育部令第49号	2020.12.23	教育部	中小学教育惩戒规则（试行）
28	教师函〔2021〕3号	2021.04.29	教育部	教育部关于在教育系统开展师德专题教育的通知
29	教师厅函〔2021〕8号	2021.05.06	教育部	教育部办公厅关于召开教师思想政治和师德师风建设经验交流暨师德专题教育启动部署会的通知
30	教育部令第50号	2021.06.01	教育部	《未成年人学校保护规定》
31	教师厅函〔2021〕17号	2021.07.14	教育部	教育部办公厅关于开展中小学有偿补课和教师违规收受礼品礼金问题专项整治工作的通知
32	教师〔2022〕6号	2022.04.02	教育部、中共中央宣传部、中央机构编制委员会办公室国家发展和改革委员会（含原国家发展计划委员会、原国家计划委员会）、财政部人力资源和社会保障部、住房和城乡建设部、国家乡村振兴局	教育部等八部门关于印发《新时代基础教育强师计划》的通知
33	教师函〔2023〕1号	2023.04.14	教育部	教育部关于推开教职员工准入查询工作的通知

3. 政策文本分析方法

本研究采取政策文献解读、政策文献计量分析和政策内容量化分析相结合的方法对选取出的政策文本进行综合分析。首先，运用历史分析方法按照时间线索对十年来相关政策文本进行分类爬梳；然后，运用 Excel、

Python 和 ROSTCM6.0 软件对中小学师德师风建设政策十年来在发文时间、发文数量、发文类型等方面的特点进行对比分析和内容挖掘；最后，运用文献分析法进一步分析中小学师德师风建设政策十多年来的演进逻辑。

(三)研究发现

十多年来，围绕形成一支师德高尚、业务精湛、结构合理、充满活力的高素质专业化创新型中小学教师队伍，中共中央、国务院和教育部等国家相关部门围绕中小学师德师风建设长效机制这一核心、关键和基础性政策问题发布了 32 项重要政策。其中，专项政策和综合政策各占 16 项。所谓专项政策是指专门用于治理师德师风问题或直接以师德或师德师风命名的政策，包括有关教师荣誉表彰的政策，主要由教育部或教育部等相关部门联合发布，属于执行性、工具性的政策。综合政策是指主要关注宏观教育改革或教师教育问题，但其中涉及部分师德师风建设内容的政策，主要由党中央、国务院及教育部等相关部门发布，大多属于方向性、规范性的政策。对这些政策进行分析后，有如下主要发现。

1. 顶层政策和实践政策围绕关键政策问题稳定推出，推动中小学师德师风建设政策从"一枝独秀"走向"全面开花"

小学师德师风建设领域长期以来处于"一枝独秀"的政策状态。由教育部、全国教育工会于 1984 年 10 月 13 日颁发的《中小学教师职业道德要求(试行草案)》是改革开放后第一份关于中小学师德建设的专门文件，也是长期以来指导我国中小学师德师风建设的唯一抓手。党的十八大后，以 2013 年 9 月发布《教育部关于建立健全中小学师德建设长效机制的意见》(教师〔2013〕10 号)为起点，中小学师德师风建设领域政策逐步从"一枝独秀"走向"全面开花"。突出表现为党中央、国务院和教育部等政策制定部门从完善师德师风建设管理制度体系、健全师德师风教育常态机制、强化师德师风考核评价和加大师德师风先进典型引领力度等方面出台了系列政策，搭建了由顶层政策和实践政策构成的新时代中小学师德师风建设政策体系。前者是推动中小学师德师风建设的"四梁八柱"，明确和引领中小学师德师风建设政策的整体方向。例如，《教育部关于建立健全中小学师德建设长效机制的意见》(教师〔2013〕10 号)、《中共中央 国务院关于全面深化新时代教师队伍建设改革的意见》（国务院〔2018〕5 号）和教育部等七部门《关于加强和改进新时代师德师风建设的意见》（教师〔2019〕10 号）等。后者是以前者为依据从而生成的落实类政策，主要由教育部牵头，或由教育部单独制定政策，带动地方政府制定相关实践方案。政策文本类型包括指导意见类、计划类、通知类、办法类、指南类、实施方案类、准则标准类、规章类等形式。例如，在完善师德师风建设制度体系方面，出台的《新时代中小学教师职业行为十项准则》（教师〔2018〕16 号）；在健全师德师风教育常态机制方面，出台的《中小学教师培训课程指导标准（师德修养）》（教师厅〔2020〕3 号）；在强化师德师风考核评价方面，出台的《中小学教师违反职业道德行为处理办法》（教师〔2014〕1 号、教师〔2018〕18 号）；在加大师德师风先进典型引领力度方面，发布的《教育部关于在教育系统深入开展向张桂梅同志学习的通知》（教师〔2020〕8 号）等。整体而言，这两种政策旨趣不同，功能各异，但又互相支撑、相互协调，围绕不同阶段政策问题的界定和解决稳定推出，有序生长，过程中又进一步分为专项政策和综合政策两大类。其中，专项政策大多以"严管"面貌出现，重在明确规范，划清"底线"。综合政策大多以"厚爱"为底色，强调师德师风培育涵养。无论是综合政策还是专项政策都强调问题导向，坚持高位引领和底线要求相结合，共同推动中小学师德师风建设迈入新时代，为推动中小学师德师风建设步入制度化、规范化、法治化轨道，营造中小学师德师风建设新生态奠定扎实基础。

2. 以中国特色社会主义进入新时代为节点，中小学师德师风建设政策释放建设高素质教师队伍强劲动力，在发文数量、发文主体和发文类型上呈现出重大实质性进展

党的十九大是在全面建成小康社会决胜阶段、中国特色社会主义进入新时代的关键时期召开的一次十分重要的大会。本次大会宣布中国特色社会主义进入新时代，将党的十八大报告"加强教师队伍建设，提高师德水平和业务能力，增强教师教书育人的荣誉感和责任感"推进为"加强师德师风建设，培养高素质教师队伍，倡导全社会尊师重教"。师德师风建设被摆到更加突出和重要的位置，成为"评价教师队伍素质的第一标准"。中小学师德师风建设政策在发文时间、发文数量和发文类型上也呈现出实质性重大进展。党的二十大提出以中国式现代化推进中华民族伟大复兴后，以高尚师德引领到素质教师队伍建设的政策格局得到进一步强化，释放出以高质量教师队伍建设带动高质量教育体系建构，推动新时代中小学教师队伍建设开启新征程的强劲动力。

首先，在发文数量上，党的十九大后中小学师德师风建设政策由党的十八大后平均每年发布 2 项提升为平均每年发布 5 项。以 2017 年为分界点，十九大后的政策发文数量明显增加，发文频率更加密集。突出表现为 2018—2020 年三年间，每年的师德师风建设政策发文总数稳定保持在 5 项或 5 项以上（见图 2-1）。另外，分别对比综合与专项政策的发文数量时序变化，可以看出，2018—2019 年，综合政策发文数量稳定为每年 3 项，专项政策在 2020—2021 年也稳定为每年 3 项。这一时序变化也从一定程度上反映出专项政策对综合政策的及时贯彻与充分落实，显示出党的十九大之后，中小学师德师风建设政策由"虚"向"实"，越来越有力。党的二十大后，这一务实取向更为突出。例如，为了严把教师队伍入口关，夯实教师队伍质量，严格落实师德师风第一标准，教育部发布《关于推开教职员工准入查询工作的通知》（教师函〔2023〕1 号），明确指出要将师德师风第一标准融入教师招聘引进等环节，做在日常、严在日常，扎实推进校园环境净化，以信息化、数字化提升教师队伍治理能力，构建高质量教师队伍，夯实制度基础。

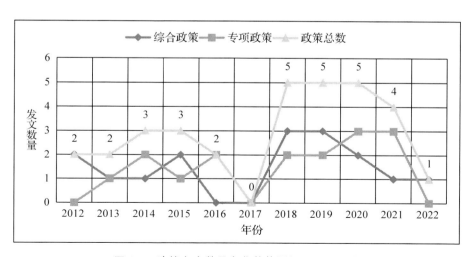

图 2-1　政策文本数量变化趋势图（2012—2022）

其次，在发文主体上，党的十九大后相关政策多部门联合发文的情况不断增多。以2017年为分界点，党的十九大之前以单一部门发文为主，包括教育部、国务院单独发文；党的十九大之后，中共中央和国务院双部门、多部门联合发文的数量呈上升趋势并在2019年达到顶点（见图2-2）。不过，由于历史和现实等诸多方面的原因，由单一部门发布的政策数量仍占主导地位。结合党的十九大要求"打造共建共治共享的社会治理格局"的重要精神，中小学师德师风建设政策需要立足新时代中小学教师队伍建设的任务与目标，进一步充实政策主体，联合多方力量从教育系统外部推动相关政策的顶层设计。这也从另一方面说明我国中小学师德师风建设的系统性与持续性得到了很好的贯彻。这种系统性和持续性在高效协调各部门的协作、充分落实党和国家的师德师风建设政策时发挥着很重要的作用。

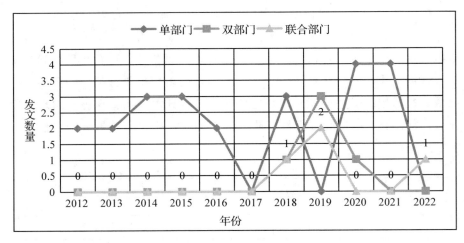

图2-2　各部门发布数量变化趋势图（2012—2022）

    对十年来的政策发文主体做进一步分析，可以发现，不同发文主体在发文数量上的占比也不同（见图2-3）。其中，由教育部单一部门发布的政策数量占主导地位，为21项，占比为66%；其次为中共中央和国务院联合发文为5项，占比16%；联合部门（三个以上部门联合）发布4项，占比12%；最后，国务院发文2项，占比为6%。

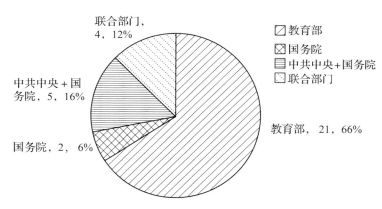

图 2-3　政策部门发文数量比例图

再次，在发文类型上，党的十九大后中小学师德师风建设政策的发文类型不断得到扩展丰富，涵盖了部门规章、计划、方案、意见、通知、办法、规定等多种类型。

表 2-3　师德师风政策体例

编号	政策体例	数量	约占比（％）	编号	政策体例	数量	约占比（％）
1	部门规章	1	3	6	办法	2	6
2	计划	4	12.5	7	规定	3	9
3	方案	2	6	8	标准	4	12.5
4	意见	8	25	9	规范	1	3
5	通知	7	22	总计：32			

通过表 2-3 可以看出，中小学师德师风建设政策十年来的发文类型，包括部门规章、计划、方案、意见、通知等。其中，"意见"和"通知"发文数量占比最多，分别为 25％和 22％。"意见"和"通知"属于政策规范，既有权威性又不属于正式法律，具有很强的行政指导性。由此可见，政府在政策发展中很多时候倾向于扮演"推动者""指导者"角色。

整体而言，以中国特色社会主义进入新时代为节点，中小学师德师风建设政策在推动建设高素质教师队伍方面不断释放出强劲动力，在发文数量、发文主体和发文类型上呈现出实质性重大进展。此外，通过对比"师德建设"与"师德师风建设"的百度指数关键词趋势，可以发现"师德师风建设"在 2018 年后超过"师德建设"在 2019 年达到峰值后持续处于高位态势（见图 2-4）。这也进一步说明党和国家既重视作为教师个体与群体职业道德的内在修养及生成，又重视教师个体作风与教师群体风气风尚的外在培养及培育。这也为重构中小学师德师风建设新格局，塑造中小学教师队伍发展新动能新优势提供了重要引领。

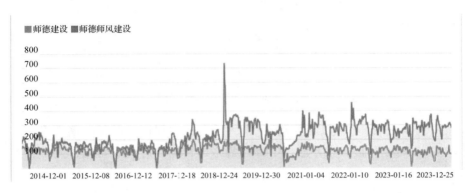

图 2-4　2014—2023 年"师德建设"与"师德师风建设"关键词趋势

3. 中小学师德师风建设政策的内容由强调"严管"走向"严管与厚爱并重"，常态化推进师德师风培育涵养、激发教师内在动力成为主流走向

中小学师德师风建设政策的内容规定了中小学师德师风建设的行动范围，也体现着中小学师德师风建设的价值变迁。运用高频词分析、语义网络分析等"话语分析"技术对政策文本的内容进行计量取向的质性分析是把握政策文本的价值取向和洞悉政策文本未来走向的重要方式。为了更深入地了解党的十八大以来，中小学师德师风建设政策的内容构成与发展变化，本部分通过高频词分析和语义网络分析两种方法对筛选出的政策文本做进一步分析。在高频词分析方面，首先，将 16 份专项政策分为 2012—2016 年和 2017—2022 年两组。然后，对两组政策文件进行统计后发现，2012—2016 年共发布 6 份文件，共 7840 字，平均为 1307 字/份；2017—2022 年为 10 份，29904 字，2990 字/份（见表 2-4）。

表 2-4　专项政策文件数量及字数统计

时间段（年）	文件数量（份）	总字数（字）	平均字数①（字/份）
2012—2016	6	7840	1307
2017—2022	10	29904	2990

　　在此基础上，进一步采用 Python 的 Jieba 分词包对文本数据进行分词处理，去除停用词，保留如"师德师风""新时代"等 Jieba 分词包无法识别的词汇，并对所得分词进行词频统计后得出专项政策文件的高频词表（见表 2-5）。除去"教师""师德"和"教育"等核心关键词后发现，2012—2016 年中小学师德师风建设以"监管"为主，高频词主要包括"有偿""补课""严禁""处分"和"监督"等。2017—2022 年中小学师德师风建设则以"培育"为主，高频词主要包括"培训""思政课""学习"和"课程"等。

表 2-5　专项政策文件高频词表（取出现次数最多的前 20 个关键词）

时期	编号	关键词	词频	编号	关键词	词频	时期	编号	关键词	词频	编号	关键词	词频
2012 — 2016	1	教师	107	11	严禁	23	2017 — 2022	1	教师	453	11	新时代	66
	2	师德	63	12	家长	22		2	师德	189	12	学习	64
	3	教育	44	13	处分	21		3	教育	167	13	组织	61
	4	学生	43	14	教育部	20		4	建设	153	14	学校	60
	5	学校	37	15	教育部门	19		5	培训	153	15	教育部	58
	6	中小学	31	16	监督	18		6	中小学	152	16	学生	56
	7	建设	31	17	职务	18		7	思政课	127	17	思想	52
	8	工作	27	18	社会	16		8	工作	100	18	指导	49
	9	有偿	26	19	考核	15		9	师德师风	87	19	发展	49
	10	补课	26	20	组织	15		10	教师队伍	67	20	课程	44

　　显然，2012—2016 年师德建设主要聚焦的是"师德"，即教师个人的思想品德或职业道德；而十九大之后，师德师风建设领域的中国特色开始彰显，"师德师风"替代"师德"成为核心关键词。这一语言上的变化，体现出监管部门在师德问题上站到了一个更高的位置上，将对教师个人的思想教育和品德规范上升到了群体层面，且着重培养某种氛围，形成某种风气（即"师风"）。另外，这一措辞上的微妙调整也体现在十九大时期频繁出现

---

　　①　平均字数＝某一时期内发布文件的总字数/文件的数量，采用四舍五入的方式取整数。

的"教师队伍"一词中。从社会心理学的意义上看，当某种行为上升到群体层面时，其传播性更强，更能够影响教师个体的行为和道德，而教师个体的素养提升又能进一步提升教师队伍的整体师德师风状况，是一个有效的良性循环。二十大后，在党和国家"以中国式现代化推动中华民族伟大复兴"的顶层政策引领和推动下，构建由中国精神和中国文化"打底"的中小学师德师风建设政策体系的需求更为突出。

运用相同办法对 16 份综合政策文本提及教师和师德的部分进行筛选、分类、关键词提取，得到的具体结果如表 2-6 和表 2-7 所示。

表 2-6　综合政策文件数量及字数统计

时间段（年）	文件数量（份）	总字数（字）	平均字数①（字/份）
2012—2016	6	5093	849
2017—2022	10	8244	824

表 2-7　综合政策文件高频词表（取出现次数最多的前 20 个关键词）

时期	编号	关键词	词频	编号	关键词	词频	时期	编号	关键词	词频	编号	关键词	词频
2012—2016	1	教育	78	11	职业道德	16	2017—2022	1	教师	160	11	学生	23
	2	教师	59	12	学习	16		2	教育	88	12	实施	22
	3	发展	32	13	小学教师	13		3	师德	43	13	师德师风	2
	4	专业	26	14	中学教师	13		4	建设	41	14	教师队伍	20
	5	培养	24	15	尊重	12		5	思想	36	15	新时代	19
	6	小学生	23	16	能力	12		6	培养	33	16	教学	17
	7	学校	23	17	建设	12		7	发展	32	17	工作	16
	8	中学生	22	18	思想	12		8	培训	26	18	落实	15
	9	师德	19	19	工作	11		9	中小学	23	19	改革	14
	10	标准	17	20	重视	11		10	政治	23	20	中国	14

可以看出，综合政策区别于专项政策的一个显著特征是，前者将教师和师德问题置于宏观教育规划的顶层设计。从高频词的横向比较来看，2012—2016 年的综合政策强调职前教师的师德培育，关键词涉及"培养""标准""学习"和"能力"等；2017—2022 年中小学师德师风建设作为一项系

---

①　平均字数＝某一时期内发布文件的总字数/文件的数量，采用四舍五入的方式取整数。综合政策文件中的平均字数，仅计算相关部分。

统性工程，也开始注重在职教师的师德修养的培训，尤其在中小学教师思想政治素质培养方面，具体的关键词涉及"培训""思想"和"政治"等。二十大后，"实施""落实"等关键词在诸多重要文件的频繁出现也体现出新时代中小学师德师风建设正在不断走向深入，落实、落小、落细。

在语义网络分析方面，借助 ROSTCM6.0 软件（ROSTContent Mining6）对数据进行语义网络分析，生成语义网络可视化图像，如图 2-5 所示。

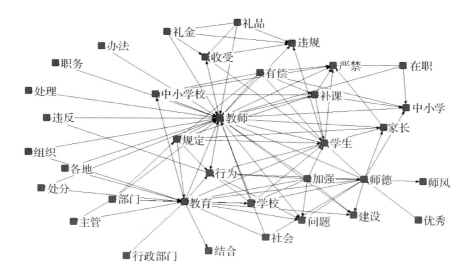

图 2-5　2012—2016 年专项政策文本语义网络分析

2012—2016 年的专项政策以监管为主要特征。相关部门一方面规范教师收受礼金和有偿补课的现象，另一方面在学校课堂环境中，注意处理好师生之间的关系。相比之下，十九大后的专项政策文件更为全面和深入，整体围绕教师师德建设和教育展开，更注重思想政治层面的宣传和教育（见图 2-6）。

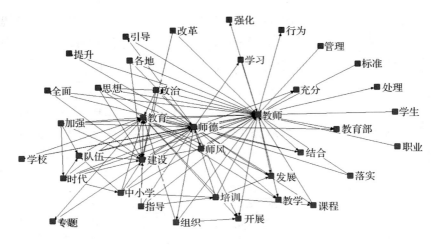

图 2-6　2017—2022 年专项政策文本语义网络分析

综合政策文件的语义网络则显示，2012—2016 年的综合政策以教师、教育为核心节点，强调中小学教师的职业道德，其围绕的词组包括管理和职业道德等(见图 2-7)。在 2017—2022 年的综合政策则强调新时代师德师风建设的全面性、系统性，尤其重视政策的贯彻落实与高质量发展(见图 2-8)。

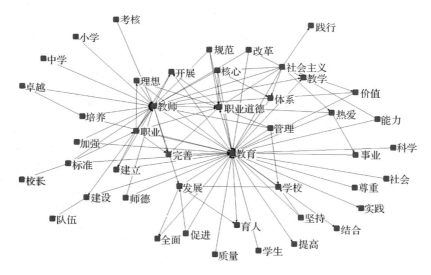

图 2-7　2012—2016 年综合政策文本语义网络分析

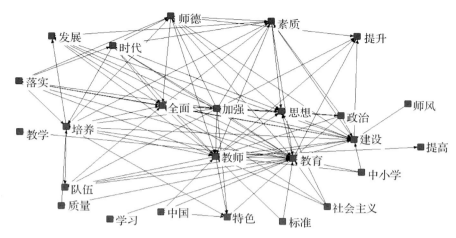

图 2-8　2017—2022 年综合政策文本语义网络分析

总体而言，党的十九大后，中小学师德师风建设政策的内容体现出由强调"严管"转向"严管与厚爱并重"的态势，常态化推进师德师风培育涵养，不断激发教师以德施教、以德立身的内在动力是中小学师德师风建设政策的未来走向。

4. 中小学师德师风建设政策的演进逻辑

中小学师德师风建设政策的演进是我国 70 多年教育改革发展逻辑在中小学教师队伍建设领域的自然延伸与生动展现。党的十八大以来，中小学师德师风建设政策立足"坚持教育者先受教育"这一基本立场，围绕立德树人教育根本任务，从追求崇高师德和守住"底线"师德两个方面，持续构建由师德师风建设专项政策和教师教育政策与宏观教育政策构成的政策体系，推动中小学师德师风建设政策从此前的"一枝独秀"不断走向"全面开花"。这一政策格局的出现从根本上说是，中小学师德师风建设的政策内涵由"驱动"走向"赋能"，政策目标由"抽象"走向"具体"，政策内容由"单一"走向"多元"，政策范式由"管理"走向"治理"的必然结果。

（1）中小学师德师风建设的政策内涵由"驱动"走向"赋能"

师德师风建设政策是教师教育政策的下位概念。不同时期和发展阶段师德师风建设政策的内涵由相应时期和发展阶段的教育改革发展任务和教师教育政策走向决定，反映了政策主体对教育改革发展形势的判断和教师教育政策的价值取向，是政策主体对师德师风建设认识深化的必然结果。

新中国成立初期，由于国内外复杂政治形势的影响，在"教育为工农服务，为生产建设初期服务""教育为无产阶级政治服务"的教育方针指导下，中小学师德师风建设政策将提升教师的"社会主义觉悟"和"思想政治素养"视为师德师风建设的代名词，体现出"一枝独秀"的政治中心取向。改革开放后，国家教育工作的重心从"为阶级斗争服务"转向"为社会主义现代化建设服务"，"职业道德"作为区别于"思想政治觉悟"的师德构成要素进入中小学师德师风建设政策主体的视野。但是，在"以经济建设为中心"的时代浪潮席卷下，教育改革从由政治挂帅转向以经济为主导。师德自身的本体性意义并未得到有效彰显。从一定意义上说，无论是新中国成立初期以"思想政治素质"为中心还是改革开放 30 年间对"中小学教师职业道德"进行反复强调，相关政策都首先将教师视为实现某种目的的"工具"而不是具有自身价值的"人"。这一"以工具理性为主流的政策价值取向"[①]有悖于道德养成从根本上说源于"自律"而非"他律"的基本规律。党的十八大提出"把立德树人作为教育根本任务"和党的十九大宣告中国特色社会主义进入新时代后，中小学师德师风建设政策长期以来从工具理性[②]出发进行政策设计的底层逻辑得到彻底扭转。"文化自信""人在其中"成为教育改革发展的底色。教育改革从长期以来"作为政治—经济改革的教育改革"走向"作为社会—文化改革的教育改革"[③]。中小学师德师风建设政策折射出由"驱动"走向"赋能"的政策内涵。依托常态化师德教育为教师"赋能"，引导教师"以德立身、以德施教""人格要正"，主动追求成为"有德之人""有道之师"是当前中小学师德师风建设政策的本体论基础，也是未来中小学师德师风建设政策的实质内涵。

（2）中小学师德师风建设的政策目标由"抽象"走向"具体"

政策目标是政策实施要完成的任务或要实现的结果，是政策内涵的贯彻落实与进一步凝练，体现了政策主体对政策问题解决程度的预期。党的

① 龚旭凌，曲铁华. 中国共产党百年师德政策：回望、逻辑与前瞻[J]. 教育科学研究，2022(03).

② 邹红军，柳海民. 新中国 70 年中小学师德政策建设回眸与前瞻[J]. 中国教育科学（中英文），2020，3(01).

③ 程天君. 教育改革的转型与教育政策的调整——基于新中国教育 60 年来的基本经验[J]. 北京大学教育评论，2012，10(04).

十八大以来，中小学师德师风建设政策的目标体系不断明晰、系统与细化，为遵循"教育者先受教育"的原则，切实落实立德树人教育根本任务，"形成一支师德高尚、业务精湛、结构合理、充满活力的高素质专业化创新型教师队伍"提供了重要保障。尊师重教是中华民族的优良传统，党和国家对师德问题也高度重视，但由于历史和现实等诸多条件的制约，有关中小学师德师风建设的政策目标长期以来大多比较抽象，通常以对教师素质的原则性要求出现在教育基本政策中。党的十八大后，全面加强教师队伍建设被定位为一项重大政治任务和根本性民生工程，师德师风建设被提升至前所未有的政治高度。党和政府围绕守住"底线师德"和追求"高尚师德"进一步细化师德建设目标，并综合运用不同的政策工具，如能力建设工具、命令性工具、系统变化工具、激励性工具和劝告工具等，推进师德教育、师德评价、师德监管、师德激励和师德建设组织保障等方面的建设。政策目标体系构建彰显出由抽象化向行动性转轨的趋势。不仅将各种具体的失德行为明确列出，而且还详细规定了处分的等级与处理的程序等，大大提高了政策的可操作性和政策目标的可实现性。正是透过这一不断由抽象到具体的政策目标体系构建，中小学师德师风建设政策的由"驱动"走向"赋能"的时代内涵得以落地和彰显。这也极大地振奋了社会大众对教师形象和道德素质的集体想象和共同期待。

(3)中小学师德师风建设的政策内容由"单一"走向"多元"

政策内容是政策内涵的载体，彰显了政策主体实现政策目标所需的意向、理念、路径、计划和举措等，对政策工具的设计和选用有着根本性的影响。改革开放前，有关中小学师德师风建设的政策内容并不多，大多作为教师素质培养的象征性要求或教师资格选拔的指导性原则在相关政策中被一笔带过。直到 20 世纪 90 年代初期，中小学师德师风建设政策的内容还拘泥于以《中小学教师职业道德规范》为蓝本对"师德要求"进行政策话语构建的单调格局。2000 年后，教育部为《中小学教师职业道德规范》(1997 修订)出台专项配套文件《关于加强中小学教师职业道德建设的若干意见》，首次从加强中小学教师职业道德建设的"必要性""基本要求""职业道德教育形式"和"保障机制"四个方面，对中小学师德师风建设进行全面阐发。中小学师德师风建设政策领域长期以来由单一、孤立的教师职业道德行为规范主导的内容格局开始被注入与"师德教育""师德评价""师德监管""师德激励"和"师德保障"等相关主题的内容。党的十六大后，我国进入全面建设小康社会、加快推进社会主义现代化的新发展阶段，建设高素质教师队伍建设成为更加迫切的要求。师德师风建设被提到"从确保党的事业后继有人和社会主义事业兴旺发达的高度""从全面建设小康社会和实现中华民族伟大复兴的高度""从落实科学发展观，落实科教兴国、人才强国战略的高度"进行认识。2005 年，教育部印发《关于进一步加强和改进师德建设的意见》，在政策文件名中将 1984 年起就使用的"教师职业道德"改为"师德"，同时，首次提出"建立师德建设长效机制"。之后，教育部《中小学教师违反职业道德行为处理办法》《严禁中小学校和在职中小学教师有偿补课的规定》《新时代中小学教师职业行为十项准则》《关于加强新时代中小学思想政治理论课教师队伍建设的意见》和《新时代基础教育强师计划》等专项政策陆续发布。中小学师德师风建设的政策内容由松散宽泛的"主题多元"阶段进入严密细致的"制度多元"阶段。这一政策内容图景的出现，从根本上说是立足中华民族伟大复兴全面深化新时代中小学教师队伍建设改革的内在要求，也是新中国好教师标准从"又红又专"走向"资质合格""能力胜任"和"素养超群"①的必然结果。

（4）中小学师德师风建设的政策范式由"管理"走向"治理"

2013 年 11 月，党的十八届三中全会审议通过《中共中央关于全面深化改革若干重大问题的决定》，明确"全面深化改革的总目标是完善和发展中国特色社会主义制度，推进国家治理体系和治理能力现代化"之后，"治理"代替"管理"成为政府、社会和各行各业广泛使用的热词。管理与治理并非截然对立，二者之间至少有三大显著区别。一是主体不同。管理的主体只是政府，治理的主体还包括社会组织乃至个人。二是权力来源不同。政府的管理权来自权力机关的授权。治理权中有相当一部分由人民直接行使。三是运作模式不同。管理的运作模式是单向的、强制的、刚性的。管理行为的合法性常受质疑。治理的运作模式是复合的、合作的、包容的，治理行为的合理性受到更多重视。② 改革开放以来，我国教育政策经历了

① 王艳玲，陈向明. 从"又红又专"到全面素养：新中国"好教师"标准的政策变迁[J]. 教育学报，2022，18(02).

② 江必新. 推进国家治理体系和治理能力现代化[N]. 光明日报，2013-11-15(01).

由"效率理性"范式转向"市场选择"范式，进而进入"公共治理"范式的范式变迁。[①] "效率理性"范式强调效率优先，早出人才、快出人才是其主要目标；"市场选择"范式强化效益中心，政府与市场之间构成了相互竞争与合作的力量，教育活力得以激发，但公共性在一定程度上被破坏；"公共治理"范式追求在教育领域形成国家力量、市场力量和公民社会力量相互博弈和均衡的体制，其价值逻辑是重建良好教育生态。中小学师德师风建设政策是教育政策的二级细分政策，总体上也表现出由"管理"走向"治理"的范式变迁路径。突出表现为党的十八大后，相关重要政策由教育部单独发布变为多部门联合发布。越来越多的高校和社会媒体，包括高校教师和中小学一线教师有机会参与中小学师德师风建设政策的政策互动，推动不同政策议题的落地。不过，由于起步晚、时间短、任务重，从整体上说，当前中小学师德师风建设政策还由"管理"范式主导。相关政策规划和制度建设还存在"上重下轻""上繁下虚"，即"国家层面—省级层面—地市级层面—县域层面—学校层面"逐层递减的"体虚"态势。[②] 随着国家治理体系由"硬治理"转向"软治理"[③]，特别是新时代教师队伍建设改革不断实现教师队伍治理体系和治理能力现代化，中小学师德师风建设的政策范式也必将由强调单向度刚性管控的"管理"范式进入强调多元主体协同共治的"治理"范式。

三、中小学师德师风建设的标志性事件

(一)标志性事件的内涵

标志性事件是指党的十八大以来，在推动中小学师德师风建设的过程中，能够立足新时代教师队伍建设的要求赓续传统中华师道，推动教师突破"教书"和"育人""经师"和"人师"之间的矛盾冲突，对突出师德师风第一

① 孟繁华，张爽，王天晓．我国教育政策的范式转换[J]．教育研究，2019，40(03)．

② 陆道坤．师德建设中的"离地化"倾向及治理——基于江苏省某市的调查[J]．中小学教师培训，2020(06)．

③ 何哲．从硬治理到软治理：国家治理体系完善的一个趋势[J]．行政管理改革，2019(12)．

标准，培养"四有"好老师，营造以德施教、以德立身的师德师风建设新生态产生重要影响的事件。

(二)标志性事件的特征

中小学师德师风建设的标志性事件具有"影响重大""变革创新"和"引领作用"三个关键特征。

1. 影响重大

"影响重大"是指标志性事件在较长时间内稳定作用于中小学师德师风建设，推动中小学师德师风建设形成具有重要意义和突出价值的规章制度和相关成果，与中小学师德师风建设在时间序列上呈现出因果关系。

2. 变革创新

"变革创新"是指标志性事件的发生使得中小学师德师风建设摆脱原有的惯性和路径依赖，发生了跳跃、重组或转向，体现出中小学师德师风建设的关键节点，也映衬出中小学师德师风建设的"常"与"变"。

3. 引领作用

"引领作用"是指标志性事件对建设高素质专业化创新型中小学教师队伍产生积极影响，引领新时代基础教育改革发展趋势和中国特色社会主义教育事业的发展方向和实践路向需求，有助于提升教师的政治地位、社会地位、职业地位，营造全社会尊师重教氛围，重振师道尊严。

(三)标志性事件的遴选范围

1. 习近平总书记重要讲话

(1)党的十八大、十九大、二十大工作报告

(2)在十八届、十九届历次中央全会的讲话

(3)教师节前致全国广大教师的慰问信

(4)在大、中、小学考察时的重要讲话

(5)在全国重要教育工作会议上的讲话

2. 重要政策文件

(1)中共中央发文

(2)国务院《政府工作报告》

(3)国务院发文

（4）教育部发文

（5）教育部等相关部委联合发文

3. 重大行动部署

（1）体制机制改革

（2）制度建设

（3）重要会议

（4）重要决定

（5）重要事件

4. 国家级教师荣誉表彰体系

（1）人民教育家

（2）时代楷模

（3）全国教书育人楷模

（4）全国模范教师

（5）全国优秀教师

（四）标志性事件清单

在党的十八大、十九大和二十大关于"提高师德水平""加强师德师风建设"，特别是习近平总书记关于"评价教师队伍素质的第一标准应该是师德师风"的重要讲话精神指引下，中小学师德师风建设十年来围绕立德树人教育根本任务，从完善师德师风建设制度体系、健全师德师风常态化培育涵养机制、强化师德师风考核评价和强化师德师风先进典型引领四个重要方面，持续推动中小学师德师风建设走向制度化、规范化、法治化轨道，为进一步激发中小学教师以德施教、以德立身的内生动力，造就一支"师德高尚、业务精湛、结构合理、充满活力"的新时代高素质专业化创新型中小学教师队伍奠定了扎实基础。其取得的历史性变革和历史性成就翻开了新中国中小学师德师风建设的新篇章，也开启了新时代中小学教师队伍建设的新征程。以下按时间顺序，列出十年来中小学师德师风建设的重要标志性事件。

2013 年 9 月 2 日，教育部发布《关于建立健全中小学师德建设长效机制的意见》。《关于建立健全中小学师德建设长效机制的意见》深入贯彻落实 2012 年 8 月 20 日国务院《关于加强教师队伍建设的意见》（国发〔2012〕41

号），强调以社会主义核心价值体系为引领，充分尊重教师主体地位，大力弘扬高尚师德，切实解决当前出现的师德突出问题，引导教师立德树人，为人师表，不断提升人格修养和学识修养，努力建设一支师德高尚、业务精湛、结构合理、充满活力的中小学教师队伍。同时，从"创新师德教育，引导教师树立远大职业理想""加强师德宣传，营造尊师重教社会氛围""严格师德考核，促进教师自觉加强师德修养""突出师德激励，促进形成重德养德良好风气""强化师德监督，有效防止失德行为""规范师德惩处，坚决遏制失德行为蔓延"和"注重师德保障，将师德建设工作落到实处"七个方面建立健全教育、宣传、考核、监督与奖惩相结合的中小学师德建设长效机制。这是党的十八大后发布的第一项有关中小学师德师风建设专项政策，拉开了新时期中小学师德师风建设的序幕。

2014年1月11日，教育部印发《中小学教师违反职业道德行为处理办法》。《中小学教师违反职业道德行为处理办法》根据《中华人民共和国教育法》《中华人民共和国未成年人保护法》《中华人民共和国教师法》《教师资格条例》等法律法规制定，这是教育部首次为颁发近40年的《中小学教师职业道德规范》配套惩戒性政策工具。《中小学教师职业道德规范》的前身是1984年9月教育部与全国教育工会联合颁发的《中小学教师职业道德要求（试行）》。1991年8月，国家教委与全国教育工会在吸收《中小学教师职业道德要求（试行）》的经验基础上正式颁布《中小学教师职业道德规范》（1991）。1997年8月，国家教委和全国教育工会推出《中小学教师职业道德规范》（1997修订）。2008年，教育部和中国教科文卫体工会全国委员会在广泛征求意见的基础上，对《中小学教师职业道德规范》（1997修订）进行修订，将"依法执教、热爱学生、爱岗敬业、为人师表、团结协作、尊重家长、廉洁从教、严谨治学"（8条）改为"爱国守法、爱岗敬业、关爱学生、教书育人、为人师表、终身学习"（6条），推出《中小学教师职业道德规范》（2008年修订）。2018年11月8日，教育部根据《新时代中小学教师职业行为十项准则》等，推出《中小学教师违反职业道德行为处理办法》（2018年修订）。

2014年9月9日，第30个教师节前夕，习近平总书记同北京师范大学师生座谈时发表《做党和人民满意的好老师》重要讲话。习近平总书记在讲话中强调，教育是提高人民综合素质、促进人的全面发展的重要途径，是民族振兴、社会进步的重要基石，是对中华民族伟大复兴具有决定性意义的事业。教师是人类历史上最古老的职业之一，也是最伟大、最神圣的职业之一。国家繁荣、民族振兴、教育发展，需要我们大力培养造就一支师德高尚、业务精湛、结构合理、充满活力的高素质专业化教师队伍，需要涌现一大批好老师。好老师没有统一的模式，可以各有千秋、各显身手，但有一些共同的、必不可少的特质。这些特质是"有理想信念""有道德情操""有扎实学识""有仁爱之心"。2018年5月2日青年节前夕，习近平总书记在北京大学考察时，再次强调人才培养的关键在教师。高素质教师队伍是由一个一个好老师组成的，也是由一个一个好老师带出来的。做一名好老师需要"有理想信念、有道德情操、有扎实学识、有仁爱之心"。另外，评价教师队伍素质的第一标准应该是师德师风。师德师风建设应该是每一所学校常抓不懈的工作，既要有严格的制度规定，也要有日常的教育督导。要引导教师把教书育人和提升自我修养结合起来，做到以德立身、以德立学、以德施教。"四有"好老师概念的提出廓清了中华民族伟大复兴和社会主义现代化教育强国建设时代背景下的"好老师"标准，为新时代中小学师德师风建设指明了方向。

2018年1月，中共中央、国务院发布《关于全面深化新时代教师队伍建设改革的意见》。《关于全面深化新时代教师队伍建设改革的意见》从兴国必先强师的高度确立新时代教师队伍建设改革的战略意义，明确教师承担着传播知识、传播思想、传播真理的历史使命，肩负着塑造灵魂、塑造生命、塑造人的时代重任，是教育发展的第一资源，是国家富强、民族振兴、人民幸福的重要基石。各级党委和政府要从战略和全局高度充分认识教师工作的极端重要性，把全面加强教师队伍建设作为一项重大政治任务和根本性民生工程切实抓紧抓好。同时强调"突出师德"，把提高教师思想政治素质和职业道德水平摆在首要位置，把社会主义核心价值观贯穿教书育人全过程。到2035年努力做到使尊师重教蔚然成风，广大教师在岗位上有幸福感、事业上有成就感、社会上有荣誉感，教师成为让人羡慕的职业。这是新中国成立以来党中央出台的第一个专门面向教师队伍建设的里程碑式的政策文件，为新时代教育和教师工作作出了顶层设计，也为中小学师德师风建设突出全员全方位全过程师德养成，不断强化教师党支部和党员队伍建设，提高思想政治素质和弘扬高尚师德，推动教师成为先进思想文化的传播者、党执政的坚定支持者、学生健康成长的指导者指明了方向。

2018年9月10日教师节，全国教育大会在北京召开。习近平总书记在会上强调，教育是民族振兴、社会进步的重要基石，是功在当代、利在千秋的德政工程，对提高人民综合素质、促进人的全面发展、增强中华民族创新创造活力、实现中华民族伟大复兴具有决定性意义。要努力构建德智体美劳全面培养的教育体系，形成更高水平的人才培养体系。要把立德树人融入思想道德教育、文化知识教育、社会实践教育各环节，贯穿基础教育、职业教育、高等教育各领域，学科体系、教学体系、教材体系、管理体系要围绕这个目标来设计，教师要围绕这个目标来教，学生要围绕这个目标来学。凡是不利于实现这个目标的做法都要坚决改过来。建设社会主义现代化强国，对教师队伍建设提出新的更高要求，也对全党全社会尊师重教提出新的更高要求。每个教师都要珍惜这份光荣，爱惜这份职业，严格要求自己，不断完善自己。做老师就要执着于教书育人，有热爱教育的定力、淡泊名利的坚守。对教师队伍中存在的问题，要坚决依法依纪予以严惩。本次大会谋划了我国教育改革发展的宏伟蓝图，开启了教育现代化建设的新征程，是我国教育发展史上新的里程碑，深刻回答了"培养什么人、怎样培养人、为谁培养人"这一根本问题，对加快教育现代化、建设教育强国、办好人民满意的教育作出了全面部署，也为中小学师德师风建设坚持把师德师风作为评价教师队伍素质的第一标准，持续健全师德师风建设长效机制，努力培养党和人民满意的"四有"好老师提供了根本方向。

2018年11月8日，教育部发布《新时代中小学教师职业行为十项准则》，结合新时代对教师队伍落实立德树人教育根本任务提出的新的更高要求，根据中小学教师特点将新时代中小学教师职业行为准则明确为：(一)坚定政治方向，(二)自觉爱国守法，(三)传播优秀文化，(四)潜心教书育人，(五)关心爱护学生，(六)加强安全防范，(七)坚持言行雅正，(八)秉持公平诚信，(九)坚守廉洁自律，(十)规范从教行为。为使《新时代中小学教师职业行为十项准则》更好地落地执行和取得实效，教育部同日发布《中小学教师违反职业道德行为处理办法(2018修订)》，对违反师德行为的认定、查处等作出具体规定，明确学校的主体责任及师德师风建设失职失责情形，包括教师违规行为的受理处理机制和责任追究机制等。《新时代中小学教师职业行为十项准则》是党的十九大宣告中国特色社会主义进入新时代和中共中央、国务院发布《关于全面深化新时代教师队伍建设改革的意见》后首个有关中小学教师职业行为的准则，是弘扬高尚师德，建设政治素质过硬、业务能力精湛、育人水平高超的高素质中小学教师队伍的重要举措，也为新时代中小学教师严格自我约束、规范职业行为、加强自我修养提供了有力抓手。

2019年4月3日，教育部公开曝光首批4起违反教师职业行为十项准则的典型案例。要求广大教师要引以为鉴，进一步加强对教师职业行为十项准则的深入学习和准确理解把握，明确行为规范，坚守行为底线，加强自我修养，自觉追求高尚，带头弘扬和践行社会主义核心价值观，以德立身、以德立学、以德施教、以德育德，做学生锤炼品格、学习知识、创新思维、奉献祖国的引路人，培养德智体美劳全面发展的社会主义建设者和接班人。之后，教育部每年定期公布违反教师职业行为十项准则典型案例。截至2023年4月16日，教育部一共公开曝光93起违反教师职业行为十项准则典型案例。其中，中小学教师占47起。

2019年9月18日，教育部等五部门发布《关于加强新时代中小学思想政治理论课教师队伍建设的意见》，指出新时代中小学思想政治理论课教师队伍建设要以习近平新时代中国特色社会主义思想为指导，全面贯彻党的教育方针，坚持马克思主义指导地位，坚持社会主义办学方向，落实立德树人的根本任务，全面加强中小学思政课教师队伍建设，不断提高中小学思政课教师思想政治素质、师德修养、理论功底和专业素养，切实增强教师的职业认同感、荣誉感、责任感，充分发挥教师的积极性、主动性、创造性，为培养德智体美劳全面发展的社会主义建设者和接班人提供坚强保障。此前，中共中央办公厅、国务院办公厅于2019年8月印发《关于深化新时代学校思想政治理论课改革创新的若干意见》。习近平总书记于2019年3月18日在北京主持召开学校思想政治理论课教师座谈会，强调思政课是落实立德树人根本任务的关键课程，思政课教师队伍责任重大。办好思政课，最根本的是要全面贯彻党的教育方针，解决好培养什么人、怎样培养人、为谁培养人这个根本问题。2022年7月25日，教育部等十部门印发《全面推进"大思政课"建设的工作方案》，要求提高中小学专职思政课教师比例，开展中小学思政课教师示范培训、教学基本功展示交流活动，深入推进大中小学思政课一体化建设。《关于深化新时代学校思想政治理论课改革创新的若干意见》由教育部、中央组织部、中央宣传部、财政部、人力资源社会保障部五部门联合发布，是对《中共中央国务院关于全面深化新时代教师队伍建设改革的意见》和中共中央办公厅、国务院办公厅《关于深化新时代学校思想政治理论课改革创新的若干意见》的贯彻落实和行动部署，为打造一支政治强、情怀深、思维新、视野广、自律严、人格正，专职为主、专兼结合、数量充足、素质优良、名师辈出的中小学思政课教师队伍提供了切实保障。之后，多部门共同治理、协同推进中小学师德师风建设成为新常态。

2019年10月中华人民共和国成立70周年之际，表彰宣传"人民教育家"于漪、"全国优秀教师""时代楷模"和"七一勋章"获得者张桂梅等。2019是中华人民共和国成立70周年，根据《中华人民共和国国家勋章和国家荣誉称号法》(2015年12月27日第十二届全国人民代表大会常务委员会第十八次会议通过)，党中央决定首次开展国家勋章和国家荣誉称号集中评选颁授，隆重表彰一批在经济、社会、国防、外交、教育、科技、文化、卫生、体育等领域和行业作出重大贡献，为新中国建设和发展作出杰出贡献的功勋模范人物。在28名国家荣誉称号获得者中，上海市杨浦高级中学名誉校长于漪作为中小学教育系统的杰出代表获得"人民教育家"国家荣誉称号。此前，教育部对爱岗敬业、关爱学生、无私奉献，特别是生死关头见义勇为、舍己救人的中小学教师会及时授予或追授"全国优秀教师"荣誉称号。党的十八大以来，先后有黑龙江省佳木斯市第十九中学张丽莉、湖南省新化县上梅镇北渡小学杨建一、河南省信阳市浉河区董家河镇绿之风希望小学李芳、云南丽江华坪女子高级中学张桂梅、重庆市大渡口区育才小学王红旭等中小学教师被授予或追授为"全国优秀教师"。与此同时，2020年后由中宣部、教育部联合组织的"全国教书育人楷模"年度评选表彰活动，包括由人力资源社会保障部(原人事部)和教育部联合组织的"全国教育系统先进集体和全国模范教师、全国教育系统先进工作者"评选表彰活动也如期进行。2020年12月10日，云南丽江华坪女子高级中学书记、校长张桂梅，被中宣部授予"时代楷模"称号。2021年6月29日，张桂梅又荣获党内最高荣誉"七一勋章"。至此，以人民教育家、时代楷模、全国教书育人楷模、全国模范教师、全国优秀教师为代表的国家教师荣誉表彰体系构建取得历史性进展与突破，为坚持师德师风第一标准，重振师道尊严，让广大教师在岗位上有幸福感、事业上有成就感、社会上有荣誉感，让教师成为让人羡慕的职业，营造了良好社会氛围。

2019 年 11 月 15 日，教育部等七部门联合发布《关于加强和改进新时代师德师风建设的意见》，强调深入贯彻习近平总书记关于教育的重要论述和全国教育大会精神，全面落实《新时代公民道德建设实施纲要》和《中共中央　国务院关于全面深化新时代教师队伍建设改革的意见》，要求新时代师德师风建设以习近平新时代中国特色社会主义思想为指导，深入学习贯彻习近平总书记关于教育的重要论述和全国教育大会精神，把立德树人的成效作为检验学校一切工作的根本标准，把师德师风作为评价教师队伍素质的第一标准，将社会主义核心价值观贯穿师德师风建设全过程，严格制度规定，强化日常教育督导，加大教师权益保护力度，倡导全社会尊师重教，激励广大教师努力成为"四有"好老师，着力培养德智体美劳全面发展的社会主义建设者和接班人。同时提出总体目标：经过 5 年左右努力，基本建立起完备的师德师风建设制度体系和有效的师德师风建设长效机制；教师思想政治素质和职业道德水平全面提升，教师敬业立学、崇德尚美呈现新风貌；教师权益保障体系基本建立，教师安心、热心、舒心、静心从教的良好环境基本形成，师道尊严进一步提振；全社会对教师职业认同度加深，教师政治地位、社会地位、职业地位显著提高，尊师重教蔚然成风。这是新中国成立后首次在师德师风建设专项政策文件中将建设目标具体化。此外，《关于加强和改进新时代师德师风建设的意见》还在文件名中首次用"师德师风"代替长期以来的"师德"，第一次将师德师风建设放到整个党和国家工作当中，放到整个社会环境之中，使中华民族长期以来"国将兴，必贵师而重傅"的优良传统在新时代焕发出新的生命力。

2020 年 1 月 7 日，教育部办公厅公布教育部师德师风建设基地名单。北京师范大学、东北师范大学、复旦大学、浙江大学、江西省教育厅井冈山教师培训中心、曲阜师范大学、武汉大学、华南师范大学、西南大学、西北师范大学共 10 家单位入选首批名单。同年 12 月 4 日，教育部组建由高校师德师风建设专家委员会、中小学幼儿园师德师风建设专家委员会和职业学校师德师风建设专家委员会组成的全国师德师风建设专家委员会。其中，中小学幼儿园师德师风建设专家委员会成员有近三分之一是来自一线的中小学教师。教育部师德师风建设基地和中小学幼儿园师德师风建设专家委员的成立为新时代中小学师德师风建设提供了国家层面的专业化支撑平台，为发挥高校和多层面专家的专业引领作用，建设理论与实务兼备的师德师风研究人才队伍，形成高水平理论和实践研究成果，探索管用、接地气的师德师风建设模式，提高师德师风建设科学性和有效性提供了重要的专业支撑。

2020年7月21日，教育部办公厅印发《中小学教师培训课程指导标准（师德修养）》（简称《指导标准》）。《指导标准》基于中小学教师的工作与生活需要，着眼中国学生发展核心素养和未来国民素养的形成与发展，明确以培养"有理想信念、有道德情操、有扎实学识、有仁爱之心"的"四有"好老师为目标导向，建设系统、连贯、融通的中小学教师师德教育的内容框架和培训课程体系，不仅是全面落实立德树人根本任务和促进学生全面发展的重大举措，还是国家、省（自治区、直辖市）、地（市）、县（区）组织开展中小学教师师德培训工作的重要参考，更是各级教师培训机构、教研机构，以及中小学校开设教师师德培训课程、开发和选择中小学教师师德培训课程资源的基本依据，为中小学教师规划个人专业发展、履行教书育人职责、落实立德树人根本任务提供了国家标准和行动指南。

2022年4月2日，教育部等八部门印发《新时代基础教育强师计划》（简称《强师计划》）。《强师计划》专门面向中小学教师队伍，旨在努力造就新时代高素质专业化创新型中小学教师队伍，为加快实现基础教育现代化提供强有力的师资保障，要求坚持师德为先。常态化推进师德培育涵养，将各类师德规范纳入新教师岗前培训和在职教师全员培训必修内容。创新师德教育方式，通过榜样引领、情景体验、实践教育、师生互动等形式，激发教师涵养师德的内生动力。将师德师风建设贯穿教师管理全过程，在资格认定、教师招聘、职称评审、岗位聘用、年度考核、推优评先、表彰奖励等工作中严格落实师德师风第一标准。完善教师荣誉表彰制度，加大对优秀教师典型的表彰宣传力度。推动师德师风建设模式探索、方法创新，发挥引领示范作用。此前，教育部等五部门于2018年2月11日发布了《教师教育振兴行动计划（2018—2022年）》（简称《振兴行动计划》），提出"落实师德教育新要求，增强师德教育实效性"的目标任务，要求加强师德养成教育，用"四有好老师"标准、"四个引路人""四个相统一"和"四个服务"等要求，统领教师成长发展，细化落实到教师教育课程，引导教师以德立身、以德立学、以德施教、以德育德。《强师计划》是对《振兴行动计划》的全面深化和扎实推进，为推动构建职前职后一体化的中小学师德师风养成教育体系标出更明晰的"时间表"和"路线图"。

2023 年 9 月 9 日，习近平总书记在致全国优秀教师代表的信中，首次提到"教育家精神"，称赞教师群体中涌现出的一批教育家和优秀教师"具有心有大我、至诚报国的理想信念，言为士则、行为世范的道德情操，启智润心、因材施教的育人智慧，勤学笃行、求是创新的躬耕态度，乐教爱生、甘于奉献的仁爱之心，胸怀天下、以文化人的弘道追求"，展现了中国特有的教育家精神。号召全国广大教师以教育家为榜样，大力弘扬教育家精神，牢记为党育人、为国育才的初心使命，树立"躬耕教坛、强国有我"的志向和抱负，自信自强、踔厉奋发，为强国建设、民族复兴伟业作出新的更大贡献。

（谢秋葵、曾榕清、张翠平、王文静，教育部师德师风建设基地，北京师范大学认知神经科学与学习国家重点实验室）

第三章

中小学师德师风建设的研究进展

　　对中小学师德师风建设的研究进展进行全面回顾有助于整体把握中小学师德师风建设的时代规律与发展方向，系统回应中小学师德师风建设的现实诉求。本章运用文献计量分析和知识图谱可视化等量化分析方法，针对立项课题和以期刊论文、硕博士论文和学术著作为代表的研究成果梳理与分析党的十八大以来国内中小学师德师风建设的研究成果，重点呈现中小学师德师风建设的立项课题和科研成果在年度数量分布、研究者和研究机构分布，以及研究主题分布等方面的整体情况。结果显示，从研究数量来看，当前国内有关中小学师德师风建设的研究总数在不断增加，但尚未出现持续增长的趋势。从研究者层面来看，研究者和研究机构众多，但持续投入研究的较少，还缺少核心的作者群。从研究内容层面来看，相关研究以国家重大教育方针为方向指导，理论与实践并重，但是内容还相对较为分散。后续研究需要进一步完善中小学师德师风建设的研究体系，整合多方协同研究的力量，并以现实需求为牵引，不断推动理论成果向实践应用的转化，更好地体现科学研究在中小学师德师风建设中的引领和支撑作用。

一、中小学师德师风建设研究概述

(一)中小学师德师风建设研究中的相关概念辨识

师德师风建设是一个复杂的词组，需要从不同维度进行概念辨识，才能明确其固有的特性与本质。① 国内学术界关于师德的专门研究始于 1982 年，所用的概念是"教师道德"。起初学者们并未严格区分教师道德、教师职业道德和教师个人道德之间的差异。教师道德基本等同于教师职业道德。20 世纪 90 年代至 21 世纪初，受到欧美等发达国家教师专业化运动的影响，在国内教育发展新要求的背景下，教师职业道德的内涵也出现转向，开始强调教师职业的"专业性"和"伦理性"②。2005 年，北京师范大学檀传宝提出教师职业道德要向教师专业道德转变。紧接着，又有学者提出使用"教师专业伦理"代替"教师职业道德"更为准确，更能体现其社会关系和群体规范的特性。③ 但是到目前为止，与师德相关的概念依旧没有得到彻底澄清，国内学者在研究中还存在将"职业道德""专业道德""专业伦理"等概念混用的情况。④ 与此同时，"师道"也常作为关键词出现在教师道德的相关研究中。如教育学家陈桂生将教师道德分为"师道"与"师德"，认为涉及教师的教育价值追求与敬业精神的应称为"师道"，而专指教师行为准则或因准则要求而产生的行为的是"师德"⑤。

以下为王颖等人对师德师风建设的相关概念进行的系统梳理。从表 3-1 中可以看出，"师德"的内涵十分丰富且处于不断变化与争议中，对师德概念的理解需要兼顾个体与群体、主体与客体、内因与外因等多维因素。

---

① 王颖，王毓珣. 师德师风建设：概念辨识及行动要义[J]. 教师发展研究，2021，5(02).

② 钱晓敏. 教师职业道德研究的 70 年(1949—2019)：历程、成就与展望[J]. 中国人民大学教育学刊，2020(02).

③ 徐廷福. 论我国教师专业伦理的建构[J]. 教育研究，2006(07).

④ 钱晓敏. 教师职业道德研究的 70 年(1949—2019)：历程、成就与展望[J]. 中国人民大学教育学刊，2020(02).

⑤ 沈璿，粟洪武. "自然"与"约成"："师道"与"师德"合一[J]. 华东师范大学学报(教育科学版)，2011，29(04).

表 3-1 师德师风建设相关概念辨识

视域	师德	师风	师德师风	师德师风建设
基于教师个体视域	教师在处理各种教育职业伦理关系时的内在要求与行为规范	教师个体工作作风的简称，是指教师个体在处理各种教育职业伦理关系时表现出来的工作作风、风格等外在风貌	教师个体在处理各种教育职业伦理关系时的内在要求与外在风貌	为了提升教师个体处理各种教育职业伦理关系的内在素养与外在风貌而采取的各种实践活动的总和
基于教师群体视域	教师群体职业道德的简称，是教师群体在处理教育职业伦理关系时的统一要求与外在规约	教师行业风气的简称，是教师群体在处理各种教育职业伦理关系时表现出来的风气风尚	教师群体在处理各种教育职业伦理关系时统一遵循的规范与行业风尚	为了加强教师群体处理好各种教育职业伦理关系统一遵循的规范与行业风尚而采取的一系列实践活动的总和

为了更全面地梳理相关研究，在检索学术资料时，本章将"师德""教师道德""教师职业道德""教师专业道德""教师专业伦理""师道"等关键词全部纳入检索范围。在此基础上，又对学科类别为初等教育和中等教育的两类研究资源进行了更为细致的分析，试图较为全面地梳理和呈现近十余年来中小学师德师风建设相关的学术研究进展。

(二)中小学师德师风建设研究的重要价值

中小学是我国基础教育的主阵地，中小学教师队伍师德水平的高低决定着基础教育的质量，直接关系着儿童青少年学生的健康成长。[①] 近十年来，党和国家多次强调中小学师德师风建设的问题，师德师风建设已成为中小学教师队伍建设的首要任务。[②] 基于国家颁布的师德师风建设相关的各项综合政策和专项政策，许多地区的教育行政部门和中小学校都进行了有益探索，积累了一定的经验。但到目前，在师德师风建设的实际工作过程中仍旧存在经验化、零散化和单一化的工作倾向，缺乏专业化、系统化

---

① 穆惠涛，赵岚. 新时代中小学教师师德内化机制的构建[J]. 中小学教师培训，2018 (07).

② 李新翠. 新时代师德建设的现实困境及其突围[J]. 当代教育科学，2020(04).

的认识和反思。① 围绕中小学师德师风建设展开的长期性、基础性的学术研究，能够为师德师风建设实践提供专业化和系统化的理论基础，打破基于经验开展中小学师德师风建设的困境。具体来说，学术研究有利于把握中小学师德师风建设的时代规律和发展方向，也有助于系统地回应新时期中小学师德师风建设的现实诉求。

1. 有助于整体把握中小学师德师风建设的时代规律与发展方向

中小学师德师风建设是为提升中小学教师的师德水平而开展的实践活动。由于师德是一个由社会存在决定社会意识的、历史的、发展的概念，在不同的时代会被赋予不同的时代要求，② 中小学师德师风建设也随之具有不同的时代特征。当前，我国正处于实现中华民族伟大复兴的关键时期，中小学教师承担着培养担当民族复兴大任时代新人的普及性和基础性工作。与此同时，在社会变革转型的时代背景下，多元的文化、多样化的价值观及智能革命等给基础教育带来了新的伦理挑战与风险，对中小学教师的育人工作也提出了更高的要求。为使中小学教师们能够胜新时代教师的专业角色，需要重新定位中小学教师的道德素养，并将师德师风建设摆在教师队伍建设的首要位置，不断促进中小学教师的专业发展。在新的时代背景下，中小学师德师风建设已成为我国中小学教师队伍建设中的核心问题。这一核心问题的解决需要实践层面的不断推进，也离不开学术研究的持续支持。不同维度、不同层面的学术研究，有利于深度剖析并阐释中小学师德师风建设的时代规律，探明中小学师德师风建设的发展方向，实现理论的创新，推动实践的突破。

2. 有助于系统回应新时期中小学师德师风建设的现实诉求

为切实落实立德树人的根本任务，促进新时期教师专业发展，不断提升教师的人格修养和学识修养，中小学师德师风建设需要常态化、长效化。但是，当前中小学师德师风建设的实践还面临着诸多挑战。例如，在基本理念的建构、政策的落实及路径的实施等方面，仍需要不断细化与完善。这些现实困境一定程度上与理论体系不完善有关。科学的理论对实践

---

① 孟繁华，袁梅. 新时代培育—治理—评价（CGE）师德建设三维模型[J]. 教育学报，2021，17(05).

② 刘宗泉. 基于师德及其核心要素发展模型的五类教师分析[J]. 学校党建与思想教育，2016(02).

具有积极的指导作用。没有较为成熟的理论体系作为参照，在实践中就容易出现"头痛医头、脚痛医脚"的盲目且低效的做法。师德师风建设中的基本概念不澄清，发展规律和影响因素不明晰，都将使师德教育、师德考核、师德惩处等实践活动难以找到合理依据，无法切实有效地开展。与此同时，当前中小学师德师风建设的实践还需要不断创新。即在遵循基础教育规律、中小学教师成长发展规律及中小学师德师风建设规律的基础上不断地创新，使之适应新时代中小学师德师风建设的多元诉求。① 而这种系统化、专业化的创新很难仅从实践中生成，还需要学术研究不断推陈出新，以提供更具创造性、整体性和科学性的视角。因此，需要通过学术研究，构建起较为完善的师德师风建设理论体系，以此为中小学师德师风建设实践提供有力支持和方向引导。

综上所述，学术研究对中小学师德师风建设的实践具有非常重要的指导意义。理论体系的不断完善，能够指导中小学师德师风建设实践的发展方向，为解决实践的问题提供重要参照。基于此，有必要将近年来中小学师德师风建设相关的学术研究进行系统梳理。

考虑到中小学师德师风建设的时代性特征，本章在时间上主要选取2012年至2021年十年的研究成果，并主要围绕两个方面展开：立项课题的发展趋势和科研成果的发展趋势。其中，立项课题的发展趋势重在体现中小学师德师风建设规模化研究的发展状况。科研成果的发展趋势又具体包括期刊论文的发展趋势、硕博论文的发展趋势和学术著作的发展趋势。科研成果的发展趋势集中反映中小学师德师风建设研究的热点、前沿及理论建构等情况。

二、中小学师德师风建设研究立项课题的发展趋势

(一)中小学师德师风建设研究立项课题的总体状况

立项课题是领域内研究力量规模化的代表。通过中小学师德师风建设

---

① 黄四林，周增为，王文静，刘霞，林崇德. 中小学师德修养培训课程指导标准的研制[J]. 北京师范大学学报(社会科学版)，2019(01).

研究的立项课题发展趋势能直接了解我国中小学师德师风建设学术研究的规模化开展情况。通过检索发现，在国家级基金的研究中，当前有关中小学师德师风建设的研究课题主要来源于全国教育科学规划、教育部哲学社会科学研究重大课题攻关项目和教育部人文社科基金。进一步通过手动筛选发现，2012—2021 年中小学师德师风建设相关的课题立项共 39 项。其中，全国教育科学规划课题 26 项，教育部哲学社会科学研究重大课题攻关项目 1 项，教育部人文社科基金涉及中小学师德师风类课题共 12 项。围绕这些课题，我们继续作进一步分析。

其一，将 2012 年至 2021 年全国教育科学规划、教育部哲学社会科学研究重大课题攻关项目和教育部人文社科基金中有关中小学师德师风建设的立项数按时间顺序分别进行统计，同时合并计算历年立项数，以探寻整体发展趋势。如图 3-1 所示，从合计立项数来看，2012 年至 2021 年中小学师德师风建设相关的立项数呈现出起伏不定的态势，其中 2016 全国教育科学规划、教育部哲学社会科学研究重大课题攻关项目和教育部人文社科基金均无立项，相关立项数处于历年最低值。2018 年达到最高峰，共 7 项立项。在立项数量的年度分布上来看，年度数量波动较大，尚未形成稳定的变化趋势。

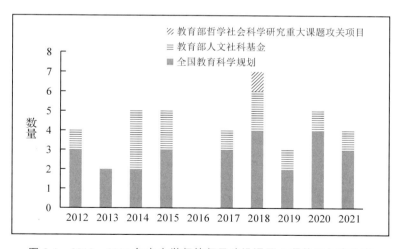

图 3-1　2012—2021 年中小学师德师风建设课题立项数量年度分布

其二，对全国教育科学规划和教育部人文社科基金中的立项类别和占总数比进行分析，具体了解中小学师德师风建设相关研究的课题立项水平和研究层次。① 其中占总数比为中小学师德师风建设研究的某一立项类别在中小学师德师风建设研究立项课题总数中所占的比例。根据表 3-2 显示，2012—2021 年全国教育科学规划涉及中小学师德师风类课题共 26 项，教育部人文社科基金涉及中小学师德师风类课题共 12 项。对比来看，全国教育科学规划的相关立项数整体高于人文社科，但二者在近十年间都处于波动状态，变化趋势不稳定。而教育部哲学社会科学研究重大课题攻关项目作为一项国家战略，基本上反映了每一年我国哲学社会科学领域研究的重点、热点与趋势。在 2018 年，首都师范大学的孟繁华教授主持的教育部哲学社会科学研究重大课题攻关项目"新时代加强教师队伍师德师风建设研究"，是近十年教育部重大项目中唯一一个与师德师风建设相关的课题（因只有一项，在课题类别和责任单位类别分布中未单独列出）。

表 3-2　2012—2021 年中小学师德师风建设课题类别分布

全国教育科学规划			教育部人文社科基金		
类别	数量	占总数比（%）	类别	数量	占总数比（%）
国家重点（含国家重大）			规划基金项目	6	50
国家一般	15	57.69	青年基金项目	5	41.67
国家青年	3	11.54	自筹经费项目		
教育部重点	4	15.38	西部和边疆地区项目	1	8.33
教育部青年	3	11.54	新疆项目		
西部项目	1	3.85	西藏项目		
合计	26	100		12	100

具体来看，在全国教育科学规划小组批准的 26 项中小学师德师风建设课题中，国家一般课题、国家青年课题、西部项目课题、教育部重点课题和教育部青年课题分别为 15 项、3 项、1 项、4 项和 3 项。其中占中小学

① 侯怀银，宋美霞. 我国德育研究的基本状况、特点与趋势——基于 2010—2019 年全国教育科学规划德育课题的统计分析[J]. 现代教育管理，2021(03).

师德师风建设立项课题总数比最高的为国家一般课题。国家一般课题主要围绕教育教学中的实际问题开设，选题注重针对性、应用性和实效性。因此，中小学师德师风建设相关课题中国家一般课题占比可以反映出中小学师德师风建设在教育教学中具有重要价值和意义，对教育教学实践有积极的指导作用。但是近十年没有专门针对中小学师德师风建设的国家重大课题立项，而国家重大课题主要围绕国家教育改革与发展中的重大理论和现实问题开设，这也说明中小学师德师风建设的相关研究选题在前瞻性、全局性和战略性等方面还是欠缺的，未来需要更多的相关研究，以在教育改革与发展中发挥作用。

在教育部社科司批准的 13 项中小学师德师风建设课题中，规划基金项目、青年基金项目、西部和边疆地区项目分别为 6 项、5 项、1 项。规划基金项目占比一半，但青年基金项目占比也较高（41.67%）。对比可见，教育部人文社科基金对青年科研人才的支持力度要大于全国教育科学规划，但是中小学师德师风建设相关研究课题立项在人文社科中的立项总数更少。

通过对课题类别进行统计发现，国家重点课题相对缺乏。这说明近十年，中小学师德师风建设研究更重视应用性和实效性，但在前瞻性和战略性方面仍需进一步提升。期待未来中小学师德师风建设相关研究能够有更完善的理论建构和理论创新，在国家教育改革与发展中的重大理论和现实问题的解决中发挥重要作用。

表 3-3　2012—2021 年中小学师德师风建设课题责任单位类别分布

全国教育科学规划			教育部人文社科基金		
系统类别		立项数	立项率（%）	系统类别		立项数	立项率（%）
高校	"双一流"高校	11	42.30	高校	"双一流"高校	1	8.33
	普通高校	13	50		普通高校	11	91.67
独立科研机构		1	3.85	独立科研机构			
教育行政部门		1	3.85	教育行政部门			
合计		26	100	合计		12	100

其三，为明确该研究领域内各类型单位的课题立项状况，对 2012—
2021 年中小学师德师风建设相关课题在教育规划和教育部重大项目人文社
科中的责任单位隶属系统进行统计，并从立项数和立项率两个方面进行比
较分析。其中，立项率为某类责任单位立项数在所有责任单位立项数中的
占比。具体分为高校、独立科研机构、教育行政部门三类，其中高校涉及
"双一流"高校和普通高校两类（以 2022 年教育部公布的"双一流"高校名单
为划分标准）。由表 3-3 可知，在全国教育科学规划中高校的课题立项数为
24 项，立项率占 92.3%，高校为中小学师德师风建设相关研究的主要研究
机构。在高校中，普通高校立项数为 13 项，立项率为 50%；"双一流"高
校立项数为 11 项，立项率为 42.30%。由此可见，普通高校在中小学师德
师风建设相关课题研究中占有重要地位。此外，独立科研机构、教育行政
部门的立项数各为 1，立项率均为 3.85%，可见这些机构主持的相关课题
相对较少。教育部人文社科基金项目中的 1 项来自"双一流"高校，11 项来
自普通高校。综合来看，从事中小学师德师风建设相关课题研究的机构类
别较为集中，高校占比最大，且以普通高校为主。

表 3-4　2012—2021 年中小学师德师风建设课题主要责任单位分布

序号	院校	单位类别	省区市	立项总数
1	华东师范大学	"双一流"高校	上海	3
2	首都师范大学	"双一流"高校	北京	3
3	北京师范大学	"双一流"高校	北京	2
4	陕西师范大学	"双一流"高校	西安	2
5	浙江师范大学	普通高校	杭州	2
6	燕山大学	普通高校	秦皇岛	2

其四，对立项课题数量较多的责任单位进行统计，可反映中小学师德
师风建设研究领域综合实力较强的机构及所在区域。表 3-4 将教育规划和
人文社科课题总数合并为申报课题总数，列出 2012—2021 年承担课题总数
在两项以上的 6 所单位，共承担 14 个课题，在总立项数中占 34.21%，其
中，华东师范大学和首都师范大学立项数最高，均为 3 项，其余高校均为
2 项。综合来看，这 6 所高校中除燕山大学以外均为师范院校，在主要责

任单位中"双一流"高校所占比例更高。

综上所述，通过对课题责任单位类别的分析可见，开展中小学师德师风建设研究的机构主要集中在高校，且普通高校占比最大。此外，根据立项数量排序发现，中小学师德师风建设的主要研究单位以师范类院校为主。

（二）中小学师德师风建设相关立项课题的主题分布

主题分布是某一领域研究的聚焦内容，能够反映出某一阶段研究的热点。通过对中小学师德师风建设相关立项课题的名称进行类别和数量统计，可发现近十年的研究主题主要有师德基本理论、师德培育、师德评价、师德规范与制度和师德困境与对策等。由于从题目上来看，教育部哲学社会科学研究重大课题攻关项目"新时代加强教师队伍师德师风建设研究"是有关师德师风建设的全面性研究，本部分没有将其列入以下分类。

1. 中小学师德基本理论研究

师德基本理论研究是为了揭示师德的本质和规律，进而为师德建设的实践提供重要的理论指导。从数量上来看，有关师德理论的课题立项是最多的。在近十年里全国教育科学规划和教育部人文社科基金中共有 11 项。有研究主要关注师德的内涵或结构，从学理上分析和架构师德理论体系。如 2014 年浙江师范大学金生鈜主持的"教师四位一体德性结构的研究"，2017 年北京师范大学檀传宝主持的"基于学段特性的教师专业伦理学研究"，2020 年首都师范大学朱晓宏主持的"教师专业伦理形象构成性研究"等。也有研究借鉴不同学科理论或研究方法来解释师德的概念与行为，旨在全方位、深层次地对师德相关问题进行批判和反思。[①] 如 2012 年浙江师范大学孙炳海主持的"中小学教师职业道德行为的心理学研究"，2015 年陕西师范大学何菊玲主持的"中国教师伦理的谱系学研究"，2015 年齐鲁师范学院魏祥迁主持的"基于心理学范式的教师失范行为的形成研究"。还有研究回溯中华传统文化中的师德观念，为当代师德建设提供历史的、文化的支撑。如 2012 年华东师范大学张永礼主持的"中国师道之研究"，2020 年云南师范大学李长吉主持的"中国古代教师立德树人的思想与行为研究"。

---

① 傅淳华，杜时忠. 基于谱系学方法反思教师伦理观研究[J]. 教育研究，2018，39(12).

此外，有的研究将理论探究与实践应用相结合，试图为师德师风建设提供较为全面的理论支持。如 2020 年深圳大学傅维利主持的"教师职业道德理论的中国化建构及其应用策略研究"等。

2. 中小学师德培育研究

中小学师德培育是为了促进教师的道德成长，使教师获得职业发展的价值源泉、内在动力与精神基础，[①] 其本质是对教师个人德行与品格的塑造，[②] 是中小学师德师风建设中非常重要的一环。在近十年的全国教育科学规划和教育部人文社科基金中共有 10 项相关研究。师德培育的研究课题视角多元，研究者们从不同的视角，运用理论研究与实证研究等方法，以探寻和验证师德培育的合理路径。有研究从师德养成的内在机制出发进行师德培育研究。如 2018 年华东师范大学李树培主持的"中小学教师专业道德涵育路径的实证研究"，2019 年曲阜师范大学李方安主持的"高质量教育视域下师德养成的机制与路径研究"，2019 年首都师范大学李敏主持的"小学教师德育素养的结构要素与培育机制研究"，2021 年中央民族大学傅淳华主持的"教师道德情感的发生机制与培育模式研究"。也有研究从师德养成的影响因素入手，研究师德培育的实践模式。如 2014 年北京师范大学傅淳华"学校制度生活促进教师专业道德发展的发生机制与实践模式研究"，2018 年华东师范大学周文叶主持的"运用表现性评价提升教师立德树人能力研究"，2020 年绍兴文理学院章雷钢主持的"中小学教师职业使命感影响因素、形成机制及协同培育研究"。

3. 中小学师德评价研究

师德评价是指与学校教育活动密切相关的利益主体按照科学的评价指标对教师在教育教学场域中的职业行为进行的"是非善恶"及其程度的道德判断。[③] 中小学师德评价的实效性问题是中小学教师队伍评价中的关键问题，但尚未解决，是十分值得关注的研究主题。师德评价的相关研究在近十年的全国教育科学规划和教育部人文社科基金立项中共有 7 项。有关于

①　孟繁华，袁梅. 新时代培育—治理—评价（CGE）师德建设三维模型［J］. 教育学报，2021，17(05).

②　刘志. 中小学师德培育的前提性思考［J］. 人民教育，2022(01).

③　陈黎明. 彰显教师伦理的制度正义——师德评价的困境与突破［J］. 当代教育科学，2020(11).

中小学师德的综合评估与评价研究。如 2013 年大连大学刘春主持的"中小学教师职业道德考核评价研究"，2013 年徐州工程学院杨文超主持的"基于 AHP 的师德综合评价指标体系及预警模型研究"，2014 年南京森林警察学院糜海波主持的"师德的现代转型及其评价研究"等。也有从具体的师德测评层面进行的研究。如 2015 年教育部考试中心杨卓主持的"中小学教师资格考试关于中学教师师德的测评研究"等。

4. 中小学师德规范与制度研究

师德规范与制度能够在教师群体中发挥教育、引导与规范作用，促进教师对师德师风建设的认识，对教师的职业行为具有一定的约束力。在近十年的全国教育科学规划和教育部人文社科基金立项中，相关研究共有 5 项。其中 3 项是有关师德问责制的研究。所谓中小学师德问责制是指为了提升教师职业责任的绩效表现，对中小学教师在处理师生关系、同事关系、学校和社会关系时应该遵守的相关规则、标准和程序进行约束性规范，并就失范行为进行责任追究的制度安排。① 由于西方发达国家中小学师德问责制已相对健全，因而有研究者利用比较分析的方法，为我国中小学师德问责制的完善提供了策略参考。如 2015 年燕山大学乔花云主持的"国内外中小学师德问责制比较研究"，2015 年燕山大学郑宏宇主持的"师德问责制：信念伦理与责任伦理的有机统一"，2017 年信阳师范大学王萃萃主持的"中小学教师专业伦理问责制的国际比较研究"。还有两项分别为2019 年北京教育科学研究院陈黎明主持的"新时代中小学教师职业道德规范的研制与实践推进研究"，2020 年南京师范大学齐学红主持的"历史文化视域下的师德建设长效机制研究"。总之，研究者们从不同的主题切入进行研究，以期不断完善我国中小学教师师德规范与制度体系。

5. 中小学师德建设困境与对策研究

新时代的师德师风建设依旧面临各种挑战，师德失范现象时有发生，因此也有学者关注并研究师德建设中存在的现实问题，以及思考应对和解决这类问题的策略。师德建设困境与对策的相关研究在近十年的全国教育科学规划和教育部人文社科基金立项中共有 5 项。其中有围绕师德失范问

---

① 司林波，乔花云．新制度主义视角下西方发达国家中小学师德问责制的经验与启示——基于美、加、英、法、德的比较研究[J]．当代教育论坛，2021(06).

题等师德现状展开的理论与实践研究，如 2017 年河北师范大学蔡辰梅主持的"社会转型进程中教师道德的关系性断裂及其重建研究"，2018 年吉首大学杨翠娥主持的"教师失范行为干预研究"，2019 年华中师范大学杨炎轩主持的"组织伦理视域下中小学教师的师德失范与专业伦理建构研究"。也有针对具体的教育活动中教师的伦理困境而设计的研究，如 2017 年辽宁师范大学姜丽华主持的"中小学教师实施教育惩戒面临的伦理困境及其应对策略研究"。

整体而言，近十年中小学师德师风建设相关的课题立项在研究主题上分布较为广泛，在师德基本理论、师德培育、师德评价、师德规范与制度及师德困境与对策方面均有涉及。这表明，中小学师德师风建设相关的研究已较为全面地开展。同时，结合各类研究主题的数量对比来看，仍然以理论研究居多，对师德师风建设过程中的困境及对策的研究相对较少。

三、中小学师德师风建设研究成果的总体情况

中小学师德师风建设的研究成果反映了该领域的新思想、新观念和新探索，体现着中小学师德师风建设研究工作的具体开展情况。其中，学术论文与学术著作是较为常见的研究成果呈现形式，前者一定程度上代表着国内相关研究领域的较高水平，对领域内的热点和前沿的把握最为敏锐、直接和权威。硕博士论文把本学科的基础理论知识与最新发展动态系统地结合在一起，也是呈现该领域前沿性研究的重要途径。学术著作是研究者根据某一研究领域内学术研究成果撰写成的理论著作，是科学研究的智慧结晶和成果呈现，承载着学科研究者的理论思考和实践探索，是衡量和评价学科建设和学术发展水平的重要指标之一。

为此，在学术论文部分，笔者在"中国学术期刊网络出版总库"（中国知网，CNKI）分别选取中文社会科学引文索引（CSSCI）、北大核心期刊作为期刊数据来源。具体操作时，以"师德"，或"教师道德"，或"教师职业道德"，或"教师专业道德"，或"教师专业伦理"，或"师道"为篇名进行精确检索，共获得 2012 年至 2022 年期刊文献数据 812 条。人工剔除简讯、会议介绍、人物介绍、书评、影评等无关条目 29 条后，最终获得 783 条有效文献数据，其中，有关中小学师德师风建设的文献共 213 条。在硕博论

文部分，选取"中国硕博学位论文全文数据库"作为硕博士论文数据来源，以相同的检索方法，获得硕博士文献数据 307 条，经人工筛选，剔除高校、幼儿园和职业院校相关的论文，最终保留与中小学师德师风建设密切相关的硕博论文共计 120 篇。在学术著作部分，笔者在全球最大的中文文献资源服务平台——读秀学术搜索引擎"中文图书高级检索"栏目中，以书名包含"师德"，或"教师道德"，或"教师职业道德"，或"教师专业道德"，或"教师专业伦理"，或"师道"进行检索，共检索出 2012 年至 2022 年的书目 177 种，进一步以出版社入选"全国百佳图书出版单位名单"为条件，并去除专门以高校及幼儿园教师为研究对象的书目，经过人工筛选，最终保留 58 种书目。

下面将进一步运用文献计量分析和知识图谱可视化等方法对检索出的结果进行统计与分析，并对近十年来中小学师德师风建设的研究成果进行梳理。

(一)中小学师德师风建设期刊论文的发展趋势

1. 中小学师德师风建设期刊论文的总体状况

近十年中小学师德师风建设相关期刊论文发展的总体情况主要从年度发文数量、核心作者、核心发文机构和期刊来源几个方面展开描述。

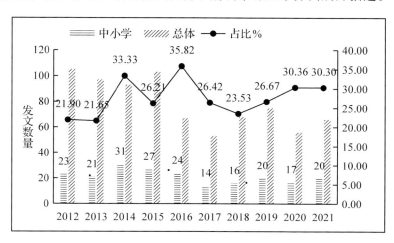

图 3-2　2012—2021 年中小学师德师风建设相关发文数量与占比年度分布

发文数量可以直接反映某研究领域的发展状况与趋势。图 3-2 是对发文数量与占比年度分布的呈现，从中可见，2012 年至 2021 年我国中小学师德师风建设相关研究中高水平研究文献总量还相对较少。10 年间 CSSCI 和北大核心期刊登载的此类文献共 213 篇，平均每年发文在 20 篇左右。其中在 2014 年达到高峰，发文 31 篇，之后开始逐年下降，在 2017 年达到最低点，此后又出现波动上升的趋势，但仍然在 20 篇上下浮动。同时，中小学师德师风建设相关研究在师德主题总体研究中的占比并没有突出的优势，近十年一直在 20％～30％浮动，其中在 2016 年占比最高，达到 35.82％，2013 年占比最低，为 21.65％。这表明党的十八大以来中小学师德师风建设相关的高质量研究还未出现数量上的明显增长和突破。

表 3-5　2012—2021 年中小学师德师风建设期刊文献核心作者分布

序号	核心作者	发文量	总被引频次	序号	核心作者	发文量	总被引频次
1	杨炎轩	5	15	11	陈黎明	2	20
2	傅淳华	4	35	12	陈韵妃	2	8
3	陆道坤	4	94	13	李敏	2	9
4	刘万海	3	39	14	潘希武	2	17
5	苏启敏	3	55	15	乔花云	2	16
6	王凯	3	67	16	王夫艳	2	48
7	薛晓阳	3	71	17	张添翼	2	25
8	张凌洋	3	58	18	周冬梅	2	23
9	林崇德	2	69	19	田爱丽	2	19
10	蔡辰梅	2	16				

研究者是推动学科发展的重要力量，核心作者能够反映出某一时期该领域较为活跃的研究者，从而方便学术交流。[①] 核心作者的测定需要综合考虑作者发文量和被引量。根据普莱斯定律，最终满足条件的核心作者候选人为 19 位（见表 3-5）。由表可知，核心作者的平均发文量为 2.63 篇，平均被引量为 37.05 次，其中发文最多的是华中师范大学的杨炎轩教授，

---

① 尹超，和学新. 我国教育治理研究的新世纪图景——基于 Citespace 的可视化分析[J]. 现代教育管理，2017(11).

共 5 篇；被引频次最高的是江苏大学陆道坤教授，共 94 次。核心作者合计发文 50 篇，占总发文量的 23.47%；总被引频次为 704 次，占总被引频次的 40.88%。普莱斯定律认为，核心作者发文量应占总文献量的 50%，但 23.47% 少于 50%，这一定程度上反映出中小学师德师风建设的相关研究仍处于较为分散的状态。研究者数量多，但进行长期集中研究的核心作者还较少。

表 3-6　2012—2021 年中小学师德师风建设相关研究文献主要发文机构

序号	机构	发文量	中心性
1	华中师范大学教育学院	7	0
2	北京师范大学教育学部	6	0
3	华东师范大学教育学部	5	0
4	中央民族大学教育学院	4	0
5	华中师范大学公共管理学院	4	0
6	广州大学教育学院	4	0
7	燕山大学里仁学院	4	0
8	江苏大学教师教育学院	4	0
9	首都师范大学教育学院	3	0
10	扬州大学教育科学学院	3	
11	西南大学教育学院	3	

　　发文机构分析能够识别出某领域的主要研究机构与研究团队，有利于更好地了解该领域的学术资源分布。对发文机构来源进行分类统计表明（见表 3-6），发文量在 3 篇以上的机构有 11 个。从学术研究机构发文的分布看，研究中小学师德师风建设相关问题的学者单位既包括师范类院校，也包括综合类和民族类院校。从发文量排名来看，排名前三的机构为华中师范大学教育学院、北京师范大学教育学部和华东师范大学教育学部。通过 CiteSpace 软件计算发文量在 3 篇以上的 11 个机构并测算其中心性，发现各发文机构的中心性均为 0，表明尚未形成相关的合作网络与核心机构群。

　　值得注意的是，考虑到本次搜集的资料范围有限，并主要聚焦于中小学师德师风建设的相关领域，因此有关核心作者和机构的分析还有待进一步完善。结合人工检索的结果发现，目前长期聚焦于师德领域的研究者和研究机构主要有以杜时忠为代表的华中师范大学教育学院的研究团队，和以檀传宝为代表的北京师范大学公民与道德教育研究中心的研究团队等。并且还有来自华东师范大学教育学部、南京师范大学道德教育研究所的研究团队也产出了较为丰硕的研究成果。因此，整体而言，师德研究领域已具有相关的合作网络和机构群，但是专门关注中小学师德师风建设的研究者和研究团队相对较少。

表 3-7　2012—2021 年中小学师德师风建设期刊文献来源分布

序号	杂志名称	文章数	出版周期	出版地
1	《教学与管理》	23	旬刊	太原
2	《教育科学研究》	21	月刊	北京
3	《当代教育科学》	15	月刊	济南
4	《中学政治教学参考》	14	月刊	西安
5	《中国教育学刊》	13	月刊	北京
6	《教师教育研究》	12	双月刊	北京
7	《教育发展研究》	11	半月刊	上海
8	《教育研究》	10	月刊	北京
9	《人民教育》	7	半月刊	北京
10	《上海教育科研》	7	月刊	上海

期刊是学术交流的重要平台，通过对主要发文期刊的分析，可以快速了解该领域研究成果的受众。表 3-7 是中小学师德师风建设发文数量排名前十的期刊，中小学师德师风建设相关研究文章在《教学与管理》上的刊载量最大，其次是《教育科学研究》。《教学与管理》包括中学版、小学版和理论版。其立足基础教育，追求对教师、学校管理者的理论引领与实践指导。《教育科学研究》也主要以反映教育现实和实践问题为主，强调理论联系实际。中小学师德师风建设相关研究不仅重视理论层面的研究，还十分注重对于实践问题的探讨。

2. 中小学师德师风建设期刊论文的研究热点与主题分布

研究热点与主题分布能够反映出某领域在一段时间内研究数量较多、

较有发展潜力的研究主题。总体来看,近十年中小学师德师风建设相关研究围绕师德建设、师德、师德教育等关键词,展开了较为全面的研究。且近年来师德建设研究的关注点越来越聚焦于教师本身。但从产出的研究结果来看,整个领域还缺乏集中而持续的研究主题,还未形成较为完善的研究体系。以下结合 CiteSpace 的知识图谱分析,从关键词频、突现词和关键词聚类分析三个方面对近十年中小学师德师风建设相关研究热点和前沿进行分析,并结合三部分的分析结果与文献具体内容,对重要的主题领域进行梳理。

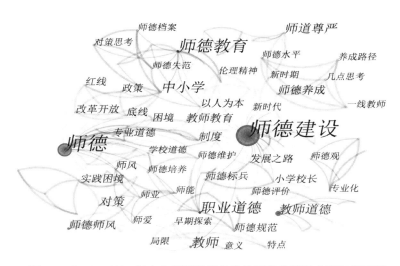

图 3-3　2012—2021 年中小学师德师风建设研究关键词共现知识图谱

表 3-8　2012—2021 年中小学师德师风建设相关研究高频关键词表

序号	关键词	频数	中心性	最早出现年份
1	师德建设	43	0.6	2012
2	师德	28	0.34	2012
3	师德教育	10	0.16	2012
4	职业道德	8	0.15	2012
5	师德评价	3	0.12	2014

首先，对关键词进行分析。关键词频次与中心性分析有助于研究者了解在某一时间段内该研究领域所关注的焦点。圆圈大小表示关键词出现的频数，关键词字体大小和颜色深浅表示其中心性强度。由图 3-3 可知，节点较大的关键词有"师德建设""师德"和"师德教育"。表 3-8 是对高频关键词的分析，关键词出现的频次越多，节点越大。中心性表示其关联程度，中心性大于 0.1 代表它在关系网络中的位置比较重要。结合图 3-3 和表 3-8 的结果可知，中心性大于 0.1 的关键词为：师德建设（43）、师德（28）、师德教育（10）、职业道德（8）和师德评价（3）。它们在整个关系网络中起着较大的联络和中转作用，是中小学师德师风建设研究的热点。

突现词突现强度排名前8位

突现词	年份	强度	突现开始年份	突现终止年份	2012-2021
教师道德	2012	2.09	2014	2016	
师德问题	2012	1.58	2014	2015	
对策	2012	1.11	2014	2015	
师德培训	2012	1.2	2015	2017	
师道尊严	2012	1.17	2016	2021	
专业道德	2012	1.42	2017	2018	
师德师风	2012	1.82	2018	2019	
教师	2012	1.31	2019	2021	

图 3-4　2012—2021 年中小学师德师风建设研究关键词突现知识图谱

其次，对突现词进行分析。突现词是指在某些年份文献研究中突然骤增的关键词，CiteSpace 突现词检测计算可以从相关学术领域文献中检测到该领域突现率高的关键词，从而把握该领域的研究前沿。[①] 通过对关键词的突现情况进行分析，得出党的十八大以后中小学师德师风建设相关研究领域中突现强度排名前 8 位的突现词（见图 3-4 ）。图中加粗线条表示关键词突现的时间跨度。基于对突现词的分析发现，中小学师德师风建设研究

---

① 周明星，隋梦园，王子成．十八大以来中国教育扶贫研究的演变及进展——基于 CNKI 文献的知识图谱分析［J］．湖南农业大学学报（社会科学版），2020，21（06）．

在不同的时间段呈现不同的前沿图景。从"教师道德""师德""对策""师德培训"等关键词可见，在 2014 年至 2017 年研究者们主要围绕师德现状及对对策进行探究，尝试解决师德建设面临的现实问题。与前一阶段的热点相同，对这部分内容缺乏集中而持续的研究，突现持续时间较短。2017 年至2021 年，"师道尊严""教师"等关键词突现并持续增强，这反映出近年来研究者们开始重视教师本身，这也是师德建设的根本所在。

关键词聚类图谱可总结各关键词节点间的相似性，依据数据运算将共词关系明显的节点聚成一类，准确描绘研究前沿的重点。① 通过对文献中的关键词进行聚类分析发现，近十年我国中小学师德师风建设研究领域中共有 6 个形成规模的聚类关键词。从聚类规模看，"师德建设"的规模最大，其次是"师德"和"师德教育"，然后是"教师道德""师道尊严"和"师德师风"，从平均轮廓值看，各聚类均大于 0.9（一般认为平均轮廓值大于0.7，则聚类是高效率且令人信服的）。

在确认该领域研究聚类的合理性后，结合文献内容进一步归纳整理，可将近十年中小学师德师风建设期刊论文的热点与前沿内容总结为以下三个方面。

（1）中小学师德师风建设的现实问题与建设机制研究

在中小学师德师风建设的相关研究中，研究者们十分关注实践中的现实问题，通过对现状的分析了解中小学师德师风建设所面临的真实困境。同时，基于问题思考解决对策与实施路径，探索新时期的师德建设机制。

在现实问题层面，研究者们指出在近十年的中小学师德师风建设实践中，存在对于师德期待过于理想化甚至神圣化，② 中小学骨干教师师德培训实效性较差，③ 师德建设政策工具的选择和使用不协调，以及师德建设内容的组织配置不均衡等问题。④ 也有研究者指出当下师德政策和实践忽

①　吴悦，李朝旭.中国空间隐喻研究现状与发展趋势——基于 CiteSpace 的知识图谱分析[J].心理学探新，2020，40(04).

②　阎彬.今天，我们需要怎样的师德？——兼论当前师德建设要实现"四化"[J].教育科学研究，2018(12).

③　吴振利.中小学骨干教师师德培训的问题、原因及改善对策[J].教育科学，2017，33(04).

④　林一钢，平晓敏.我国中小学师德建设政策内容与政策工具：基于 8 份重要政策文本的分析[J].全球教育展望，2021，50(05).

视了教师本位的师德学习,① 而师德养成的本质是教师的自我立德树人,教师自身的成长是最大的师德所在,② 师德建设需回到教师立场,回归教育本真。③ 面对上述方方面面的挑战,亟需寻求新时期中小学师德师风合理、有效的建设路径。基于此,研究者们提出新时代的师德建设应当全面把握师德发展的时代内涵和现实要求,积极推进观念创新和制度创新。④ 在具体建设机制的探索层面,研究者们提供了众多思路。如有研究者从教师的角度出发,提出建设实践应当顺应师德师风"他律—自律—自由"的生成逻辑,善用政策工具和内容,注重激发教师的内心动力,制度化、教化与内化三者相结合,共同构筑师德建设的完整机制。⑤ 有研究者深入剖析了在教师专业化发展背景下,社会道德、职业道德在教师专业道德发展过程中的重要作用,⑥ 尝试建构在教师专业伦理制度的框架内,有效开展教师伦理制度正义的师德评价路径。⑦ 还有研究者关注并分析了在智能化、信息化、数据化的教育生态环境中师德教育的突围路径。⑧

总之,研究者们对当前中小学师德师风建设面临的挑战与困境进行了深度剖析,已将问题较为清晰且全面地呈现出来,并且在对策与建设机制的探索上,有了一定的理论研究与基础。

(2)中小学师德师风建设的相关概念内涵研究

在这类研究中,研究者们从师德师风建设相关的基本概念出发进行理论层面的探讨,尤其注重对师德内涵的辨析。基本概念的模糊不清将导致中小学师德师风建设实践很难切实有效地开展,清晰地界定相关概念内涵是前提性和基础性的工作。但是近十年的研究中,研究者们对于师德的内涵与表现仍然存在争议。有研究者认为师德是教师道德的简称,教师道德

① 陈韵妃. 回到"人":师德培训课程整体架构的思考[J]. 当代教育科学,2014(17).

② 于泽元,王开升. 立德树人:师德的养成之道[J]. 教育研究,2021,42(03).

③ 汪耀. 教学文化影响师德养成的心理机制探寻[J]. 上海教育科研,2012(01).

④ 糜海波. 推进新时代师德建设的三个视点[J]. 教学与管理,2020(21).

⑤ 张家军. 论师德建设的教化、内化和制度化[J]. 课程. 教材. 教法,2015,35(07).

⑥ 王素月,罗生全,赵正. 教师道德的多层次发展逻辑及其结构模型[J]. 教育研究,2019,40(10).

⑦ 陈黎明. 彰显教师伦理的制度正义——师德评价的困境与突破[J]. 当代教育科学,2020(11).

⑧ 肖菊梅,周婷. 人工智能时代师德教育的困境与突围[J]. 当代教育科学,2021(05).

是在个人道德基础上形成的，其实质是教师的个人道德，但人们认为这种界定方式挤压了教师私人生活的道德自由，也在一定程度上引发了教师对师德建设的抵触。师德更多地被认为是对教师职业道德的简称。结合广义和狭义两个角度来看，师德由社会公德和教师职业道德组成，既是外在的规范也是内在的品性。但在实际的问题处理过程中，这样的界定也还是会存在个体私德与教师职业道德界限模糊的情况。① 在教师专业化的背景下，也有学者从教育伦理学或教师伦理学的视角分析教师职业道德，强调教师在从事教育教学的专门工作时遵守的基本伦理规范和行为准则，试图引导粗糙、抽象和一般的传统师德转向全面、具体和规范的教师专业道德和教师专业伦理。②

　　此外，有学者提出，在师德师风建设的过程中，我们应当借鉴国际教师职业行为规范的研究成果，但也要意识到我国与西方国家在师德教育取向上的不同：我国强调教师品格的塑造，西方强调职业行为的养成。③ 并且，在新的时代背景下，仅仅将师德归于一般的职业道德、专业道德或者个人道德要求，都不足以达到新时代"四有"好老师所承载的时代诉求。④ 还有研究者从中华优秀传统文化的视角，提出师德是我国文化语境下教师队伍建设的重要话语，需植根于中华优秀传统文化而构建师德养成之道。他们反对单从西方职业伦理角度展开的论述，而忽略中国传统文化中比现代道德范畴更加广阔的德性内涵，认为"德"不是西方话语体系中所描述的"压抑自己获得利益的欲望而对他人和世界有所裨益"，而是"成己"与"成物"的结合。如果因文化逻辑的内在错位而引发了对概念内涵理解的偏差，则会引起人们对师德的误解甚至排斥，从而对师德师风建设的实践形成阻碍。⑤

　　总的来看，随着研究的推进，研究者们对师德概念的探讨愈加全面且深入，但是依旧没能从根本上澄清师德的概念，在研究和实践中都还存在

①　辛未，姬冰澌．师德概念研究述评[J]．上海教育科研，2018(09)．
②　徐廷福．论我国教师专业伦理的建构[J]．教育研究，2006(07)．
③　《中小学师德修养培训课程指导标准》研制课题组，林崇德．《中小学师德修养培训课程指导标准》的政策研制与落实[J]．课程．教材．教法，2022，42(01)．
④　辛未，姬冰澌．师德概念研究述评[J]．上海教育科研，2018(09)．
⑤　于泽元，王开升．立德树人：师德的养成之道[J]．教育研究，2021，42(03)．

概念混用的情况。这些对内涵与概念的分歧，仍需通过进一步深入探讨，从根本上厘清师德的基本概念内涵，在此基础上构建起较为完善的师德理论体系。

（3）中小学师德师风建设的影响因素研究

近年来，有些研究者尝试透过现象探寻问题本质，从文化、社会、个人等多个层面，深入地考察中小学师德师风建设的机理，更全面地、真实地把握师德养成的关键要素，以促进中小学师德师风建设路径的构建。

在文化层面，研究者们指出推崇"师道尊严"是中华文化的传统，对教师的尊重和对师德的要求是相辅相成的。尊师重道是激励教师发展，促进学生成长的重要举措。因此有研究者提出重振师道尊严，需要教师不断提高自身的专业水平和道德水平，以品格和贡献赢得尊严。同时也需要外生力量的充分参与和有效配合。[①] 例如，有研究者提出，教师的道德实践是以师生关系为基础展开的，当前"师道尊严"的形成离不开师生关系的现代性转型，即师生关系中情感与理性的融合。[②] 也有研究者提出了"以人为本""师生互为教育资源"的师德教育新理念。[③] 在社会层面，制度体系、薪资待遇、学生、家长、媒体的宣传等因素都越来越多地出现在中小学师德师风建设议题的讨论范围之中。有研究者总结近十年来，新时代教师研究表现出"德""誉"相济、"劳""酬"并重的研究局面，这也反映出研究对现实的逐渐关注。[④] 因此中小学师德师风建设也需要思考社会层面的影响因素。在个人层面，研究者们提出教师是师德涵养的主体，师德师风建设应定位在教师追求自我完满的根本需要、践行师德标准要求的内在自觉上。[⑤] 师德养成的本质是教师的自我立德树人，教师自身的成长是最大的师德所在，[⑥] 因而师德建设需回到教师立场，不断提升教师自身的道德素养和专业能力。只有教师主体经过道德认同、道德实践及道德反思等活动，将社会认同的道德要求和规范内化，积极地建构和完善自身内在的道德世界，

---

① 林丹，张佩钦．重振"师道尊严"：回到教师本身[J]．现代教育管理，2020(12)．

② 潘希武．教师专业道德：师生关系现代性转型中的构建[J]．教育学术月刊，2014(05)．

③ 苗成彦．新时期师德教育：理念、定位及体系构建[J]．中小学教师培训，2015(03)．

④ 柳海民，邹红军．新时代教师研究热点："德""誉"相济，"酬""劳"并重[J]．华南师范大学学报(社会科学版)，2020(06)．

⑤ 李新翠．新时代师德建设的现实困境及其突围[J]．当代教育科学，2020(04)．

⑥ 于泽元，王开升．立德树人：师德的养成之道[J]．教育研究，2021，42(03)．

才能真正地达成教师内在道德的养成。① 与此同时，也有研究者强调，在注重教师道德养成的同时应重视教师的自我发展。鼓励教师付出爱，但也要保障教师的利益，社会需要建构起爱人与自爱相统一的师德观。②

综上所述，研究者们认为中小学师德师风建设是系统的工程，需要多维度的视角，以更全面地理解师德和师德师风建设实践；需要不断地吸纳教育学、心理学、管理学、社会学和政治学等领域的相关研究成果与研究方法，以获得更丰富的理论和实证支持。了解了文化、社会和个体自身在师德养成上的作用，在宏观或中观层面把握了中小学教师道德养成的影响因素，将有利于未来在微观层面有效地开展建设实践活动。③

（二）中小学师德师风建设硕博士论文的发展趋势

1. 中小学师德师风建设硕博士论文的总体状况

通过对2012—2021年中小学师德师风建设相关硕博论文的年度分布进行分析发现，近十年来这一领域的硕博论文数量变化较为平稳，年度变化较小。年平均在12篇，2013年和2020年这两年达到最高峰，分别有16篇。其中博士学位论文仅2篇，占总体的1.64%。分别为2012年西南大学张凌洋的《经济学视域下中小学教师专业伦理研究》和2013年中国矿业大学陶一丁的《新世纪以来中学教师职业道德现状分析及建设路径研究》。当然，虽然中国知网硕博学位论文数据库已是国内最完备、高质量、连续动态更新的硕博全文学位数据库，但仅以其作为研究资料来源仍有不足之处：一是仅收录了部分硕博学位论文；二是收录的学位论文往往存在1至2年的时间滞后，因此相关硕博论文的真实数量还有待考证。

在研究机构分布方面（见图3-5），硕博论文来源的核心机构以师范类院校居多，其中山西师范大学以11篇位居第一。从发文总量来看，师范类院校占比为57.4%，并未与非师范类院校拉开较大差距。从机构所处的地域看，东、中、西部均有涉及，分布十分广泛。这表明，师范类院校对中小学师德师风建设问题的研究更为聚焦，但是中小学师德师风问题是各类

---

①　吕琦，代建军.论师德养成的内在机理[J].教育科学研究，2019(07).

②　扈中平，张燕.自爱：师德的另一种表达[J].教育研究与实验，2022(02).

③　傅淳华，杜时忠.基于谱系学方法反思教师伦理观研究[J].教育研究，2018，39(12).

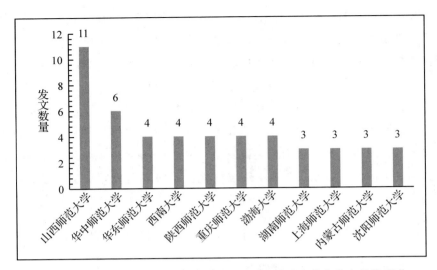

图 3-5　2012—2021 年中小学师德师风建设硕博论文核心发文单位分布

高校都共同关注的问题。

根据普莱斯定律对 122 篇硕博论文的学位授予单位进行统计得出核心发文单位论文的产出量，其中核心发文单位的论文下限为：N＝2.48。因此，将发文量在 3 篇及以上的单位列为中小学师德师风建设研究的核心发文单位，共计 11 个，共计发文 49 篇，占硕博论文总数的 40.16%。此外，在发文量 3 篇及以上的高校中，以师范类院校居多。其中山西师范大学发表篇数最多，占总篇数的 9.02%，华中师范大学发表篇数位列第二，占总篇数的 4.92%。师范类院校的整体发文量占总数的 57.4%。从地域分布来看，来源较为广泛，来自华北、华中、华东、西南、东北等各大区域。

2. 中小学师德师风建设硕博士论文的研究热点

通过对关键词频数与最早出现年份分析发现，近十年的硕博士论文主要的关注点在中小学师德师风建设的理论、现状和对策等层面，即时回应了国家近年来出台的相关政策和法规。将硕博论文中出现频数和中心性较高的前 20 个关键词进行统计发现（见表 3-9），从出现频次较高的"职业道德""师德建设""师德""对策""现状"等，反映出研究者们对理论、现状和对策的关注。中心性大于 0.1 的关键词有"职业道德""师德建设""师德""教师""专业伦理"等，是近十年中小学师德师风建设硕博士论文中的研究热点。

表 3-9　　2012—2021 年中小学师德师风建设硕博论文高频关键词表

序号	关键词	频数	中心性	最早出现年份	序号	关键词	频数	中心性	最早出现年份
1	职业道德	20	0.18	2012	11	专业伦理	7	0.11	2013
2	师德建设	20	0.40	2012	12	影响因素	5	0.07	2014
3	师德	17	0.23	2012	13	新时代	5	0.08	2018
4	小学教师	16	0.18	2014	14	教师道德	5	0.08	2014
5	对策	15	0.04	2012	15	初中教师	4	0.02	2013
6	中学教师	13	0.29	2014	16	师德评价	3	0.07	2013
7	现状	10	0.08	2016	17	师德师风	3	0.12	2017
8	中小学	9	0.12	2015	18	师德失范	3	0.04	2015
9	教师	9	0.17	2012	19	素质教育	2	0.06	2014
10	问题	8	0.05	2014	20	师德规范	2	0.02	2018

　　总体来看，硕博论文近十年的研究重心聚焦在中小学师德师风建设的现实问题和策略建构上，且与国家相关政策和法规的出台紧密相关。研究主要围绕新时代中小学师德建设的问题、评价与规范等关键词展开。2013年9月2日教育部印发了《教育部关于建立健全中小学师德建设长效机制的意见》，强调建立健全师德建设工作长效机制的问题，并就建立健全教育、宣传、考核、监督、奖惩机制等七个方面作出了意见说明。2014年1月，教育部印发《中小学教师违反职业道德行为处理办法》，对教师违反职业道德的行为的界定、处分权限及其他重要事项作出了明文规定。这期间首现的关键词有"中小学""问题""师德评价"和"师德失范"等。2018年1月，中共中央、国务院出台《关于全面深化新时代教师队伍建设改革的意见》强调要"全面加强师德师风建设"，注重加强对教师思想政治素质、师德师风等的监察监督。2018年11月教育部印发了《新时代中小学教师职业行为十项准则》《中小学教师违反职业道德行为处理办法（2018年修订）》。这一系列的文件出台，引发了研究者们对新时代中小学教师职业行为和职业规范等问题的关注。在这期间首现的关键词有"新时代""师德规范"等。

(三)中小学师德师风建设学术著作的发展趋势

1. 中小学师德师风建设学术著作的总体状况

学术著作是反映中小学师德师风建设学术研究发展趋势的重要风向标，对学术著作的数量、出版社、作者进行分析可以了解某领域研究在一定时间内的变化发展情况、学术资源分布和主要研究机构与团队。

首先，通过对 2012—2021 年中小学师德师风建设相关著作出版的年度分布进行分析发现，相关著作出版数量年度间数量变化较大，整体为下降趋势。近十年来这一领域的著作数量总数为 58 本，年度数量一直处于波动变化的状态，在 2015 年达到最高峰 11 本，但在接下来的三年中呈现下降趋势，并在 2018 年达到最低值，仅有 1 本，后又呈现出增长趋势。但总的来看，没有呈现出较为稳定的发展变化趋势。

其次，通过对出版社分布的统计发现，出版社的地域分布较为集中，主要在北京和上海两个城市。按照出版著作数量的多少对出版社进行排序，得到了排名前 6 名的出版社，即北京师范大学出版社、高等教育出版社、华东师范大学出版社、教育科学出版社、科学出版社和中国青年出版社。前 6 名出版社的出版著作总数为 47 部，占近十年著作总数的 81.03%。其中 5 个出版社在北京，1 个在上海。以北京师范大学出版社和高等教育出版社的出版量最高，两家出版社共出版著作 29 部。北京作为我国的政治文化中心，拥有数量最多的出版社，同时，北京师范大学出版社、高等教育出版社等都是以教育出版为主体的综合性出版社，是国内优质教育资源的研发基地与出版基地。

最后，通过对主要作者与主编的分析来看，长期聚焦中小学师德师风研究的研究者较少。根据统计，出版两本及以上的作者仅占 25.86%，这说明长期投入于中小学师德师风建设的研究者和研究团队占比比较低，大多数作者在近十年中仅出版一本相关著作。在众多研究者中，南京师范大学的钱焕琦教授主编的图书最多，从 2014 年至 2020 年共 5 本；其次是北京师范大学的檀传宝教授，从 2014 年至 2017 年共编写相关图书 4 本。

2. 中小学师德师风建设学术著作出版的发展趋向

(1)功能分类与受众面向

对学术著作的功能与受众进行分析可以了解该领域学术研究成果的应

用领域和实践意义。目前梳理的近十年中小学师德师风建设相关的学术著作主要包括基础论著、应用著作、实践著作、译著和教材等几类。基础论著在理论层面进行创新性和系统性的探索，以促进教师职业道德、师德教育等领域的学术发展。受众主要是教师教育相关的科研工作者、教育管理者及中小学教师等。如傅淳华著的《学校制度与教师道德学习》，杨炎轩著的《教师团队组织与教师道德成长》类，林崇德著的《师魂——教师大计师德为本》等。应用著作的价值观是在提高读者的师德理论素养的同时，结合实际工作加强教师对师德素养和规范的理解，并围绕当前存在的师德问题给予有针对性的指导，突出实用性，主要面向中小学的教育管理者和教师等，结构上通常采用"理论＋叙述（案例）"的呈现形式。如从春侠、庄建华等主编的《立德树人：师德涵养之道》，王毓珣、王颖著的《师德培育与生成》等。也有专门针对典型案例进行评析或具有较强操作性的实践著作，通常以丛书的形式呈现。如全国师德教育研究课题组组编的教师工作系列丛书《师德突出问题典型案例评析（小学教师读本）》《师德突出问题典型案例评析（中学教师读本）》，钱焕琦、黄菊香主编的师德实践培训资源《小学教师职业道德实践》《初中教师职业道德实践》《高中教师职业道德实践》等。译著引进国外较为权威的师德教育经典教材，用以普及师德教育工作的理论基础与实践方法，提高中小学教育从业者的职业道德水平和德育水平。面向的受众较为广泛，包括中小学教师、教育管理者等教育领域的工作者。如马修·桑格等编著、刘玉琼译的《师德教育培训手册》和穆雷尔等编著、麦丽斯译的《中小学教师职业道德培训手册：师德的定义养成与评估》等。教材用于师范生教育和中小学教师师德职前教育，也可作为中小学教师师德培训用书，主要面向高等院校在读师范生和准备考取中小学教师的读者。如檀传宝、李西顺著的《教师职业道德与法规》，钱焕琦主编的《教师职业道德》，曲中林主编的《教师职业道德与教育法规》等。

整体而言，应用著作数量最多，译著数量相对较少。近十年来师德师风建设领域的学术著作具有较高的实践价值，并且主要是面向我国师德师风建设中的实际问题进行理论与实践探索，重视实用性和针对性。

（2）选题趋势

选题趋势能够反映出某领域热门研究主题的发展与变化。通过梳理近十年出版的中小学师德师风建设相关著作的题名、内容提要和目录发现，整体来看，选题内容较为集中，但近几年选题类型开始逐渐丰富和多样。在所有著作中，出现最多的选题类型是围绕"教师职业道德"这一关键词展开的理论与实践探讨，共 26 项，占到著作总数的 44.83％，且在 2012 年至 2021 年均有出版。可见，在学术界研究者们较多地认同并使用教师职业道德这一术语，来论述师德、师德教育等相关的问题。如钱焕琦主编的《教师职业道德》，张凌洋、谢欧作主编的《新时代教师职业道德概论》等。同时，"师德""教师道德""教师专业道德"和"教师专业伦理"等关键词也较多地在题名中出现，共 18 项。这也与上文中提到的目前师德相关的专业术语尚未统一有关。同时，较受关注的选题还有与师德相关的教育法规，共 9 项，2012 年至 2020 年均有出版。这类选题主要依据国家出台的教育法规和师德规范等政策文件，解析并讨论中小学师德实践中的问题，为中小学师德师风建设提供行为标准。如田爱香主编的《教师职业道德修养与教育法规》，檀传宝、李西顺著的《教师职业道德与法规》等。此外，近几年的著作中也出现了从文化视角探讨师德的相关选题，立足于我国的历史和文化脉络，为中小学师德建设提供了理论依据和实践参照。如王文静、杜霞、张翠平等编著的《传承师道立德树人：中华文化涵养师德的理论与实践》，王夫艳著的《教师专业道德及其建构》等。

综上，近十年中小学师德师风建设相关的学术著作在理论与实践方面都进行了不断地探索与积累。虽然近年总体数量有所下降，但是每年均有与师德相关的著作出版，为中小学师德师风的理论建构和建设实践提供了有益的参考。

四、中小学师德师风建设的研究展望

加强师德师风建设，是全面落实立德树人根本任务的必然要求，是新时代造就专业化教师队伍的关键所在，是应对当前少数教师师德失范的现实需要。[①] 本章对近十年来中小学师德师风建设相关学术研究领域，包括课题立项和科研成果进行计量分析，初步得出了中小学师德师风建设相关

---

① 万美容，李芳. 师德建设：新时代振兴教师教育的基础工程[J]. 思想理论教育，2018（07）.

研究 2012 年至 2021 年的总体概况：在课题立项方面，立项数量总体在不断增加，但年度数量变化仍存在波动；立项类别多样，但国家重点课题较少；研究单位的地域和类型较为集中，主要是东部的师范类院校；立项主题分布较为广泛，但以理论研究居多。在科研成果方面，研究数量尚未出现持续增长的趋势；研究者和机构众多但持续投入研究的较少，还缺少核心的作者群；研究内容层面以国家重大教育方针为方向指导，理论与实践并重，但是相对较为分散。

中小学师德师风建设的相关研究为中小学师德师风建设的实践提供了理论基础和方法论指导，是中小学师德师风建设实践的重要依据。但是通过对近十年该领域的研究进展进行梳理发现，研究成果的数量和品质都有待提高与突破。更多高质量的研究积累将有助于中小学师德师风建设研究的推进，加速该领域的学术发展速度与水平，为中小学师德师风建设提供更有力的支持。未来的研究可考虑从以下三个层面继续开展与推进。

（一）建构并完善中小学师德师风建设研究的理论体系

中小学师德师风建设研究需要以中小学师德师风建设的现实为立足点，在实践中发现问题；同时也需要基于学术研究的进展，提供强大的理论支撑，进而推进现实问题的解决。近十年中小学师德师风建设的相关研究还较为分散，缺乏集中而持续的研究主题，亟须建构起系统的理论体系。具体来说，可以从以下几个方面进行持续并深入的探讨。

首先，厘清对核心概念的基本认知。研究者们对师德领域的基本概念有相对全面且较为统一的认识，并对研究对象和重要性所在达成一致，才能将学术研究向同一个方向推进。内涵不清、概念混用等状况会使研究内容出现本质上的分歧，影响中小学师德师风建设相关研究的有效性。当前，研究者们通过思辨、比较等研究方法，已逐渐地将师德概念较为完整地呈现出来。如前所述，师德很难从单一的维度来界定，需要考虑个人道德、职业道德和社会道德多个层面的内容。与此同时，在我国，师德具有深厚的历史意蕴与独特的文化内涵，因此师德研究不能直接照搬西方职业伦理的框架，而需要结合中华文化的语境，去理解和阐释师德内涵，进而探寻根植于中华文化又符合新时代精神的师德养成之道。

其次，融合多学科视角，增加研究的系统性和全面性。中小学师德师风建设的相关研究具有交叉特性，因此对中小学师德师风建设相关问题的研究需要多个学科的支持。例如，师德教育、师德培训方面的研究需要来自教育学、思想政治学等学科的理论支撑。师德失范、师德规范方面的研究又离不开管理学、法学等方面的知识和内容。与此同时，近年来，中小学师德师风的相关问题始终是新闻媒体和社交网络平台上的舆论热点，因此基于大数据的教师媒介形象分析有利于研究者们对中小学师德师风建设情况有更全面的认识和更深刻的剖析，而这需要借鉴新闻传播学的相关理论知识与研究方法。需要注意的是，每一个学科都有自己的理论与方法，在实践目标上也具有较大差异。只有考虑到这种交叉性的特点，并吸收来自各学科的有益成果，才能更好地指导中小学师德师风建设的实践，这对中小学师德师风建设研究来说很具挑战性。因此，在未来的研究中，如何更好地融合多学科视角，并在此基础上进行理论化探索和理论体系建构，值得深入探讨。

最后，选择适当的研究方法，并注重多元循证。在以往的师德研究中理论层面的探讨居多，对实践的反思和指导缺乏针对性。研究者们通常使用思辨的方法研究师德内涵，用问卷调查、深度访谈和政策文本分析等方法呈现师德现状，分析问题原因及寻找解决路径。[①] 但是聚焦到中小学师德师风建设的研究领域，则更多地指向现实背景下的实际问题，对研究的需求更多的是指导中小学师德师风建设的实践开展。除了理论的建构，研究也需要回答"怎么样"和"为什么"等描述、解释或探索性的问题。因而未来的研究可以更多地结合实际案例，剖析问题与总结经验，给中小学师德师风建设研究提供更多元化的证据。同时注重不同研究方法之间的相互印证，丰富理论研究体系，以更好地指导中小学师德师风建设的实践。

（二）围绕重要科学问题建立起跨单位、跨机构的合作机制，多方力量协同研究

中小学师德师风建设研究包含理论与实践的不同层面，这就需要研究者、研究机构的合作。如前文所述，通过对核心作者和发文机构的分析发现，在当前中小学师德师风建设的相关研究中，研究者和研究团队间的合作关系并不密切，尚未形成稳定的合作研究网络。并且，研究者和研究机

---

① 田芬.我国师德研究范式的类型、局限及转向[J].上海教育科研，2022(10).

构以高校为主，中小学校、科研单位等占比较低。

一方面，高校和科研单位具有更丰富的理论积累和系统的研究方法，能够科学地推进中小学师德师风建设研究。通过学术研究将中小学师德师风建设的实践问题进行深入的理论探究，在师德基本理论、师德评价与培育、师德制度与规范等方面提供系统的、科学的知识体系，并让更多的研究者、中小学校管理者和教师，能够了解最新的学术研究进展并在此基础上持续地进行实践探索。另一方面，中小学是师德师风建设的开展地，学校管理者、教师在一线的教育教学活动中会生发出许多宝贵的理论与实践经验，如通过教育教学反思、培训学习和课题研究等活动总结有益经验，发现并反思仍旧存在的问题或面临的困境。这些实践经验给中小学师德师风建设研究提供了重要的研究问题与丰富的研究资料。如果研究者彼此能够加强合作，形成较为稳定的研究团队；中小学能与高校、科研单位等不同机构建立起合作关系，则可以发挥各自的优势，整合多层面的研究力量，协同推进中小学师德师风建设研究的发展。

（三）以中小学师德师风建设的现实需求为牵引，推动理论成果向实践应用的转化

在我国，中小学师德师风建设主要是一种教育活动，是实践的问题。而在现实问题层面，师德制度建设、师德建设政策工具使用及师德评价和培育等方面的问题，始终制约着中小学师德师风建设长效机制的建立。随着中小学师德师风建设不断走向制度化与法制化，师德政策越来越体系化和规范化的同时，也因政策要求的底线性、执行的倡导性、评价的大众性等政策思维偏好，与教师本身的职业实践产生了一定的距离。[①] 与此同时，师德建设政策工具的选择和使用不协调，以及师德建设内容的组织配置不均衡、师德培训实效性较差等问题，都反映出当前的中小学师德师风建设与教师的生活脱节，难以从根本上建立教师的职业认同，也就难以取得理想的效果。

中小学师德师风建设研究应始终从中小学师德师风建设的现实问题出发，立足于对中小学教师职业实践的现实关注，聚焦于对实践问题的应对。具体而言，中小学师德师风建设相关的学术研究应充分回应实践场域

中的师德师风问题，结合对真实案例的深入剖析，阐释师德师风问题的形成原因，分析影响师德师风建设的主要因素，探寻适合我国师德师风建设的有效路径，实现理论研究成果与实践应用的充分结合与相互促进。

（刘一璇、张丹敏、胡莹莹，北京师范大学认知神经科学与学习国家重点实验室；苏永铭，北京师范大学第二附属中学西城实验学校）

第四章

中小学教师媒介形象变迁

——来自《人民日报》与微博热搜的证据

本章基于传统媒体和社交媒体两个视角，分析 2012—2021 年《人民日报》与微博热搜中的中小学教师形象。研究结果发现，两类媒体都更为关注教师的道德形象，传统媒体以正面立场全面构建教师媒介形象，包括教师道德形象、职业形象、专业形象和国家公职人员形象；社交媒体整体以正面报道为主，但负面倾向的师德师风报道更引人关注。建议将来丰富报道议题框架，塑造多元化的真实教师形象；深化不同媒介的融合，加强师德师风舆情的引导；提高中小学教师的社会地位，培育教师媒介素养；与党和国家保持同步，讲好新时代中国教师故事。

一、教师媒介形象分析的重要价值

2022 年 10 月，党的二十大报告将"加强师德师风建设，培养高素质教师队伍，弘扬尊师重教社会风尚"作为办好新时代"人民满意教育"的重要内容，凸显出党和国家对于师德师风建设的战略考虑和高位布局。[①] 师德师风既包含教师个体层面的职业道德和行为风尚，也包括教师群体层面的统一遵循与行业风貌。[②] 党和国家对师德师风的高度重视既彰显了师德师风在推进教育现代化、建设教育强国、办好人民满意教育中发挥的关键性作用，也反映了当前师德师风存在一定的现实问题，如个别教师出现言行

---

① 赵英，袁丽.新时代尊师重教的价值、意蕴与践行路径——对二十大报告精神的解读[J].教师教育研究，2023，35(01).
② 王颖，王毓珣.师德师风建设：概念辨识及行动要义[J].教师发展研究，2021，5(02).

失范、道德败坏等现象，严重损害了教师的社会形象和职业声誉。①

近年来，伴随着人们对师德师风等教育话题的不断关注，一些涉及教师的不实举报、污名化、刻意炒作现象有增加趋势，让不少教师在不利舆论环境中如履薄冰。加之新媒体平台对个别极端师德事件的过度消费，使得公众对教师整体的师德师风的负向认知不断夸大，②造成师德集体滑坡的假象，这也阻碍了政府管理部门政策的合理制定。

教师师德修养是教师自我修为和外部规约共同作用的结果，实证研究也表明，教师对媒体的感知也影响教师自身的职业认同感与教师责任感。③学者薛晓阳也明确指出，教师所面临的职业道德危机是一种处境危机，而不是教师道德本身的危机部分。④这不禁让我们思考这样的问题：大众媒介到底在塑造什么样的教师形象？媒体所构建的拟态环境是否完全反映了教师师德师风的现状？除此之外，教师职业道德规范的要求也受到制度、文化等因素的影响和塑造而不断变迁，与之相应的教师媒介形象又是如何变迁的呢？

考虑到中小学教师群体规模最大，且官方通报的387项师德失范案例，中小学教师占比最高为77％。⑤因此，本研究将以《人民日报》和微博热搜有关中小学教师的报道为研究对象，《人民日报》作为党中央的机关报，反映党和国家的官方立场；微博热搜作为网民参与围观的代表性网络舆情平台，一定程度上代表民间立场。通过对2012—2021年这十年对于中小学教师的报道进行分析，力图进一步了解中小学教师群体的媒介形象的特征与演化趋势，挖掘中小学教师媒介形象背后所隐含的国家和社会大众对教师角色期待的变化。

---

① 柏路，包崇庆.习近平关于师德师风重要论述的生成逻辑、内容结构及理论品格[J].思想教育研究，2021(09).

② 郑美娟，秦玉友，曾文婧.新时期师德建设思维：反思与调整[J].教育发展研究，2019，39(18).

③ 蔡辰梅.社会转型进程中专业伦理关系对教师道德的影响研究[J].教育科学研究，2022(10).

④ 薛晓阳.教师职业道德的处境危机及其道德解决[J].上海师范大学学报(哲学社会科学版)，2019，48(02).

⑤ 安相丞，陈蓉晖.问责视角下我国师德失范问题处理现状的质性分析与提升策略研究——基于387个师德失范问题通报案例[J].江苏大学学报(社会科学版)，2022，24(04).

二、教师媒介形象分析的研究进展

媒介形象是人们对于大众传播媒介及其再现事物的认知总和，其形成是受形象主体、认知主体和环境三个方面的共同制约的。[①] 大众媒介一方面为我们打开认识教师群体的窗口，同时也限制我们认识教师群体的方式，尤其是简单化的贴标签方式会导致对某类教师群体形象的固化。从种类上看，教师媒介形象的标签化在某种程度上也遮蔽了教师群体形象的多元性；从时效性来看，中国教师媒介形象会随着时代发展呈现不同的特征，静态化的标签也遮蔽了教师群体形象的动态性。因此，有必要进一步分析中国中小学教师的多元媒介形象。

根据戈夫曼的框架理论，框架是人们将社会现实转化为主观思想的重要桥梁，[②] 框架的形成来源于现实、媒介和认知三个层面的互动，尤其是社会大众对教师媒介形象的感知不仅源自对中小学教师师德师风现状的真实感知，同时也受到媒体所建构的拟态教师媒介形象的影响。[③] 因此，有必要进一步关注中小学教师媒介形象的变迁，尤其是官方媒体和社交媒体所建构的中小学教师媒介形象的异同点，为未来教师媒介形象的建构提出方案与建议。

近年来，我国学者针对中小学教师媒介形象的研究成果呈现以下三种特点：一是重点关注教师媒体道德形象。如教师媒体道德形象包括"神圣化"与"妖魔化"两种对立的道德形象，[④] 后又演化为"圣人化""妖魔化"和"人性化"三种并存的道德形象，特别是"人性化"道德形象强调对教师职业活动的重视。[⑤] 二是关注多元化的教师媒介形象。公共话语中教师媒介形象除了道德形象，也包括职业形象和专业形象。其中，职业形象侧重教师

---

①　宣宝剑．媒介形象内涵分析[J]．中国广播电视学刊，2008(03)．

②　张洪忠．大众传播学的议程设置理论与框架理论关系探讨[J]．西南民族学院学报(哲学社会科学版)，2001(10)．

③　吴文涛，张旭．现实·媒介·认知：幼儿教师形象的三重建构[J]．教育发展研究，2017，37(10)．

④　班建武．教师媒体道德形象的影响及原因、对策分析[J]．教师教育研究，2007(06)．

⑤　何小舟，刘水云．教师道德形象建构与政策设计——基于目标群体社会建构与政策设计框架理论[J]．教育学报，2021，17(06)．

职业活动中的表现。专业形象则强调教师在教育教学方面的专业性。① 三是凸显乡村教师媒体形象。随着 2015 年《乡村教师支持计划》的推进，乡村教师呈现出"与学生情同家人""多才多艺的教师""热心能干的勤杂工"等正面形象，② 也存在"师德不良的妖魔化形象""穷酸落魄的悲情化形象"和"伤痕累累的牺牲者形象"三类乡村教师媒介形象。③

通过这些研究可以发现，中小学教师媒介形象变化折射出国家治理模式的转型，尤其是 2018 年，习近平总书记在全国教育大会上指出，"坚持把教师队伍建设作为基础工作"。同年 1 月，中共中央、国务院印发的《关于全面深化新时代教师队伍建设改革的意见》作为新中国成立以来第一个针对教师队伍建设工作的文件，明确提出公办中小学教师要切实履行作为国家公职人员的义务，强化国家责任、政治责任、社会责任和教育责任。④ 在不同媒介平台上，优秀中小学教师作为人大代表、政协委员参与国家公共事务的报道也不断增多，但中小学教师作为国家公职人员的媒介形象在现有研究中却未得到充分关注。除此之外，已有研究多以某一媒体的报道为主，其背后缺乏系统性的数据支撑，分析的媒介主体也未进一步区分官方媒体与民间媒体，尤其是社交媒体的数据更为缺乏。因而，我们收集《人民日报》自 2012 年至 2021 年十年报道的同时，也收集了 2019 年至 2022 年与中小学教师密切相关的微博热搜数据，以大数据分析视角历时性地考察党的十八大以来，中小学教师媒介形象在官方媒体与社交媒体话语建构十年内的"变"与"不变"，剖析媒体在中小学师德师风建设发挥的重要作用，并给予相应的指导性建议。

(一)研究样本

选取我国最具权威和影响力的中央委员会机关报——《人民日报》近 10 年的相关报道进行文本分析。以《人民日报》图文数据库(1946—2022)作为

---

① 徐浩. 中国当代公共话语中的中小学教师形象研究[J]. 全球教育展望，2020(11).

② 李俊生.《中国教师报》的当代乡村教师媒介形象呈现与认同[D]. 西南政法大学，2018.

③ 谷亚，肖正德. 乡村教师的污名化媒介镜像：何以建构与如何解构[J]. 当代教育论坛，2021(03).

④ 易凌云，卿素兰，高慧斌，李新翠. 坚持把教师队伍建设作为基础工作——习近平总书记关于教育的重要论述学习研究之四[J]. 教育研究，2022，43(04).

样本采集来源，在报道正文中以"教师"为关键词进行检索，时间范围设定为 2012 年 1 月 1 日至 2021 年 12 月 31 日，利用数据采集器共获取 11325 条报道，剔除不涉及中小学教师、侧重政策宣传主题等报道后，保留有效样本 857 篇。

由于微博热搜榜的实时更新和不可追溯性，本章以"教师""老师"为关键词，从微博热搜搜索引擎调取了 2019 年 10 月 28 日至 2022 年 6 月 30 日间的微博热搜数据，共计 1496 条，数据内容包括热搜名称、主持人、在榜时间、最高排名、热度、时间等，经人工阅读，剔除不涉及中小学教师、侧重政策宣传主题等报道后，保留有效样本 502 条。

（二）研究方法

采用内容分析法和自然语言处理相结合的分析方法。内容分析法是对传播内容进行客观、系统和定量描述的研究方法，其能根据传播内容所含的信息量和变化特征，分析认识不同时期传播的侧重点，以及对待某些问题的倾向、态度与立场；针对微博热搜比较碎片化、语义断裂的文字，则以 NLP 自然语言处理对文本进行内容分析，包括主题、情感分析。[1]

我国学者臧国仁的框架理论将框架按内部结构划分为高、中、低三个层次。[2] 其中，高层次框架属于宏观维度，受众在此框架下会迅速获得对报道事件的主旨与意义，具体指标包括报道时段与数量、报道议题；中层次框架属于叙事框架，侧重对事件完整性的概述，具体指标包括报道体裁、媒介形象分析；低层次框架属于话语表达框架，包括标题的词频分析、情感分析。

①　李彪，卢芳珠．从属性数据到关系数据：社群时代新闻传播学研究方法新转向[J]．编辑之友，2020(09)．

②　臧国仁．新闻媒体与消息来源——媒介框架与真实建构之论述[M]．台北：三民书局，1999．

三、《人民日报》：教师媒介形象的多层次分析

(一)议题框架变迁——报道内容的高层次分析

1. 报道数量整体呈上升趋势，报道集中在 9 月

研究《人民日报》对中小学教师报道数量的变化，能够直观地展现党和国家对中小学教师群体的关注程度。本章分别对 587 条样本数据按照年份和月份进行频数统计，图 4-1 统计从 2012 年至 2021 年十年来中小学教师报道的数量变化，图 4-2 则是按照一年 12 个月，统计十年来每个月中小学教师报道数量的分布。

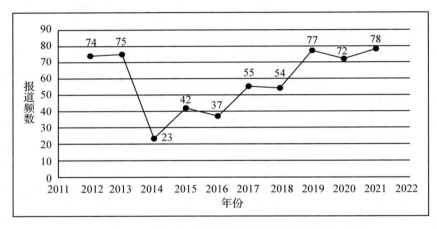

图 4-1 《人民日报》关于中小学教师报道的频数变化(年份)

由图 4-1 可以看出，《人民日报》针对中小学教师群体的报道整体呈现不断增长趋势，尤其在 2014 年前后发生较大的变化。这是因为在 2014 年 9 月 10 日《人民日报》头版发布了习近平总书记在北京师范大学师生座谈会上号召全国广大教师做党和人民满意的好老师的报道。这一年中小学教师的报道围绕"四有"好老师、带头践行社会主义核心价值观等政策宣讲内容展开，针对具体教师事迹的报道数量有所缩减，但在 2014 年之后报道数量呈现不断增长的趋势。

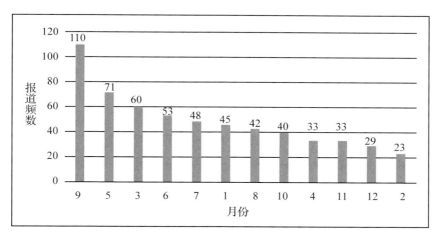

图 4-2 《人民日报》关于中小学教师报道的频数变化(月份)

由图 4-2 可以看出，针对中小学教师的报道各月份并不均衡，报道量最高的月份和最低的月份相差近 5 倍，报道量最高的三个月份分别为 9 月、5 月和 3 月，之所以这三个月会这么高是因为这三个月都是重要的时间节点。首先，每年的 9 月 10 日是教师节，在教师节前后会有一系列庆祝教师节的活动，《人民日报》也会刊发这一年教师队伍建设情况的总结及相关的社论和新闻报道。其次，每年的 5 月是高考和中考的前夕，围绕教师与学生相处的感人事迹相对比较多，使得这个时间段的报道也比较丰富。最后，每年的 3 月是两会的时间，会刊发优秀中小学教师代表的各项提案，尤其是基础教育领域的提案多能引发社会大众的广泛讨论，因此，该月有关中小学教师的报道较多。

2. 报道议题：以乡村教师和师德楷模的先进事迹为主

报道议题的选择是媒体议程设置的重要方式，《人民日报》对中小学教师的报道围绕基础教育均衡和教师队伍建设等内容展开。具体的报道议题如图 4-3 所示。

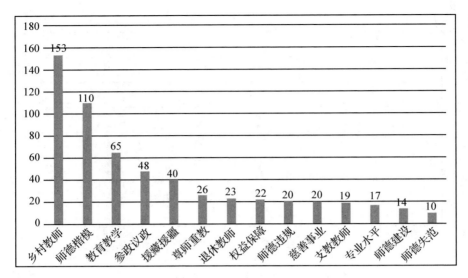

图 4-3　报道议题的总体分布

乡村教师议题在所有报道中占据第一的位置，占比约 26%，累计有 153 篇。其内容包括数十年如一日坚守岗位的乡村教师事迹和通过艺术、体育等手段激发学生潜能的优秀乡村教师。如 2012 年的《吕映红——为留守孩子撑起一片天》、2019 年的《太行山里的"孩子王"》、2020 年的《山里的讲台一站 42 年》、2021 年的《"足"下追梦出大山》和《竹笛声声绕青山》等。

师德楷模议题在所有报道中占据第二的位置，占比约 19%，累计有 110 篇。其内容主要包括产生广泛社会影响的师德榜样和教书育人楷模的先进事迹。如 2012 年的《张丽莉同志先进事迹报告会发言摘登：茉莉花开》《刘正华——爱这些孩子没有错》、2013 年的《追出二百米空手斗歹徒》，以及 2021 年《扎根深山，不负韶华》《点亮更多孩子的梦想》等系列专题报道。

教育教学议题在所有报道中占据第三的位置，占比约 11%，累计有 65 篇。其内容主要包括教师和校长等人在教书育人过程形成的思想、理念和创新性的举措。如 2012 年的《微笑着面对孩子的差错》、2013 年的《教育的魅力缘于大爱》、2017 年的《试着读懂不一样的孩子》、2019 年的《"错不起的学生，对不了"》和 2021 年的《教有真情，育无止境》等。

参政议政议题在所有报道中占据第四的位置，占比约 8%，累计有 48

篇。其内容主要包括教师和校长作为人大代表和政协委员的履职故事和相关提案。如 2017 年的《做宣讲，影响更多身边人》、2018 年的《开放课外资源，实现多方共享》、2019 年的《为乡村教育鼓与呼》、2020 年的《专题调研，不负信任》和 2021 年的《"让偏远地区孩子上好学"》等。

援藏援疆议题在所有报道中占据第五的位置，占比约 7%，累计有 40 篇。其内容主要包括援藏援疆过程中涌现出来的优秀教师事迹。如 2012 年的《选择援疆就选择了奉献》、2016 年的《四次援疆，一生牵挂——记北京市第六十六中学英语教师薛献军》、2017 年的《雪域高原上的"杏坛接力"》、2020 年的《薪火相传，点亮边疆孩子的希望》和 2021 年的《高原之上，青春无悔》等。

尊师重教议题在所有报道中占据第六的位置，占比约 5%，累计有 26 篇。其内容主要以"尊师重教"为核心观点，对教师群体进行赞颂。如 2015 年的《那些年，我们感念的师生缘》、2016 年的《以"师道"重塑社会风尚》、2017 年的《致敬！"梦之队"的筑梦人》、2018 年的《三尺讲台，擎起爱与责任》和 2021 年的《推动广大教师人人尽展其才》等。

退休教师议题占比约 4%，累计有 23 篇。其内容主要为退休教师持续投入所热爱教育事业的优秀事迹。如 2015 年的《再干 10 年又何妨》、2017 年的《农民工的孩子有个尹奶奶》、2018 年的《两位龚老师传承话今昔》、2019 年的《八旬退休教师的"幸福账单"》和 2021 年的《走上讲台，他们依然年轻》。

权益保障议题占比约 4%，累计有 22 篇。主要报道有关教师诉求、心声或者遭遇的不公正待遇。如《就业歧视还是执行规定?》《中小学教师也能评正高》《中小学教师待遇亟待提高》《湖南永兴教师因子女在外校就读遭罚》。

师德违规议题占比约 3%，累计有 20 篇，主要是指中小学教师违法违规的行为得到相应的通报。如 2013 年的《9 名"吃空饷"教师遭查处》和《六起违规补课办班典型案件被通报》、2014 年的《黑龙江依兰县索礼教师被撤销教师资格》、2015 年的《将依法严惩性侵未成年人犯罪》、2016 年的《糊涂的"按惯例办事"》、2017 年的《辅导班教师互相介绍"生意"》等。

除此之外，还有慈善事业（20 篇）、支教教师（19 篇）、专业发展（17 篇）、师德建设（14 篇）和师德争议事件（10 篇）等议题。

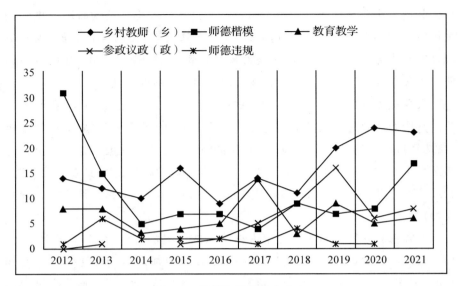

图 4-4　报道议题的时序分布

通过对乡村教师、师德楷模、教育教学、参政议政和师德违规等议题的时序变化进行分析发现(见图 4-4)，乡村教师议题在 2015 年之后便呈现波动上升的趋势，这是因为国务院办公厅在 2015 年发布了《乡村教师支持计划(2015—2020 年)》，2020 年教育部等六部门又发布了《关于加强新时代乡村教师队伍建设的意见》。对乡村教师的持续关注，是实现 2020 年全面建成小康社会、基本实现教育现代化的重要举措。师德楷模议题在 2014年之后发生很大的变化，这是因为 2014 年之前报道的师德楷模以张丽莉、龚全珍等国家级师德榜样为主，其系列专题报道较多，随着 2014 年"四有"好老师的提出，师德楷模的报道变得更加丰富、具体，延伸到教育教学、参政议政、公益慈善等议题之中，进而全方位地刻画出中小学教师的媒介形象。教育教学议题和参政议政议题分别在 2017 年和 2019 年达到高峰，这是因为 2017 年的十九大报告强调加强师德师风建设，培养高素质教师队伍；2018 年《关于全面深化新时代教师队伍建设改革的意见》更是明确中小学教师作为国家公职人员，需要承担国家责任、政治责任、社会责任与教育责任，2019 年针对中小学教师作为人大代表、政协委员履行责任的报道也更为丰富。师德违规议题则嵌入法治、民生等版块，强调对违法违规教师的警示与惩处，但总体占比较低。

（二）叙事框架变迁——报道内容的中层次分析

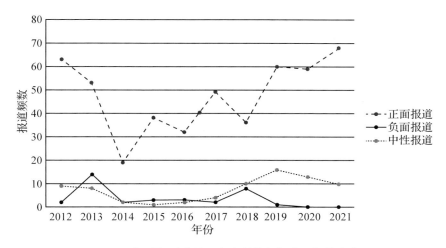

图 4-5　《人民日报》关于中小学教师报道立场的变化

1. 报道立场：以正面立场为主，以中性、负面报道为补充

报道立场是新闻记者在报道或者评论新闻事件时所表现的情感倾向与态度。从图 4-5 可知，《人民日报》始终坚持主要通过正面报道关注中小学教师群体，以中性和负面报道为补充。其中，2012—2014 年，正面报道数量呈下降趋势，2014 年之后呈现波动上升的趋势。负面报道数量在 2013 年达到最高峰，有 14 篇。这是因为 2013 年正处于"八项规定"落实的关键阶段，涉及违反"八项规定"的中小学教师报道较多。中性报道数量在 2015—2019 年呈上升趋势，在 2019—2021 年呈下降趋势。

2. 形象定位：由单一道德形象走向全面教师形象

教师形象定位体现出媒体所塑造教师角色的多样性与立体性，主要包括教师的道德形象、职业形象、专业形象和国家公职人员形象。

教师道德形象包括正面的教师楷模形象和负面的教师形象。正面道德形象的代表有张丽莉、李芳、王红旭等教师，奋不顾身地挽救学生的生命，也包括在大山深处、边疆地区默默奉献、坚守教育事业的乡村教师、援疆援藏教师。关于乡村教师和援疆援藏教师报道的数量不断增多，教师的道德形象变得更加多元，包括爱岗敬业的坚守者形象、改变学生命运的筑梦人形象等。

教师职业形象的塑造集中体现在年轻支教教师和退休教师对教育事业的无限热爱，对学生的真诚与关怀。如 2012 年的《孙丽倩——无悔坚守支教生涯》、2018 年的《退休后闲不住　老校长把三尺讲台搬进社区》分别刻画了年轻支教教师对学生无微不至的关怀和北京 76 岁的退休校长王润田不愿赋闲在家，持续投入社区和家庭教育的教师形象，体现了不同职业发展阶段教师对教师职业本身的认知与认同。

教师专业形象强调中小学教师教育教学专业性的提高，具体体现在教师的教育教学议题上。如 2012 年的《师生同考为哪般》、2013 年的《博士后当中学老师》、2019 年的《小粉丝迷上前沿新知》。

国家公职人员形象则是指中小学教师参与国家决策和社会事务过程中呈现出来的形象，多体现在参政议政和公益慈善议题中。其中，对教师作为人大代表和政协委员履职故事的报道不断增多，也体现了中小学教师作为国家公职人员的媒介形象的日益丰富。公益慈善议题里中小学教师通过公益捐赠等方式帮助他人，积极承担社会责任。如 2015 年的《三十春秋燃蜡炬　大瑶山中筑梦人》中莫振高老师 30 多年资助近 300 名贫困生顺利考入大学，并发动社会力量帮助近 2 万名贫困学子圆大学梦。2021 年的《十六年爱心助学路》莫丽军老师通过德庆爱心社筹得善款 260 多万元，资助了 310 多名德庆在读贫困生。

（三）话语表达框架的变迁——报道内容的低层次分析

表 4-1　2012—2021 年《人民日报》中小学教师报道文章高频关键词(单位：次)

2012—2013	2014—2015	2016—2017	2018—2019	2020—2021
基层(19)	乡村教师(7)	孩子(9)	孩子(12)	孩子(13)
孩子(12)	孩子(4)	一线(7)	坚守(10)	梦想(12)
楷模(11)	守望(3)	十九大(5)	基础(7)	故事(10)
张丽莉(10)	坚持(3)	故事(5)	初心(7)	青春(9)
代表(9)	社会主义核心价值观(3)	典型(4)	新时代(6)	力量(8)
教书育人(9)	青春(2)	乡村(3)	人民(6)	乡村(8)
通报(5)	教书育人(2)	优秀教师(3)	使命(6)	人民(7)

1. 新闻标题：乡村教师群体凸显，与党和国家同步

标题往往包含新闻报道要传递的最重要的信息，体现报道的主题和态度。通过对 857 篇样本报道的标题进行每隔两年的词频分析，结果如表 4-1 所示，"孩子""乡村""坚守""守望"和"人民"等高频关键词稳定、连续地出现，体现了党和国家对乡村教师在促进教育公平和建设小康社会方面发挥重要作用的肯定。从历时性视角来看，"通报""社会主义核心价值观""十九大""新时代"等关键词的动态变化，体现了中小学教师队伍建设的时代特征，以及与党和国家的立场的同步。

2. 报道体裁：以通讯和人物特稿为主，丰富多元

报道体裁客观上反映媒体在报道新闻时所选择的报道框架。一般的报道体裁包括消息、人物特稿、通讯、评论、来信等。其中，消息一般比较简短精练、突发性与实效性比较强。通讯则比消息更丰富、详实，对事件的描述更为具体，通讯包括事件通讯、人物通讯、工作通讯和风貌通讯。为进一步展现中小学教师媒介形象，将人物通讯单独划分出来命名为人物特稿，评论和来信分别代表观察员和读者视角，既体现专业态度又能吸收社会大众的评论。

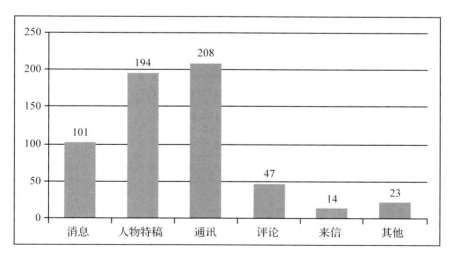

图 4-6　不同体裁在《人民日报》报道中的占比情况

结果如图 4-6 所示，在 2012—2021 年这十年间，通讯占比约为 36%，具体样本量为 208 篇，其次是人物特稿占比约为 33%，具体样本量为 194

篇；消息占比约为 17%，具体样本量为 101 篇；评论占比约为 8%，具体样本量为 47 篇；其他占比约为 4%，具体样本量为 23 篇；来信占比约为 2%，具体样本量为 14 篇。

表 4-2 《人民日报》不同报道体裁的变化情况（单位：篇）

	消息	人物特稿	通讯	评论	来信	其他
2012	11	30	23	4	0	6
2013	11	18	32	3	3	8
2014	4	9	4	4	0	2
2015	9	22	7	2	0	2
2016	2	14	16	1	1	3
2017	10	16	25	3	1	0
2018	8	21	11	11	2	1
2019	12	18	38	8	1	0
2020	21	22	22	4	3	0
2021	13	24	30	7	3	1

由表 4-2 可知，近十年《人民日报》致力于通过人物特稿的形式，树立优秀典型的师德模范，引领社会尊师重教的风气。如 2015 年的《把大爱写在苗岭山寨》、2016 年的《一位 85 后教师的坚守》、2017 年的《为了孩子他在所不惜》、2018 年的《闲不住的老校长》、2019 年的《太行山里的"孩子王"》、2020 年的《大山深处有位"老师妈妈"》和 2021 年的《"我愿意在这里一直扎下去"》等。

四、微博热搜：教师媒介形象的横向比较分析

微博热搜榜作为全网最实时权威的热点排行榜之一，被视为社会大众讨论的"晴雨表"和"风向标"。考虑到 2018 年 9 月 19 日之后微博热搜榜完成了改版，因而对微博热搜数据的收集与分析从 2019 年开始。①

---

① 王茜. 批判算法研究视角下微博"热搜"的把关标准考察[J]. 国际新闻界，2020，42 (07).

（一）微博热搜标题的词云分析

图 4-7　关于中小学教师的微博热搜标题词云图

通过对 502 条微博热搜的标题进行词云分析，发现 2019—2022 年的微博热搜标题主要分为两大类：一类是教师师德违规行为通报及相关内容，关键词有"体罚""补课""猥亵"等词汇；另一类则是赞美、讴歌教师的热搜标题（见图 4-7）。

（二）微博热搜立场分析：正面报道居多，负面报道次之

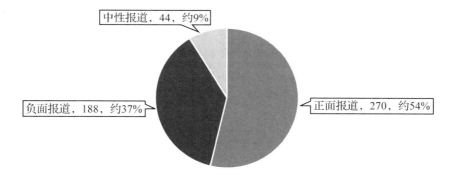

图 4-8　微博热搜中小学教师报道的立场分析

表 4-3　热度超过 200 万的微博热搜标题

标题	主持人	在榜时长	热度	时间
老师当众摔坏学生手机并视频发家长群	点时新闻	202	4840054	2021/9/14
衡水桃城中学教师未发现猥亵行为	中国新闻网	499	4751400	2022/2/21
老师揪学生头发致皮骨分离被刑拘	人民网	520	3654588	2021/5/6
老师情绪失控连续掀翻 6 张课桌	头条新闻	518	3562378	2021/10/6
揪学生头发老师欲 50 万私了	澎湃新闻	325	3511882	2021/5/8
校方否认学生坠亡与化学老师有关	头条新闻	473	3238047	2021/5/11
衡水调查网传中学老师体罚猥亵学生	澎湃新闻	436	2829214	2022/2/18
教育部强调及时清除教师队伍的害群之马	央视新闻	232	2470607	2021/4/19
成都教师猥亵 20 名男生案将开庭	正观视频	314	2434344	2021/8/17
老师隐瞒身份资助学生 3 年后被发现	《人民日报》	362	2291912	2021/5/13
建议老师奖励不应与升学率挂钩	人民网	347	2290052	2021/3/6
老师忘关投屏女友发来性感视频	星视频	467	2259021	2022/5/26
小学教师利用寒暑假支教山区 12 年	荔枝起跑线	141	2233310	2021/7/20
老师收到半个西瓜回赠全班西瓜宴	我苏特稿	211	2169237	2021/7/14
建议禁止在职中小学老师有偿补课	头条新闻	480	2093349	2021/3/9

如图 4-8 所示，通过关于 502 条微博热搜的报道立场分析发现，正面报道占比约为 54%，共有 270 条；负面报道占比约为 37%，共有 188 条；中性报道占比约为 9%，共有 44 条。微博热搜热度是指微博平台对微博内容发布后的 3 小时的阅读次数、讨论次数和原创人数三个指标进行加权计算形成的指标，能在一定程度上反映社会大众的关注度。① 对热度超过 200 万的微博热搜的标题进行分析发现，负面报道的关注度更高。

（三）微博热搜与《人民日报》标题的情感分析：整体比较均衡

采用 Snowlop 工具包对《人民日报》和微博热搜文本进行正向情感偏向分析，其阈值在 0~1 之间，如果值在 0.5~0.6 之间代表负向，在 0.6~

---

① 曾祥敏，杨丽萍. 自媒体环境下首都网络舆论话语空间生产与引导——基于 2019—2021 年微博热搜的共词分析和案例研究[J]. 现代传播（中国传媒大学学报），2022，44(03).

0.7之间则代表正向，数值越偏向1，代表文本越正向。由表4-4可知，微博热搜标题的情感均值为0.58，偏负向；《人民日报》标题的情感均值为0.82，偏正向。这也表明有关中小学教师的报道在《人民日报》与微博热搜之间存在情感价值的差异。

表4-4 不同媒介中小学教师报道标题的情感分析

情感分析值	微博热搜	《人民日报》
样本量	502	587
平均数	0.58	0.82
标准差	0.40	0.29
中位数	0.74	0.95

五、相关政策建议

《人民日报》和微博热搜对教师媒介形象的建构具有多重影响。首先，影响着全国受众心目中中小学教师的形象，关乎教师群体在受众当中的名声和信誉，影响着社会舆情和社会风气；其次，对数量众多、影响力广泛的教育从业者会产生作用，包括积极的影响和消极的影响；最后，对媒体行业中有关教师形象的塑造具有指导和借鉴作用。通过对2012—2021年有关教师媒介形象的建构和变迁特点的分析，本章对《人民日报》和微博热搜教师媒介形象的建构提出以下建议。

（一）丰富报道议题框架，塑造多元化的真实教师形象

《人民日报》作为我国深具影响力和公信力的报刊，始终坚持以正确的舆论引导人，通过大量的正面报道，宣传国家的教育政策、方针；同时也聚焦时下的教育热点话题，少量报道负面内容，警示与批评不当行为，为构建和谐的舆论场创造了条件。但在报道议题框架方面，选择的对象主要是优秀师德楷模、先进乡村教师和直接参与国家事务的教师代表们，这样的教师形象塑造存在片面化的问题，这些光环加身的教师只是少数，大部分的普通教师在岗位上日复一日地辛勤工作，他们的故事值得进一步挖掘。

为避免让报道成为歌功颂德的"造神宣言"，报道要采用平视态度，尊重事实与受众，理性对待先进事迹，报道记者要走进一线现场，体验教师的生活与工作，以客观、真实的数据全面呈现中小学教师的形象。丰富报道议题的框架旨在打破当前议题固化的倾向，报道方式除了典型报道之外，也可以纳入系列报道和批评性报道。

(二)深化不同媒介的融合，加强对师德师风舆情的引导

随着全媒体时代的到来，主流媒体通过不断加强与社交媒体的融合，开展新时代的舆论引导工作。微博热搜立场分析也表明，对中小学师德师风的报道仍以正面报道为主，占比为54%。以《人民日报》主持的"老师隐瞒身份资助学生3年后被发现"这一热搜话题为例，其微博热度为2291912，占据第11名的位置。由此可见，主流媒体舆论引导开始向社交媒体舆论场倾斜，其传播力与引导力也不断扩大。而且伴随着智能技术的进步，主流媒体也能通过对信息的全面观照，对碎片化、分散化的用户观点进行智能化的辨别与聚合，辨析舆论焦点，进而更有效地引导舆论。[1]

主流媒体在面对重大的突发事件时，要积极承担稳定社会议题的重任，提高报道的时效性，增加透明度，以更接地气的表达，保护教师的合法权益，以起到把关人的作用。同时，要对上榜的师德内容进行监测，设立举报与通报系统，及时对高频失实的内容和账号进行公开、透明的处理。

(杨一鸣、林涛、陈浩琪，北京师范大学认知神经科学与学习国家重点实验室；斗维红，北京师范大学新闻传播学院)

---

① 高宪春. 智媒时代主流媒体创新发展的着力点[J]. 中国记者，2021(07).

下　篇

中小学师德师风建设典型案例

　　师德师风建设的有效开展是一项涉及面颇宽、影响力颇广的系统工程。近年来全国各地各校在长期探索的过程中，逐渐积累，形成了具有地方特色、校本化的师德师风建设的典型案例，这些可复制、可推广、可借鉴的典型经验，能切实提升师德建设的实效性，还原师德本身在教育生活中的道德指向作用。与此同时，这些饱含丰富经验色彩的师德师风建设模式，是尊师重教传统在当下社会生活中的传承与发展，也是新时代教育治理体系和治理能力现代化提升的重要展现。

　　本部分共选取了 37 个典型案例，包括教育部面向全国征集的各省市典型案例、全国中小学幼儿园专家委员会推荐案例，以及面向全社会征集的区域、中小学和幼儿园典型案例。案例选取主要遵循以下三条标准：一是是否反映新时代师德师风建设的主要方向；二是是否与当地文化、学校的实际情况紧密融合，推陈出新；三是师德师风建设的效果较为明显。

第五章

区域师德师风建设典型案例

重庆市沙坪坝区："四度一体"，立德树人

习近平总书记指出，评价教师队伍素质的第一标准应该是师德师风。重庆市沙坪坝区有着 3000 多年崇文励教的优秀传统，因教而立、因教而兴、因教而强。近年来，沙坪坝区以"人文沙磁，学灯永耀"为发展愿景，弘扬"诚朴勇毅、自强不息、勤学爱国、尚知求真"的沙磁文教传统，聚焦立德树人，把牢教育本质，全力构建承继沙磁文脉、尊重教育规律、呼应时代生活、具备国际视野的沙坪坝教育新生态，持续淬炼独具沙磁风骨、沙磁品格、沙磁气象的区域教育品牌。

"一代人有一代人的使命，一代人有一代人的担当。"党的二十大报告强调"加强师德师风建设，培养高素质教师队伍，弘扬尊师重教的社会风尚"，我们坚持从"高度""厚度""长度""温度"四个维度，构建立德树人的区域治理模式，不断深化新时代师德师风建设的探索与实践。

一、提升"高度"，强化"国之大者"的教师使命担当

沙坪坝区紧紧抓住教师职业性这一根本属性，提升工作定位"高度"，明确"国之大者"的教师使命担当。一是以思想武装促政治担当。坚持用习近平新时代中国特色社会主义思想和习近平关于教育的重要论述武装教师头脑，开展传达、宣讲、培训和研讨四个层次的专项学习活动，确保全区教师以高尚师德承载政治担当。二是以党建引领促工作担当。当前，全区

党员教师占教师总人数的比例达到了 60%。我们始终坚持党组织书记是师德师风建设的第一责任人，建立"书记抓、抓书记"的工作运行机制；开展"四育四立，学灯永耀"红岩沙磁教育党建行动，把每一个党支部建成师德师风建设的坚强战斗堡垒；建立红岩党员教师攻坚组和红岩先锋党员教师服务队，开展党员教师上示范课、承诺践诺、教师家访、志愿服务等系列活动，把教师中的"党员多数"转变为师德师风建设的"关键多数"。三是以"大思政教育"促职责担当。深化落实"'四有'好老师""四个引路人""四个相统一"等新要求，坚持"人人思政，思政人人"的培育理念，推进思政课程与课程思政同向同行；坚持开门办思政课，创新构建新时代"红岩大课堂"大思政体系，制定《中小学教师思想政治教育标准》等系列文件，引导广大教师自觉用"红岩精神"武装头脑，为党育人、为国育才。

二、增强"厚度"，开展"允公允能"的具身体验活动

以区域教育的深厚底蕴、淳厚传统，增强师德建设的"厚度"，推进良好师德"具象化"和"实践生成"。一是学史扎根，固师德之本。充分发挥传统历史文化的作用，建成用好沙磁教育博物馆，编制《沙磁教育博物馆师生学习概要》《沙磁教育史》《沙磁教育读本》，常态化开授专家讲座；收集选编《沙磁教育自学反思录》《我为沙磁教育改革发展建言》，把每一位教师的"根"深深地扎进 396 平方公里的崇文励教沃土。二是激情问道，铸师德之魂。围绕举旗帜、聚民心、育新人、兴文化、展形象来建设区域的教育文化，每年坚持开办"沙磁学堂"，梳理和讲述历代沙磁教育人的教育故事，体会冯时行"结庐授课"、磁器口捐办"龙山义学"的教育情怀，感受陶行知"捧着一颗心来，不带半根草去"的教育情感，体验张伯苓"允公允能，日新月异"的教育情理，不断推进中国文化自信自强，激发教师的民族魂、家国情和学生爱。三是思辨明理，成德高之师。优化新时代"沙坪学灯"的"人物—事理—社会文化"脉络，开展"擎举沙坪学灯，擘画红岩青春"教师价值塑造活动，从寻根、铸魂和追梦三个角度，引导教师从"史实性回顾"转向"内涵性思辨"和"内化性实践"。

三、拓展"长度"，优化"风清气正"的师德涵养环境

坚持系统施策、协同推进的思想，着眼长效，拓展"长度"，优化"风清气正"的师德涵养环境。一是评价考核刻底线。坚持把师德师风作为评价教师队伍素质的第一标准，设定正面标准，刻定负面底线，探索实施《教师执业信用管理办法》，完善师德"三考"制度，建立师德记录档案袋，作为评价考核、职务晋升、评先评优、重点人才培养等方面的前置审查依据，严格执行师德失范"一票否决制"。二是专业引领拉高线。建立选贤任能的选聘机制、人尽其才的培养发展机制和才尽其用的管理使用机制，实施名校名师名优工程，通过分岗、分类或分层培训等专题培养，"导师制""名师班"等高端培养，"名校长工作室""名师工作室"等名家培养，打造与师德涵养实验区相匹配的教师"金字塔"，拓宽人才发展的赛道，塑造人才发展的新优势。三是专业引领划标线。与北京师范大学签订师德涵养实验区建设协议，以"精神引领发展，文化涵养师德"为特色，实施"种大树"培养计划，先行培育"关键少数"的骨干教师，选树特色实验校，探索学校文化涵养师德的特色路径，面向全区每一位教师开设师德涵养公共必修课程，开发"价值引领""文化涵养""融合提升"和"榜样示范"四个课程模块和"大家之言""好老师心得"两个栏目，同步开展"中华经典线上传习坊""识字育德研习坊""百日论语项目学习"等特色项目培训，取得了显著的成效。

四、调适"温度"，涵养"贵师重傅"的师德修养生态

采取提升教师待遇、提升师道尊严等举措，用爱的"温度"融通教师、学生和社会的互动逻辑，涵养"贵师重傅"的师德修养生态。一是保障合法权益。推行校务公开，保障教师对学校重大决策和重大事项的知情权、参与权、表决权和监督权。常年表彰"十佳校级干部""十佳教师""十佳班主任""学科带头人"和"四有"好老师、师德师风先进个人。二是提高经济待遇。建立同步调整的联动机制，实施《教育系统事业单位绩效工资政策实施方案》，确保中小学教师平均工资收入水平不低于区域公务员平均工资收入水平。每年还落实节日慰问、健康体检、乡镇工作补贴、边远教师交

通补贴等各种补贴。三是强化人文关怀。建立乡村从教荣誉制度，高度重视教师的身心健康，建立"师生健康服务中心"，常态化开展教师心理健康监测，为全区每一位教师建立心理健康档案。

通过努力，沙坪坝区师德师风建设成效明显。沙坪坝区获得了全国义务教育优质均衡创建先行区等"国字号"的荣誉称号 10 多个；全区教师政治责任感、国家责任感、社会责任感和教育责任感普遍增强，涌现了一批国家级、市级师德师风先进集体和全国模范教师、全国教书育人楷模候选人等先进个人。2018 年，国家义务教育质量监测评估显示：沙坪坝区四年级学生对教师喜爱程度的比例，高出全国 5.3 个百分点；八年级高出全国 8.0 个百分点。

习近平总书记指出，"两个一百年"奋斗目标的实现、中华民族伟大复兴中国梦的实现，归根到底靠人才、靠教育。我们将厚植崇文重教的优良传统，始终把师德师风建设摆在首位，不断健全"区域统筹，立体推进"的师德师风长效机制，持续推进"四度一体"，立德树人的区域治理模式，以高质量师德师风建设推动高质量教育体系的建设，助推沙坪坝区教育全域、全面、全程优质而公平的发展！

（向斌，重庆市沙坪坝区委教育工委、区教委）

山东省潍坊市：以机制创新推动师德
师风建设常态化系统化

　　山东省潍坊市教育工作始终坚持系统思维，注重机制创新，秉承用改革的办法解决发展中遇到的问题。潍坊市现承担 15 项国家级教改试点工作，其中 5 项涉及教师队伍建设改革领域。一是 2009 年人社部和教育部把潍坊市作为全国三个教师职称制度改革的试验区之一，目前国家采用的一整套中小学教师职称制度的系列、制度设计等，均于 2009 年 3 月开始在潍坊市试点先行；二是 2010 年国务院办公厅将潍坊市列为探索中小学校长职级制改革的试点；三是 2013 年潍坊市参与教育部教师司主持的教师人事综合改革试点项目，探索创新乡村教师管理机制；四是 2015 年被确定为全国义务教育教师"县管校聘"改革 15 个试验区之一；五是 2021 年被教育部确定为第二批人工智能助推教师队伍建设行动试点市。得益于以上改革试点项目，这些年来，潍坊市教师队伍建设在以下方面取得了明显成效。

　　第一，系统联动，将师德师风建设与深化新时代教师队伍建设改革各项举措挂钩衔接、联动推进。建立师德师风建设十项制度，构建起以师德师风建设为核心的制度框架体系，围绕怎么抓师德、谁来抓师德，师德师风建设如何评价、推进、调度，典型如何引领等各个方面进行制度设计。以人工智能助推教师队伍建设试点为契机，构建涵盖全市 10.02 万名中小学教师的师德考核电子信息库。推进职称制度改革，将师德考核优秀作为教师评聘高级教师、正高级教师的前置条件；在"县管校聘"改革中，师德考核不合格的，不能参与交流聘任；绩效工资改革中，教师师德表现出问题，不能享受奖励性绩效工资待遇；评价机制、荣誉激励机制都与师德考核挂钩，必须满足评聘的前置要求。

　　第二，以校为本，教育行政部门管底线要求、考核评价、典型推介。教师的师德表现怎么样，最有评价权的是学校，最有发言权的是同行、是学生。因此教育行政部门以校为本，主要开展了四个方面的工作。一是列出全市统一的师德负面清单 36 项，将底线标准提供给学校，明确老师从教不能做什么。二是将师德师风建设的有关情况纳入对学校考核的评价体系。三是将师德师风建设与校长职级评定结合。要做好校长，首先要抓教师队伍建设；抓教师队伍建设，则必须关注好师德师风建设。四是及时培育、挖掘、推介师德典型人物。比如，自开展全国教书育人楷模评选活动以来，潍坊市先后有 2 人入选；在教育部推进的国家高层次人才特殊支持计划教学名师评选当中，潍坊市入选人数在各地级市中居首位；建立起系列荣誉称号制度，推选潍坊市最美教师、教书育人楷模、优秀乡村青年教师、青年教改先锋、立德树人标兵等，激发师德师风建设正能量。

第三，动力集成。教师立德树人积极性不高，专业发展内生动力不强，师德就容易出问题。评价师德的第一标准是教师的敬业精神、内生动力，既将师德师风建设作为第一标准，也将师德师风建设与教师的教学、育人、自身专业发展等密切结合，建立起教师动力机制模型。为推进模型落实，教育部门会同编制、人社、财政部门印发专门文件，开展"三三三"改革——"三个确定""三个聘任""三个评价"。"三个确定"即确定编制总量、职称总量、绩效总量，教育主管部门确定三个总量，由学校在三个总量内自主创新，自主管理教师，下放教师的管理权，激发办学活力。"三个聘任"即聘任教师的工作岗位、职称岗位、层级岗位，将聘任作为对教师最好的评价，通过聘任机制，激发教师专业发展的内生动力。"三个评价"即评价教师的师德素养、工作业绩、专业发展，将师德师风放在第一位。

第四，营造生态。师德师风建设不是孤立的、单向的工作，而是一个区域、一所学校教育生态的总体体现。因此，潍坊市一直把师德师风建设放到现代教育治理体系的大框架中来保障，建设包括对以党委教育工作领导小组的名义进行区域教育的总体评价，对党政履行教育发展职责的评价，对学校落实学生五育并举的评价，对学校落实立德树人原则的评价，对教师如何教书育人等的系统化评价体系。

（井光进，山东省潍坊市教育局、潍坊一中）

上海市宝山区：用爱的脚步丈量教育温度

2021 年，上海市宝山区先后获批教育部"人工智能助推教师队伍建设试点区"和上海市"教育数字化转型实验区"，建设高质量有温度的教育成为摆在宝山教育面前的一个重要课题。

近年来，由于父母对孩子的期望值过高，导致学生学业压力大，这种功利的评价观和畸形的育人观正成为孩子心理问题频发的重要因素。数字时代的到来，"家校通"、QQ 群、微信群等新的沟通方式已成为家校沟通的主流渠道，布置作业、分配任务只闻其声，不见其人。家校关系成了熟悉的陌生人，沟通的距离看似近了，其实缺乏温度，对于孩子的感知停留在分数和排名等层次，教师缺乏对学生和家庭立体、鲜活的感知。

基于此，宝山区开展了"万名教师走万家"行动。

一、"万名教师走万家"是师德成长的有效抓手

百年大计，教育为本；教育大计，教师为本；教师大计，师德为上。师德不是生来就有，也不会自然形成，它需要生长的土壤和成长的台阶。行胜于言，"万名教师走万家"拉近了教师、家庭和孩子的心理距离，促进了师生责任感的形成，特别是帮助不做班主任的老师促进了师德的培养，是"全员导师制"最好的实践，让"人人都是德育工作者"，从口号变为实实在在的行动。

在活动期间，宝山区教育系统 1.8 万名教职员工参与率达到 92.5%，实现"人人皆可为导师"，走访覆盖全区近 18 万学子，平均每名教师走访结对 10 个家庭，走访率达到 94.7%；重点走访并跟踪关注困境儿童、学习困难学生家庭千余户；遴选走访的经典案例有 550 个，生成优秀走访报告 148 篇，也涌现出非常多的感人故事和师德模范。

宝山区罗店中心校是一所乡村小学，一半是本地孩子，一半是外来务工人员的子女，学生情况多样，但这里的学生在世界头脑奥林匹克大赛上

获得季军的好成绩。校长金志刚给出这样的答案："我觉得再黑的乌云，经过太阳的亲吻，也会变成绚丽的彩霞。"一句简单的话，彰显的却是这所百年老校的师德师风和教育情怀。2022年教师节前夕，由教育部推送、以学校师生为原型创作、教师和校长本色出演的微电影《启梦》在新华网展播，阅读量达数百万人次，讲述的正是家访的故事。

"万名教师走万家"也是宝山区321名"00后"见习教师的"必修课"。他们拿着早就准备好的备忘录，跟着有经验的老师学习家访。通过走访，学会与家长沟通、学会与学生对话，更可以直接地了解学生的家庭环境及家长对教育的认知，指导家长进行科学合理的子女教育，为教师开展班集体建设摸准方向、找准对策。通过"万名教师走万家"活动，"爱和责任"成为这些初入职场教师的"开学第一课"，指导他们系好教坛生涯的第一粒扣子。

二、"万名教师走万家"是学校优质教育的起点

因材施教的前提是了解学生。家访，正是全面了解学生的重要途径。教师通过家访，可以更加了解学生，这是影响、改变学生的第一步。教师不应只是传授书本知识的教书匠，而是要成为塑造学生品格、品行和品位的"大先生"。

在宝山区，有29名学生属于"事实无人抚养"的情况。邻里间的风言风语、社会上的刻板印象……让这些孩子以弱小的身躯承担着无形的压力。这种情况很大程度上会导致孩子们自暴自弃，无法以积极乐观的态度面对生活和学习。学校开展了"补位式"走访，以尽力填补孩子们缺失的父爱或母爱。走访中，老师联动社区居委会、联系孩子的亲属长辈，共同关注孩子们当下的境遇，也关注他们未来的发展。学校制定了专项教育方案，并在全体教师中发起了募捐行动，捐钱、捐物，还有的提供陪伴，为孩子进行学科辅导、心理疏导等，原先沉默寡言的学生也能够很好地融入班集体了。这些不仅仅需要教师长期的坚持和努力，更体现了教师对教育事业的初心坚守。

通过走访，老师们也对680名身患残疾或有一些基础疾病的学生及其家庭有了进一步了解，学校对此开展了慰问式走访，从孩子的优点谈起，

让家长意识到自己孩子得到老师许多的关注与肯定。

三、"万名教师走万家"是家校协同育人的桥梁

"万名教师走万家"活动，旨在把教师的视野从关注学生个体提升到关注整个家庭教育场。老师和家长共同协商孩子的学习设计和生涯规划，共同构建家校协同的育人场。

在学校走访报告中，有这样一个案例：宝山区陈伯吹实验小学的小周同学疫情过后就怎么也不愿来学校上学了，而且他一到学校就会吐，家长也是各种方法都用了，收效却不明显。学校就针对这位学生设计了"三段式"走访。

初访，用行动叩开家门。充分了解学生拒绝上学的深层原因，找准了病因，接下来就是对症下药。他们邀请心理老师加入其中，对其进行专业的心理疏导。

专访，用温情走近孩子。适当指导家长正确进行家庭教育和适切干预，与孩子平等交流，帮助孩子理性看待校园生活，学会接纳负面情绪，并学会主动调适、主动寻求心理帮助等。

跟踪访，用诚心持续滋养家庭。教师进一步了解孩子在家的表现，与家长共同协商，调整孩子的教育坐标，增强运动和社交活动，巩固教育引导的成果。

四、"万名教师走万家"是宝山数智赋能的新尝试

宝山的"万名教师走万家"行动不只是传统家访的复刻，而且拥有了技术助力。宝山区正在推进数字化转型，探索基于画像的教育评价，助力教育教学科学精准，帮助更多的教师获取更全面、更真实的学生成长信息，制定更具针对性的教育策略，让有温度的数据服务师生发展，加快构建智能时代的教育评价新范式。通过"万名教师走万家"活动，让教师成为学生画像的数据采集器，进一步观察学生和挖掘学生数据，全方位、多角度地记录，让学生画像更丰富、记录更鲜活、评价更精准。通过分析，发现了一些孩子在某些学科上有着极高的天赋，而家长往往只看到了孩子的"短

板"。教师就在一次次走访协调中为他们制定了序列性课程"一人一案",用一张张"数字画像"为学生"量身定制"规划,真正实现学生综合素质的全面提升和个性特长的卓越发展,让因材施教成为可能。

"经师易求,人师难得。"教育的过程,不止于教书,更重在育人,这也是师德师风建设的最大的价值和意义。育之道,人为先,需要相互理解,需要心灵互通。教育的本质是一棵树摇动另一棵树,一朵云推动另一朵云,一个灵魂唤醒另一个灵魂。从这个意义出发,"万名教师走万家"活动不仅有助于促进交流、加深理解,也能让教育理念与教育方法变得更加鲜活、更为温暖。

家访,曾经是几代人温暖的教育记忆,它以一种充满浓浓的人情味的姿态成为连系教师、家长、学生的纽带,成为沟通学校、家庭、社会的桥梁,在教育中起着不可替代的作用。宝山区"万名教师走万家"行动,就是用爱来丈量教育,用心呵护孩子成长,培育和滋养师德师风,更是对陶行知先生教育思想一以贯之的遵循。"学陶师陶"的宝山教育大力弘扬"爱满天下"的师爱精神,正在构筑家庭、学校、社会协同的育人场。

(张治,上海市宝山区教育局)

湖南省长沙市雨花区：五位一体，构建师德师风建设新范式

　　湖南省长沙市雨花区坚持"政治引领、文化涵养、人文关怀、创新机制、监督整治"五位一体齐发力，全员、全方位、全过程加强师德养成，全面推进师德师风建设，构建了雨花师德师风建设新范式。

一、实施背景

　　2019年3月，雨花区被湖南省教育厅认定为"湖南省师德养成教育示范区"；同年，湖南省规划课题"优秀传统文化涵养师德养成的研究"成功立项，27所学校参与课题研究。2021年9月，与教育部师德师风建设基地（北京师范大学）合作，共建"师德涵养实验区"；《湖南教育快讯》以《强化师德养成教育构建高质量教育体系》为题专刊推介。2022年，成立湖南省首个中小学师德培训师名师工作室。有7项研究获湖南省教育厅基础教育教学成果奖，工作成效显著，受到湖南省教育厅通报表扬。

二、主要做法

(一)把准方向，以政治建设引领师德

　　(1)突出思想铸魂，结合党史学习教育，深入开展"师德师风建设深化年"活动，举行"百年百讲""师魂映党旗"演讲比赛及书记、校长思政课竞赛等，进一步加强广大教师理想信念教育。以"清廉学校"建设为契机，推进廉洁文化融入师德师风涵养全过程。近三年，先后组织集中学习、培训讲座71场次，参与教师达15000余人次。

　　(2)锻造队伍强基。夯实党建基础，深入推进示范化"五化"党支部建设，积极推进中小学校党组织领导的校长负责制，并明确学校一把手是本

151

单位师德师风建设工作第一责任人,湖南省委教育工委、长沙市委组织部专题调研并给予高度好评;近三年,公开选拔 183 名党性强、业务精的同志担任书记、校长或副校长,切实发挥党组织把方向、管大局的重要作用。

(3)强化机制固本,成立师德师风建设工作领导小组,统筹推进全区师德建设各项工作。出台《雨花区师德师风建设行动计划》《师德养成教育基地校遴选与建设标准》《"知行 135E"培训实施指南》《雨花区深入开展师德师风违规突出问题专项治理工作方案》等文件,确保师德建设持续扎实推进。

(二)激发动力,以"文化涵养"提升师德

(1)突出重点,共建"师德涵养实验区"。与教育部师德师风建设基地(北京师范大学)共建"师德涵养实验区",围绕"中华文化涵养师德"主题,通过系统设计和整体推进的区域师德师风发展规划、特色课程研发、特色学校实验探索、"关键少数"种大树计划等特色项目,总结提炼具有典型性和可持续发展性的师德师风建设区域经验。

(2)抓住要点,编织多元师德涵养网。遴选师德首席培训师 10 名、培训师 300 名,构建"首席培训师、培训师、骨干教师"的三级师德梯队,组织近 800 名师德养成教育基地校校长、骨干教师、培训师参加师德养成集中研修。依托"师德养成教育基地校"开展丰富多样的师德课题研究,构建"科研与培训""校内与校外""线上与线下"相结合的多元涵养网络。

(3)建好支点,开发养成教育 E 平台。发挥智慧教育示范区优势,推出"思想明德""经典启德""国艺养德""体验润德""践行立德"五大课程,引导教师师德研修由"自知"走向"自觉"。先后推出《雨花教师读经典书目》《雨花学子传统文化荐读 240 篇》《雨花培训师解读〈论语〉60 则》等辅导书目,开展全覆盖、全过程的线上、线下培训,推动形成传统文化师德涵养新常态。

(三)强化保障,以人文关怀夯实师德

(1)加大教育投入,提升教师幸福感。始终把教育支出作为财政支出重点优先保障,2021 年,教育支出达 21.9 亿元,占全区可支配收入的

51%，义务教育阶段教师收入水平略高于公务员。高标准建设48所"教工之家"，为新进无房教师提供可拎包入住的公租房294套，出台《关于进一步减轻中小学教师负担的通知》，涉校"督检考评""进校园"项目同比减少62%，雨花教师从教更有幸福感。

（2）搭建成长平台，增强教师成就感。创新开展教师"三晒"工程（晒书、晒字、晒文）、"六大培训工程"（即校长表率、名师孵化、骨干引领、新进教师培养、合同制教师培训、德育队伍"菜单式"培训工程）；深化课堂教学改革，以生命化课堂点校、问题化学习、四自课堂点校等联盟为引领，加强校本教研，持续提升教学效果和学习效率，让每位教师都有成长和出彩的机会。

（3）完善激励制度，提高教师荣誉感。大力挖掘优秀教师典型，开展"身边的好老师"评选等活动，大力宣传先进事迹。每年举办优秀教师、教育工作者表彰大会，老教师荣休仪式和新入职教师宣誓仪式，为每位教师至少配置校服一套，增进教师职业神圣感和仪式感体验。

（四）示范引领，以机制创新推进师德养成

（1）创新联盟机制。理性引领师德教育均衡发展，有效拓展基地校辐射半径，遴选区级"师德养成教育基地校"32所，其中进阶为"师德养成教育实验校"10所，"师德养成教育示范校"6所；以"师德养成教育基地校"为点校，采取"1＋N"的形式组建中华优秀传统文化涵养师德基地校同盟，鼓励学校自主申报研究项目并成立研究小同盟。

（2）创新研修机制。构建研训一体化的师德研修模式，定期组织学术沙龙，常态组织开展"教育部中华经典诵写讲培训""新媒体跟进式百日线上学习""中华经典工作坊"和心育能力提升培训等学习，以点带面推动全区师德养成教育。

（3）创新进阶机制。建立"区、联盟、学校"三位一体进阶机制，完善"基地校—实验校—示范校—样板校"进阶体系；对遴选的培训师，采用定量与定性、自评、互评、学校考评相结合的办法，构建"骨干教师—培训师—首席培训师"考评体系。

(五)坚守底线，以监督整治筑牢师德

(1)严格准入，把好入口关。实施教职员工准入查询制度，与每位教师签订师德承诺书。2020年开始，新增教职员工体检项目(毒检、传染病等)，联合公安等部门对所有教职员工进行政治体检，确保教师队伍纯洁。严格监督，把好日常关。遴选20名师德师风特约监督员、120名责任督学常态入校监督；针对违规补课收费、收受红包礼金等9大违纪违规行为，持续开展专项督查；公布校长、园长手机号码，设立"师德监督信箱""师德举报电话"及线上投诉举报平台；不断完善学生、教师、学校、家长和社会"五位一体"的监督网络。

(2)严格考核，把好评价关。进一步完善教师评价体系，坚持将师德师风考核摆在教师考核评价的首位，将教师师德档案纳入信息化管理，并作为学校、教师绩效考核的一票否决内容；坚持把立德树人成效作为衡量学校办学水平的根本标准，将教育教学实绩作为教师业绩评价的关键指标。教育评价改革工作在《湖南教育快讯》中进行推介。

三、初步成效

(一)师德涵养模式出新

形成"知行135E"区域特色师德涵养模式，即"一个理念"，坚持"文化养德，知行合一"核心理念；"三条路径"，建设基地校、培养培训师、成立资源库；"五类课程"，"思想明德""经典启德""国艺养德""体验润德""践行立德"五大课程；"E平台"，自主设计开发"师德养成教育E平台"，通过线上学习启德养德，形成雨花师德师风建设新范式。

(二)教师队伍建设出彩

涌现出"全国模范教师""全国优秀教师""中国好人""宋庆龄幼儿教育奖"获得者等一大批先进典型；入选全国"基础教育精品课"数量居全市第一；有区级以上名师工作室(农村工作站)31个、卓越教师375名。

(三)学校办学活力出色

学校干事创业氛围更加浓厚,四个名校长工作室引领学校群落优质发展,集团化办学加速教育优质均衡发展。教学质量不断提升,大批学生在科技创新大赛、机器人比赛、小创造小发明等活动中摘金夺银获专利,枫树山大桥小学陈羽析获评"全国新时代好少年"(全省唯一)等。人民群众对雨花教育的满意度越来越高。

(四)雨花教育品牌出众

先后荣获全国中小学责任督学挂牌督导创新区,全国师德养成教育示范区,国家智能社会治理教育特色实验基地,全国基于教学改革、融合信息技术的新型教与学模式实验区,全国在线教育创新应用示范区等荣誉。工作经验在全国信息化教学实验区工作会、湖南基础教育大会等各级会议上进行推介。在2022年全省教育真抓实干考核中排名全省第一,获省政府表扬激励。

(张新卫,湖南省长沙市雨花区教育局)

广东省中山市："一体两翼"师德涵养新模式探索

教师是立教之本，兴教之源。教师队伍建设是教育的基础性工作，师德师风建设是教师队伍建设的首要任务，师德师风是评价教师队伍素质的第一标准。广东省中山市教育和体育局非常重视师德师风建设，探索出了"一体两翼"的师德涵养模式。

一、理念创新："六弦联动"的师德师风建设工作新理念

师德师风建设是一项系统性工程，在多年的实践探索中，我们建立起了师德师风建设工作的新理念——"六弦联动"，这是做好师德师风工作的理念基础。

(一)坚持"1"个意识

坚持树立品牌意识。品牌意识就是要出成果、立示范，提炼总结经过实践检验、可落地见效的可复制、可推广的经验做法，提倡"做这件事不是为了这件事"的工作理念，让师德师风建设的每项工作都能得到最大化的彰显，惠及更多的人。

(二)坚持"2"个抓手

坚持将"以终为始"和"颗粒归仓"作为师德师风建设的重要抓手。以终为始，是在统筹谋划和顶层设计阶段，以师德师风应达到的成效来设计师德师风工作方案；颗粒归仓，是指在师德师风建设中要做好过程管理，注重积累沉淀。

(三)坚持"3"个导向

问题导向、目标导向和效果导向。师德师风建设要把问题导向作为出

发点，把目标导向作为阶段性目标，把效果导向作为检验成效的标准。

(四)强化"4"个意识

在师德师风建设过程中，要重谋划、重联合、重复盘、重督评。

(五)提升"5"种能力

师德师风建设需要一支高素质的培训者团队，需要不断提升培训者团队的人格领导力、谋划决策力、协调推进力、管理服务力和终身学习力。

(六)遵循"6"个原则

在谋划师德师风建设工作中，一定要按照政策性、全局性、系统性、针对性、创新性和实效性这六个原则，一一检验工作方案。基于"六弦联动"工作理念，中山市教体局对 2022 年师德师风建设工作进行了复盘总结，对 2023 年师德师风建设工作进行了整体谋划部署，包括工作现状、存在问题、解决办法、预期成效和拟打造的工作品牌等。"六弦联动"的师德师风建设工作新理念，指引着中山市师德师风建设的策划和过程管理。与此同时，中山的师德师风培训者团队的专业素养和专业能力也得到了明显提升。在这样一群具有"六弦联动"工作理念的同事的共同努力下，构建起了"一体两翼"的师德涵养模式。

二、模式创新："一体两翼"的师德涵养新模式

古人云："师者，所以传道授业解惑也。"传道，是为人师的第一要务，但是长久以来，教师培训对于"道"反而不够重视，可谓是舍本逐末。传统的教师培训主要着眼于教师对专业知识和专业能力的培训，师道层面的培训力度不够。面对教师，初心不足、使命不坚的职业倦怠现象，中山市教体局创新师德师风建设模式，以立师道为本，从"内生"和"外塑"两翼来构建中山市"一体两翼"的师德涵养模式。

"一体两翼"的师德涵养模式中的"一体"，就是以道养德，即以师道为本体，将教师的内在道德、生命觉醒作为师德师风建设的本体，力图从师道的高维度来立师道、树师风，我们可称之为高维定位，降维破解。

"一体两翼"的师德涵养模式中的"两翼",就是激发教师内在动力的"内生型"师德涵养模式和通过奖惩等方式规范师德行为的"外塑型"师德师风建设模式。

师德师风建设最核心的本体是教师自我内在道德的建立,应指向教师自我生命的觉醒和成长,从内涵养和从外规范,师道守中,形成"一体两翼"的师德涵养模型。教师内在道德守正后,外显的就是师能强、师范立。只有教师立起立住立牢立德树人的初心,才能完成为党育人、为国育才的使命。基于师道本体,通过内生与外塑方式并用,中山市师德师风建设逐步探索出自己的模式。

三、实践创新:师德师风建设系列项目创新做法

中山市教体局围绕师道本体建设,从内生和外塑两个方面开展师德师风建设,以三分"学"、七分"习"引领教师明师道、行师道,激发教师的内生动力,唤醒教师内在道德,增强教师的使命感和价值感,促进教师生命成长,使教师懂教育之道,行教育之道。

(一)建构"六位一体"的"外塑型"师德建设模式

为了将"一体两翼"的师德涵养模式落到实处,中山市教体局努力从外塑上规范师德,不断完善深教育、广宣传、强监督、重考核、多奖励、严惩戒六位一体的"外塑型"师德建设长效机制。

(1)深教育。结合各类培训项目,开设师德教育专题,多层次多维度深入开展师德师风教育。

(2)广宣传。组织千人师德宣讲团,其中市级师德讲师150人、镇街师德讲师350人、学校师德讲师1000人,分阶段分层次开展师德宣讲活动;每年遴选50名师德标兵;出版《德行致远》《教育情怀总是诗》师德征文集,拍摄《我是人民教师》师德纪录片,让身边人讲好身边事,用身边事激励身边人。

(3)强监督。市、镇、校建立起以监督电话、监督电邮箱、监督曝光平台、社会多媒体组成的"两电一台一媒"的师德监督渠道,形成学校、教师、家长、学生、社会五位一体的师德监督网络。

（4）重考核。中山市为每一位教师建立起个人师德档案，每学期填报《师德报告表》，通过建档填表，让教师将职业道德内化为自我道德准则，外化为职业行为。

（5）多奖励。每年开展市镇校优秀教师及市镇优秀教育工作者遴选奖励活动，开展省市最美教师、南粤优秀教师遴选奖励活动；为从教超过30年教师颁发从教勋章，逐步完善中山市师德荣誉授予制度体系，让教师的优秀看得见也被看见。

（6）严惩戒。近三年通报了4批25人违规违纪违法、违反中央八项规定精神等情况，通过通报引导教师树立法纪意识和底线思维。

（二）以"明师工程"为引领打造"内生型"师德涵养模式

在师德师风建设上，中山市教体局坚持以道养德，努力激发教师内生动力，创建了"明师工程"系列实践项目。

1. "365"为学日益读书会项目

学习是通往人生幸福的唯一路径。"365"为学日益读书会倡导365天不间断地学习，以阅读分享来启智润心、培根铸魂。总结出阅读四法，就是：读圣贤之书、遇"明"道之师、侣同道之友、遵大道之行。同时，也提炼了读书分享之法，就是要组织有力、选书有序、分享有恒、成果有集，这样教师才能坚持不懈阅读。在"365"为学日益读书会项目的组织架构上，安排强有力的导师、班主任、班委、社员等。在选书方面，按照一定的顺序，尽量选择能够走进读者心里的，比如说大家都注重亲子教育，读书会就选择了《智慧父母》，从道德方面指导如何培养孩子的六种美德；在"道"立起来之后，进一步从"术"的层面提供指导，就选择了《正面管教》；接下来，人的情绪管理课程《非暴力沟通》和利他思维课程等，让读者学会与他人和谐相处，与社会、工作单位和谐相处；再接下来，是优秀的传统文化系列课程，比如读《道德经》让读者学会人与天地万物的和谐相处。"365"为学日益读书会就是用这样一个序列来依次引领教师不间断地阅读，已经持续了500多天。读书成果已经积集成册，有10余本，班主任们在自觉阅读的基础上录微课150多节，包括俭以养德、感恩的智慧、诚敬之道、利他等系列主题。"365"为学日益读书会模式也得到了广泛的推广，走进机关企事业单位、学校和班级、家庭和社会。中山市教体局因组织青年干部的阅读活动，荣获了中山市书香机关称号。

2. 社会主义核心价值观行为化实践项目

中山市教体局开启了社会主义核心价值观行为化的实践项目，主要聚焦社会主义核心价值观中公民道德四大素养：爱国、敬业、诚信、友善。培训分为三步走，首先是热血沸腾的线下培训，接着是持之不懈的线上跟踪，最后是真枪实弹的考核验收。社会主义核心价值观行为化实践项目形成了成果合集，丰富了师训课程资源库，培养了一批种子培训师，沉淀了一系列行之有效的师德养成工具包。工具包共有讲解 18 个工具的操作手册，从孩子、家长、老师、学校 4 个维度入手，有助于师生将爱国、敬业、友善、诚信等社会主义核心价值观落实、践行到自觉的行动中。

3. 中华优秀传统文化项目

中山市教体局选派优秀教师参加了北京师范大学的"百日论语"项目。参训的老师也成为种子教师。中山市有专门的优秀传统文化教研员，由他们领衔组建起了中山市优秀传统文化团队，开展优秀传统文化培根铸魂项目。

一直以来，中山市教体局狠抓师德师风建设项目的实践，学以致用，夯实师德师风建设，产出了师德师风系列建设成果，培养出一批"明师道、立师德、树示范"的好老师，切实肩负起为党育人、为国育才的神圣使命。

基于"一体两翼，以道养德，内生外塑"的师德涵养模式，中山市将会努力打造新时代师德师风建设的区域实践样本。假以时日，久久为功，广东省中山市的师德师风建设一定会取得更大的成效！

（王志红，广东省中山市教育和体育局）

吉林省长春市二道区：守正创新，聚力赋能

二道区位于吉林省长春市东部，辖区人口 52.25 万，直辖面积 102 平方公里。二道区现有 16 所小学、11 所初中，中小学生 44074 人，教职工 3773 人；99 所幼儿园，在园幼儿 12676 人，教职工近 2000 人。作为长春老城区，二道区基础教育质量监测"六个领域"全市排名第一。

教育事业的根本在于党的领导，同时也在于一线教师的敬业精神与职业水准。二道教育能够成为地区名片，与全区高度重视师德师风建设密不可分。

党的十八大以来，在习近平新时代中国特色社会主义思想的理论指引下，在教育部等七部门《关于加强和改进新时代师德师风建设的意见》的具体要求下，二道教育大胆进入教风改革深水区，全面推进新时代师德师风建设，探索实施"一二三四"工作模式，明确师德师风新标准，强调职业操守新要求，丰富尊师情怀新内涵，拓展学习交流新路径，为基础教育的高质量发展，提供了有力支撑，为"教育强国"战略目标，打出了区域前站，蓄积了基层力量。

一、"一套体系"筑实顶层设计与制度闭环

新时代师德师风建设是一项长期工程，难点在于虽然好典型好标杆层出不穷，但是痛点难点也容易发酵，任何位置出现破绽，容易导致全盘工作陷入被动，所以我们设计了一套全覆盖的"师德师风体系"，并一以贯之。这套"师德师风体系"，由"旗子、桌子、鞭子、铲子"组成。

首先是"旗子"，即"师德师风领导组织体系"。教育局党组成立新时代师德师风建设工作领导小组，由局长担任组长，明确责任分工，负责全区师德师风考核工作的统一部署。这是一面旗子，大家不能各自为战，旗子指向哪里，工作重点就在哪里。

其次是"桌子"，即"师德师风制度体系"。我们通过专题会议研究推

进，先后出台两个方案、13个专项制度、5个专项管理办法。这些制度、办法公布后，成为师德师风建设的"桌子"，围绕"桌子"开展工作，公开公正透明，谁离"桌子"远了，谁就有可能"走偏"，更可能涉嫌违规操作。

再次是"鞭子"，即"师德师风追踪体系"。教师个人自评、家长测评、学生测评、考核工作小组综合评定相结合，多角度测评，几种评价各有权重，统一整合出一个科学评价，考核结果及相关情况都要入档，作为职业生涯的重要过程记录。这个范畴包括评价、落实、监督、整改等一系列办法。这是一根"鞭子"，制度有了，评测也有了，需要落地，更需要效果。有鞭子不一定能行，但没有鞭子万万不行。师德师风新要求在某种程度上可以说是强制性的，我们会把荣誉典型当成一个高度，但我们更希望这成为一个常态底线。

最后是"铲子"，即"师德师风红线体系"。不听"旗子"指挥，跳出"桌子"之外，"鞭子"挥之无用，考核评价过低，遇到这种情况，轻则取消评优评先资格，重则转岗甚至辞退。总之，"师德师风"考核没有商量余地，屡教不改，踩到红线，那就坚决铲走！

二、"二维并举"党建引领强心铸魂

所谓"二维"，一个维度是从师德师风的管理、培育角度出发，另一个维度是从社会的尊师氛围出发。

针对第一个维度，我们创新实施了"十百千"工程。

"十"，即每年至少举办十场以党建为引领的大型主题活动和项目，通过这些活动与项目，鼓励教师把报国志化为育才情，与党同心同德、同向同行，同时强化师德师风理论教育与实践培训。例如，全区教育系统的"强党性、学礼仪、重操守、铸师魂"活动、针对后备干部职业素质提升的"薪火计划"、依托青年教师开展的"朝阳工程"、英雄文化阵地展等，甚至包括新时代教师着装礼仪，我们都有相应的培训活动。在这个过程中，我们查摆对标，针对性强，力求达到明理悟道、崇德修身的目的。

"百"，即我们每年会评选出全区百名优秀教师"师德典范"，包括30名师德标兵、20名青年师德先锋、40名最美班主任、10名师德模范个人，让这些同志们起到模范带头示范作用。系统上下纷纷聚焦身边的榜样示范，复制推广典型引领，形成了"创新创优、争先率先、踏实务实"的良好风尚。

"千"，即我们邀请了一千名社会各界人士与学生家长，担任师德师风公益监督员，建立了长效沟通机制，全天候接收各类反馈，定期交流建议与意见。

针对第二个维度，我们全力营造全社会尊师重道氛围，让教师切实拥有"职业获得感"。

如何在制度之外、在管理之外，让教师发自内心地热爱这份事业，以教书育人为荣，更以身为一名"二道教师"为耀，是我们始终思考的课题。

每学期遴选几所学校开展"开学第一课"，并在线上直播，组织全区观看，主题是"尊师"，每次开课都有 10 万以上人次的观看记录。同时，我们还为荣誉老教师举行"荣休仪式"。

我们组织拍摄了教师节专题片《我们》《微光成炬红烛颂党》《致敬最美的你》《以师德铸魂为教育而笃行》等一批正能量短视频、微电影，展示了全区老一辈教师艰苦奋斗的革命精神，年青骨干教师的新时代风采，以及在抗疫时期大家的无私奉献，这些影像不但使教职员工们热泪盈眶，也在社会中形成了"朋友圈"转发热潮，有多部优秀作品被央视频、人民网等转载发布。

积极向上推举先进典型，增强教师职业幸福感。近年来，我们推选上报"吉林好人·最美教师"2 人，长春市"我身边的好教师"13 人，二道区"我身边的好教师"47 人，二道区"师德标兵"61 人。

荣誉齐身固然重要，但物质上也不能有所亏欠。最近几年，尽管财政趋紧，但我们牢牢把住一条准则：全力保障一线教师待遇，再苦不能苦一线。

这些传递温暖的做法，在关键时刻发挥了至关重要的作用。疫情期间，二道区组织录制 1000 余节精品网课，各校骨干教师放弃休息，用最饱满的状态积极参与录课，充分体现出新时代教育人的奋斗精神。众人拾柴火焰高，"空中课堂"项目入选教育部"教育信息化应用"优秀案例，被评为吉林省"三个课堂"建设应用试点区和全国信息技术优秀案例，荣获长春市委市政府调研课题一等奖。回看成绩，并不是我们推着老师走，而是教师主动请缨，跑步上车一起走。其深层原因，正是在平时的师德师风建设中，我们特别强调刚性管理维度与柔性暖心维度同时并举，当特殊时期到来，这些最可爱的教师才会发自内心地不离不弃，温暖共行。

三、"三大途径"构建新时代师德师风良好生态

(一)价值引领一根红烛耀师魂

身为教育工作者，拥有相同价值观，大家一条心，是师德师风建设的重要基石。为此，我们打造了一个师德师风"服务品牌"——"红烛先锋"，全区教职员工共同坚守"红烛价值"，实现事业抱负。

"红烛先锋"作为二道教育的志愿品牌，先后多次服务全区保障大局。疫情防控期间，面对严峻形势，二道区委教育工委迅速部署，在保障线上教学的同时，以同岗同责同担当的志愿补位思维，实施"1＋8＋8＋31"志愿服务网，先后组建31支党员先锋队，成立8个战疫临时党支部，组建8个党员突击队，引领教育系统800余名党员志愿者投身抗疫一线。教师志愿者抗疫经验材料先后被省、市推广，在疫情防控工作中贡献了坚实的教育力量。

(二)社会助力专家媒体齐上阵

交流让人成长，宣传催人奋进。三年来，我们先后聘请省市知名专家54人次，开展师德专题报告162场次，分别从职业情感、职业习惯、职业精神、职业境界四方面涵养师风，从制度、条例、守则、公约、承诺、誓言、标语口号七方面强化师德。

在舆论导向上，我们积极与媒体沟通，一方面欢迎媒体监督我们的师德师风建设工作，提出批评与建议；另一方面积极推介我们的正面典型事例，《人民日报》、中央广播电视总台、新华网、《中国教育报》等主流媒体，多次报道二道区的教育工作，形成了良好的舆论氛围。

(三)家校协同千师万家心相连

倾听家长的声音，赢得家长的赞誉，不但对学生成长具有百利，同时也会对师德师风建设起到巨大的正向作用。家校合作成为我们师德师风建

设工作的重要支撑。

以二道区的长春市第一〇八学校为例，在教育局新时代师德师风建设工作领导小组统筹下，该校党员教师组织的"红心公益课堂"开播以来，由最初一个年级、一个学科、解决一个班级孩子的学习问题，发展成三个年级、两个学区、八个学科、解决全校孩子需求的公益讲堂。教师团队也由初建时的五人发展为如今的百余人。

在疫情防控的特殊形式下，我们组织教师按月开展"千师进万家"线上家访活动，精准制定个性化助学方案，全面促进家校共育取得实效。

(四)"四个保障"助力新时代师德师风建设成果

1. 党员先上责任划分抓包保

我们充分发挥党员先锋模范作用，全系统 861 名党员教师成为践行高尚师德的中坚力量，以"教师自身就是教育力量"宣讲总主题，开展系列宣传活动，打造尊师重教人文环境。健全责任包保机制，在教师签订一份师德承诺的同时，每学期初组织全区教师与副校长、副校长与校长、校长与集团(联盟、学区)总校长层层签订师德师风包保责任书。近三年，全区共签订包保承诺书 2 万余份，教师个人承诺书 4 万余份。

2. 结果公示师德师风抓建档

坚持师德师风考核制度，制定师德师风考核评价自律指标，每年测评两次，考核结果公示后存入师德档案，并报人事部门备案运用，将其作为教师晋升职称、评优、干部提拔等的参考标准。通过师德档案准确记录并客观评价教师的履职情况。

3. 定期互动自查自纠抓常态

深入开展师德师风问题查摆活动，主动对照《中小学教师违反职业道德行为处理办法》《幼儿园教师违反职业道德行为处理办法》，定期通过自查、对学生和家长进行问卷调查相结合的形式，全面摸实违背师德规范的情况，积极接受学校、社会监督。我们将教师自评、学生及家长测评、学校考评小组总评结果作为教师业绩考核、职务评聘、岗位聘用、评先评优的主要依据，在同等条件下优先考虑师德师风年度考核优秀的教师，师德师风不合格者，实行一票否决制。教师通过自我对标，更加明确德行规范、成长方向、工作原则及行为标准，有效提升师德意识，规范从教行为，夯实队伍师德根基。

4. 完善网络举报监督抓机制

全面规范教师职业行为和从教行为，坚持正面教育与警示教育相结合，以案为鉴、以案明纪，组织教师观看警示教育纪录片 109 场次，召开警示大会 12 次，学习法律法规 15 次，开展谈心谈话 3580 次，撰写师德笔记、学习心得 136872 份。健全师德网络监督，设立区校两级举报电话、网站、二维码等多种监督方式，实行销号制度，迅速处理回应群众反映的问题。师德师风领导小组定期对各校举报渠道是否畅通，问题处理是否及时、合规等情况进行抽查与通报。

党的二十大已经为我们指明了方向：办好人民满意的教育，全面贯彻党的教育方针，落实立德树人根本任务，培养德智体美劳全面发展的社会主义建设者和接班人，加快建设高质量教育体系，发展素质教育，促进教育公平。

二道区教育局师德师风建设工作，将继续深耕"一二三四"模式，以"精"为目标，狠抓执行落实，以"细"为手段，不留盲区死角，以"序"为标准，强化长效管理。夯实师德建设根基，努力实现区域教育高层次优质均衡发展。

教育兴则国兴，教育强则国强！我们必将为这一宏伟目标，踔厉奋发，勇毅前行！

（胡险峰、黄本新，吉林省长春市二道区教育局）

江苏省南京市：讲好南京教育故事
铸造南京教师精神

一、基本情况

南京是江苏省省会城市，华东地区唯一特大城市，长江经济带重要城市。南京具有 2000 多年建城史，系中国现代教育发源地，诞生了陶行知、陈鹤琴、斯霞等一大批教育名家。今日之南京教育，在江苏教育现代化建设监测评估中实现"六连冠"，在江苏省设区市政府履行教育职责考评中实现"四连冠"，在市级部门考核中位列南京市第一方阵，在教育高质量发展方面取得明显成效。

截至目前，全市中小学幼儿园现有教职员工 11.1 万人，其中专任教师 8.4 万人。近年来，江苏省南京市始终把师德师风作为教师队伍建设第一标准，连续实施师德建设三年行动和新三年师德提升计划，陆续打造出"南京教育好故事""名师公益大讲堂""教师志愿者联盟""师德沙龙"等师德工作品牌，全市教师着力践行立德树人、教书育人的初心使命，广大教师爱岗敬业、关爱学生、甘于奉献、追求卓越的良好形象得到了社会各界的一致好评。

2018 年开始，南京市连续举办"南京教育好故事"演讲比赛及市内外巡回分享活动，该活动以"弘扬师德师风"为主题，以"演讲比赛和展示"为载体，以"独家定制分享会"为方式，将培训、比赛及分享有机融合，通过一个个鲜活的教育故事、一张张可爱的教育面孔、一幅幅感人的教育画面，演绎三尺讲台的责任与担当，传递方寸之间的坚守与承诺，折射出教师对理想信念的不懈追求，成为南京市最具影响力、最被广大教师认可、系统参与度最高的一项活动。开展这项活动，我们最重要的体会是：教育是城市发展第一基石，教师是教育发展第一资源，作为"行知思想、鹤琴精神、斯霞品格"的故乡，南京教师队伍建设的旗帜上闪亮着七个大字"童心母爱满天下"。

二、主要做法

"南京教育好故事"活动主要做法有以下几个方面。

一是开创"培训＋比赛"的活动新类型。"南京教育好故事"的活动形式既是比赛，又超越比赛。在各区各校选拔推荐的基础上，为确保市级决赛的高水准，南京市每年均举办专题培训班，邀请南京艺术学院、江苏广电集团、南京市教师发展学院等单位的专家，对所有入围的教育故事和参加比赛的选手，进行一对一的打磨、指导和培训。在巡回分享前，对走进机关、企业、社区的优秀选手进行二次培训。培训均把师德修养作为第一课，同时突出文本修改、演讲技巧、音视频编辑等内容。经过专家精心指导，靶向雕琢，着力塑造教育故事的好立意、好情境、好情怀和好导向。

二是定制"巡回分享"的运作新方式。南京市对历年参加比赛的教育故事好中选优，建立好故事素材库，涵盖不同学段和不同的故事类型，不断丰富优化"南京教育好故事"课程菜单。分享活动采用独特的预约方式，有意举办分享会的单位通过扫描二维码填写需求或选择故事，事先确定好分享会的时间和地点，每场"教育好故事"巡回分享活动都实现按需定制，以供给个性化满足需求多样化。

三是建立"协同共享"的运作新机制。"南京教育好故事"活动由南京市教育局负责整体框架性设计，南京市教师发展学院负责活动的组织协调，南京市电教馆负责技术支持，同时邀请知名专家、高校教授、专业播音主持、家长代表等倾情加盟，并通过网络直播、录音录像复播等方式，扩大活动的参与度和影响面，这种多方协同、互联互通的机制，充分发挥了赛事组织和技术保障的优势，在三年疫情背景下，实现了"小现场大传播"。特别是2022年，"南京教育好故事"进一步拓展到南京都市圈，来自芜湖、马鞍山、滁州、宣城、扬州、镇江和南京7个城市的优秀教师代表同场交流，分享更多南京都市圈城市师德建设的好做法、好经验，促进了都市圈的师德教育交流合作。

四是构建"技能大赛"的激励新平台。经过南京市教育局积极申报，"南京教育好故事"演讲比赛已多年列入南京市职工职业（行业）技能大赛一级赛事，前六名选手可以获得"南京市技术能手""南京市五一创新能手"等荣誉称号，第一名还可以获得"南京市五一劳动奖章"，给参赛教师和这一平台注入了更强动力，为"南京教育好故事"的传播搭建了更高的舞台。

五是打造"全媒体"的宣传新体系。南京市教育局与多方媒体合作，利用户外公交站台等处的公益宣传广告，面向全社会征集"南京教育好故事"，与本地重要媒体合作，直播"南京教育好故事"市级比赛实况，同时将新媒体手段和传统媒体、电子大屏等宣传手段相结合，在《南京日报》、南京市户外大屏宣传"南京教育好故事"分享会，广大教师和市民、家长等可以预约上门分享"南京教育好故事"，有效扩大了参与度和宣传面，让教育故事成为城市故事，让师德建设成为城市活动。

三、突出成效

"南京教育好故事"这一师德建设新平台的打造，响应了习近平总书记"四有"好老师的殷殷嘱托，成为讲好中国式教育故事的生动实践窗口，取得以下几方面的初步成效。

一是参与叙事越来越多。五年内共计开展"南京教育好故事"演讲比赛和巡回分享活动超过百场。除了全市1000多所学校、近5000名教师参与之外，还有越来越多的家长和社会爱心人士加入讲述南京教育好故事的团队中来。

二是受众覆盖越来越广。"南京教育好故事"巡回分享团不仅走进全市各级各类学校及企事业单位，也走进南京市人大常委会等市级机关和全市12个区，还走进南京都市圈城市以及安徽省、河南省等，受众达数十万人。

三是活动效果越来越好。通过对教师进行自我教育、同伴教育和团队教育，师德教育成效显著；采取教育叙事方式，对学生、家长进行家庭教育的科学引导，促进了政府、学校、家庭、社会画好"教育同心圆"；拓展了师德建设的引领和监督途径，推动了行业作风建设的深化。

四是各方满意度越来越高。南京市通过讲故事的形式推动师德建设，增强了全市教师见贤思齐、对标找差的自我意识和修师德、强师能、铸师魂的自觉行为，在全社会进一步营造了尊师重教的城市文化氛围。特别让我们振奋的是，巡回分享团所到的每一所学校，活动随机调查的满意率均达 100%。这项工作探索得到了教育部教师工作司有关领导的重视肯定，江苏省教育厅厅长葛道凯为"南京教育好故事""点赞"，要求其他设区市学习借鉴南京做法。

四、未来规划

南京市将以习近平新时代中国特色社会主义思想为指导，深入学习贯彻党的二十大精神，深化"南京教育好故事"的品牌化建设，力争做到以下三点。一是效果更好。通过内容、形式、载体全要素整合创新，吸引更多人来讲故事、听故事、分享故事，唱响南京教育主旋律。二是宣传更新。把师德建设与德育、思政、党史教育等紧密结合，有机融合，积极探索新时代师德建设、以德育人的新模式。三是范围更广。推动"南京教育好故事"从南京都市圈走向长三角及长江经济带，让南京教师的好故事唱响大江南北，助推南京教育新的高质量发展。

新时代新征程，三尺讲台责任更重，挑战更多，"教师是什么样的人，远比他教什么、怎么教，对学生更富有教育意义"，南京愿和兄弟城市同仁一道，在教育部教师工作司的领导下，汇聚各方专业智慧，为探索中国式师德建设工作体系拓展新渠道，发掘新动能，创造新高度。

（韦亮、潘杨华，江苏省南京市教育局）

第六章

中学师德师风建设典型案例

北京市北师大燕化附中：修师德　强师能
正师风　铸师魂

北京师范大学燕化附属中学（简称"北师大燕化附中"）是一所位于北京西南燕山地区的高中校，一校两址办学，学校在"希望"教育办学理念指导下，以建设具有深厚文化底蕴、科技特长、课程丰富、师生幸福且在全市享有较高声誉的高中特色示范校为办学目标，先后获得了诸多殊荣，并逐渐在科技教育、民族团结教育方面形成了较为鲜明的办学特色。

根据新时代对师德师风建设的新要求，北师大燕化附中将师德师风的核心建设目标定位为：培养有理想信念、有道德情操、有扎实学识、有仁爱之心、有育人能力、有进取精神的"六有"教师。为实现这一目标与任务，学校按照"修师德、强师能、塑师风、铸师魂"的思维主线，在师德师风管理机制设计、教师育人方法提升等方面进行了一系列的探索实践，取得了较好的效果。

一、明方向，筑牢师德师风建设之根

耕耘三尺讲台，守望满园桃李。为了发挥学校党组织战斗堡垒作用和党员干部的先锋模范作用，学校党委将党支部建在教育教学第一线。以前是以"年级部"为单位设置党支部，由于教学需要，每学年各年级部的人员需要调整，就造成支部党员流动变动较大的情况。为了更好地发挥课堂铸

魂育人的主阵地作用，学校党委进行了结构改革，建立起了以"学科组"为单位的党支部。各支部结合本学科实际，加强政治学习和业务学习。通过主题党日教育活动、系列课改培训活动，系统学习党中央关于高中教育改革的系列文件，在学习中明晰教育方向。同时，也在各支部内和支部之间探索跨学科的项目式创新活动，落实五育融合，不断提高为学生发展服务的能力和水平。党员在完成教育教学工作的同时，还积极响应党组织号召，到社区参加志愿工作。

学校在新任教师入职教育和学期初、学期末进行专题教育培训。专题涉及教育法规、课堂常规、家校合作、危机处理、职业规划、教育教学基本素养等。引导广大教师以德立身，以德立学，以德施教，以德育德。

二、搭平台，铺设师德师风建设之路

教师专业水平的不断提升，是办好人民满意教育的关键。学校通过制度保障、培训引领等多种方式，为教师发展多铺路广搭桥。实施"青蓝工程"以老带新，是学校促进青年教师快速成长的重要措施。为进一步突出党建对新任教师发展的引领，从今年开始，学校在原来"职业发展指导教师"和"教学指导教师"的两导师制的基础上，设置了"思想引领导师"，选派领导干部和先进党员担任导师，形成"三导师"制。三名指导教师在师德师风、爱党爱国、课堂教学、教育管理、教学研究、师生关系等方面给予青年教师积极且细致的指导，以促进新任教师又快又好发展。

学校为青年教师设计发展路径，鼓励他们研究课标、研究学生、研究课堂，不断成长，成立学习共同体。学校领导结合自身职责，在职业生涯规划教育、课程理念、班级管理策略等方面进行引领。整合校内校外多方资源，既有专家学者，也有校内名师，更有身边成长典型，为青年教师的快速成长助力。

课堂教学质量是学校的生命线，学校把课堂作为培养教师的主阵地、锻炼教师的主战场、提升能力的主渠道。开展希望课堂、1至6年和7至12年教龄教师研究课、骨干教师展示课等。组织教师参加各类学科教学大赛，如北京市"京教杯""启航杯"、北师大"励耘杯"教学基本功大赛等，学校教师均取得了优异成绩，展现出良好风采。

思路决定行动。学校在学生学习和课堂改革等多方面进行了有益的探索，如引进学习科学友善用脑项目、大数据项目、课标拆解活动等，在深化教学改革上下功夫。

班主任是班级工作的组织者、建设者和管理者，是学校开展工作的中坚力量。为了提高班主任的管理水平，在"青蓝工程"中，学校专门组织班主任拜师活动。借助中小学班主任基本功大赛，以赛促学，以赛代训，通过选拔、打磨、展示、反思，广大班主任对科学管理、民主管理、依法管理有了更为深刻的认识。

加强师德师风建设，重在建立考核评价机制。一方面，学校将师德师风考核与教师职称评定、评优评先、评骨干挂钩，实行师德师风一票否决制；另一方面，采取领导、家长、学生考核及教师互评相结合的综合评定方式，为师德师风工作落到实处提供了制度保障。

三、暖人心，创设师德师风建设之基

以校为家是教师职业的一种特殊情怀。一支以校为家的教师团队，才会有爱生如子、爱校如家的思想境界；才会有无私奉献、不辞辛苦的精神追求；才会有包容之心、永怀希望的大度气质。学校为青年教师提供单身宿舍，负责日常基本维修；组织单身教师参加地区联谊活动，开展系列心理舒压讲座，开设瑜伽课程；组织师生趣味体育比赛、春季游园活动、六一亲子活动、元旦迎新活动等。一系列举措让教职工感受到了家的温暖，形成了"一家人"的良好氛围，从而产生认同感和归属感，激发了工作热情。

竭尽所能关心关爱有困难的教职工。定期看望退休老教师，慰问生病教师，为大病重病职工捐款。组织新入职教师纪念仪式、30年教龄纪念仪式、退休教师欢送仪式。对有特殊贡献的教师，学校党政班子入户进行表彰慰问。

四、扬正气，弘扬师德师风建设之魂

近三年，学校要在疫情防控常态化下做好教育教学工作。广大教师采

173

取各种方式方法，力求保证线上线下同质等效，确保教育教学质量。学校有 400 余名西藏学生住校就读。疫情防控的特殊时期需要封闭管理，需要一部分干部、教师、后勤保障人员长期住校。这个时候，我们深深地感受到，一个支部就是一座堡垒，一个党员就是一面旗帜。在党员的带动下，良好的师德师风化为勇于担当、主动作为的具体行动。即使由于宿舍床位有限，不少教师要住到上铺，还有的要睡在办公室，教师仍积极踊跃申请参与封闭管理工作。正是这样的主动性、责任感使封闭管理各项工作有条不紊，线上线下同频共振，得到家长和学生的一致称赞。

五、优思路，完善师德师风建设之本

春华秋实又一载，砥砺奋进续新篇。经过不断探索，学校按照修师德、强师能、正师风、铸师魂的思维主线，逐步梳理出了教师全面成长进阶培养体系，其中立德树人是根本任务，"六有"教师是目标，理想信念课程保障底色，课堂教学、德育管理课程是核心，科研创新、乐业奉献课程是两翼。

潮平两岸阔，风正一帆悬。党的二十大给教育工作者提出新方向、新任务。师德师风建设是关系到教育工作成败的大事，学校将继续贯彻习近平总书记重要讲话精神，加强师德师风建设，激励广大教师争做青年学生的道德之师、文章之师，努力造就立德树人的大先生。

（杨琳、刘江波，北京市北师大燕化附中）

北京市北京工业大学附属中学：师德建设从"根"上来，到"根"上去

师德建设是教书育人事业的"根"。如果教师师德出了问题，学校不能放心把学生交给教师，家长不能放心把孩子交给学校，学生不能"亲其师，信其道"，立德树人的教育目标就无从谈起。长期以来，师德建设的主要问题是雷声大、雨点小，走形式多、入耳入心少，缺乏对师德工作的基础认知和长效机制的根本保障。笔者以为，解决这些问题的关键是抓基础、抓根本、抓保障。

一、师德建设的基础是信任和尊重

雅斯贝尔斯在《什么是教育》中说："教育的本质意味着，一棵树摇动另一棵树，一朵云推动另一朵云，一个灵魂唤醒另一个灵魂。"

教师没有觉醒，"以其昏昏，使人昭昭"，教育寸步难行。教师不了解学生，不理解学生的成长需求，不相信每一个学生都是善良的、愿意进步的、总会犯错的；不能高度认同学生只有差异没有差别，不能高度认同每一个学生都是潜力无限的和值得尊重的，不能做到没有区别地爱所有学生，一切教育都是空中楼阁。所以，我们做了两件事。

一是用文化涵养师德。成立教师"乐知读书会"和教师成长练字营。"乐知读书会"选派骨干教师参加"京师好教师成长营"，在北师大师德涵养项目的引领下，同步学习北师大"百日线上论语"。同时，一起阅读《不抢跑也能超越》《儿童的自然法则》《考试脑科学》《人是如何学习的》等关于脑科学的书，一起聆听王珏老师的《脑科学与家庭教育》等报告。教师成长练字营组织教师一起坚持打卡练字，切磋硬笔书法。使教师自身成为"明白人"——明白了学生坐不住、记不住、丢三落四总出错，不是对教师不尊重和故意捣乱，而是发育迟缓和习惯养成出了问题；知道学生字写不好，不是不认真，而是教师教学出了问题。了解才能理解，理解才能化解，化

解才能和谐。懂学生，并且懂教育干预，教师教育态度自然会发生本质的改变。这时候的严格要求，才是科学的和真诚的，这时候的师爱，才是容易被感知和接受的。

二是用实践涵养师德。明白了书中的道理，就去实践应用。一个年级组一起，一个项目组一道，坐下来平心静气研究学生存在的问题，不主观臆断，不贴问题标签，从问题的本质入手，研究问题背后的形成原因，形成比较科学的问题诊断和干预措施。所有任课教师一起行动，家庭和学校配合行动，在专业人员的指导下，整体实施问题干预，帮助学生解决自己的问题。

二、师德建设的根本是教师的专业化成长

从认知自觉到行为自律，最关键的环节是知规范、守规矩。爱是一种情感，更是一种能力和行为习惯。师德建设的根本，就是先懂专业规矩。

要用习近平新时代中国特色社会主义思想武装教师头脑。认真组织对习近平总书记关于教育的重要论述的学习，使广大教师学懂弄通、入脑入心。要自觉用"四个意识"导航，用"四个自信"强基，用"两个维护"铸魂，增进广大教师对中国特色社会主义的政治认同、思想认同、理论认同、情感认同。

要有计划地组织教职工学习教育政策和法规。对《中华人民共和国教师法》《中华人民共和国未成年人保护法》《北京市中小学学生奖励和处分办法》《新时代中小学教师职业行为十项准则》等教育法规和文件，不仅要认真学原文，还要联系实际对标研讨，不断提高全体教师的法治素养、规则意识，提升依法执教、规范执教能力。

要研制和推行教师"忌言忌语"，规范从教言行细节。入职培训中就明确：什么事情能做，什么事情不能做；什么话能说，什么话不能说。课程怎样精心准备才够合格，课堂怎么组织才够规范，辅导如何实施才符合要求，和家长怎样沟通才是恰当的……每个教师加入队伍前，学校都先组织系统的职业行为培训。同时，给新入职的教师配备"教学师傅"和"班主任师傅"，组织隆重的拜师仪式，签订师徒协议，组织师徒成果展示报告会。并且，在年度业务考核的时候，对师徒一并奖励。这样，师徒成为利益共

同体，徒弟遇到了教育教学问题，就会第一时间请师傅指导。能做师傅的，都是业务标杆和师德榜样，徒弟耳濡目染的都是积极向上的声音和正能量，不知不觉就进入教育的康庄大道。

三、师德建设的关键是团队至上

年级组、教研组和备课组是学校最重要的基层组织。要重视团队的文化建设。"举直错诸枉，能使枉者直。"尊重德高望重的老同志，重用年富力强的中青年骨干。选好年级组长、教研组长和备课组长，充分发挥他们的带动作用。话语权掌握在正直人手里，爱生、爱教是主流，发牢骚、讲怪话没有"市场"，正直的人、热心的人、积极的人、大气的人多了，团队环境好了，良好的师德师风就会自然形成。团队的骨架结实了，再加上丰富多彩的团队活动，一起参加团建，一起运动健身，一起组织读书会、联欢会，一起开展课题研究，人心在哪里，精气神就在哪里生长。学校在考核评价的时候，尽可能以团队为单位，支持团队，肯定团队，表彰团队，让所有人都在团队中成长。小团队好了，大团队自然也就好了。毕媛丽是一个特别有想法、有才华、肯上进的班主任老师。她入职 5 年就获得了北京市班主任基本功比赛一等奖。我们鼓励她成立"毕媛丽班主任工作室"，还给工作室聘请了专家定期指导，让工作室的班主任们轮流在全体教师会介绍经验。2021 年班主任基本功比赛，孙小涵、闫聪、黄嘉文等一批青年班主任脱颖而出。这群活力四射的年轻班主任，不仅把自己班带得风生水起，还让其他班主任都有了紧迫感，不得不跟上节奏跑了起来。

四、师德建设的突破口是榜样引领

在师德建设上，榜样言说至关重要。发现真榜样，培养真模范，不断扩大自己团队的榜样队伍，榜样多了，氛围形成了，师德建设也就水到渠成了。每次班主任会、教研组会、全体党员会、全体教师会，都邀请一两位榜样介绍经验。组织各种各样的经验交流和教学展示，请榜样走上舞台，接受大家的掌声。利用三八妇女节、五四青年节、七一建党节、九月教师节、新年联欢会、结业典礼或者开学典礼，隆重举行各种表彰大会。

职称评定、绩效考核、骨干评选、紫禁杯班主任评选、我最喜欢的班主任评选……我们都认真宣讲条件，严格制定评选流程，充分发挥民主，实施阳光操作。大家对选出的榜样心悦诚服，这样的榜样在前奔跑，后边就会有大批的人追随。年级组长魏巍是一个凡事想在前头、工作干在前头的标杆。她在哪个年级，哪个年级的工作就会马上生龙活虎起来。最关键的是她品行端正、高风亮节，多次将荣誉让给他人。老教师杨丽红说："我们组长我们都服气！跟着她干痛快！"

五、师德建设的保障是制度落地

师德建设两手抓，两手都要硬。一方面要唤醒教师的仁爱之心，追求"一日克己复礼，天下归仁"；另一方面要开渠引水，用规范的制度落地引导教师的行为。

聚焦大家都关心的师德案例，站在保护教师的角度，分析如何尽职免责，如何用良好的教育习惯保护自己和学生，维护团队的集体形象。和教师心交心，说清楚"信任不等于放任不管"的道理。我们信任自己的老师，知道老师都是爱学生的，都不愿意给集体惹麻烦。但是，不知规则会犯错，所以要重视事前认真组织培训；粗心大意会出错，所以要重视管理形成闭环。管理闭环形成了，从制度上保证了教师行为守规范、不出错。广大教师思想上认同，行为上同步，好习惯养成了，师德建设就落地生根了。

总之，师德建设，需要文火慢炖。要重视根基，重视组织建设，重视系统构建，重视对关键人和关键事的把握。"为政以德，譬如北辰，居其所而众星拱之。"根本守住了，向下扎根，向上生长。正己化人是最好的师德管理。

（侯宝成，北京市北京工业大学附属中学）

上海市华东师范大学第一附属中学：党建引领下的新时代师德师风建设

习近平总书记在中国人民大学考察时强调："培养社会主义建设者和接班人，迫切需要我们的教师既精通专业知识、做好'经师'，又涵养德行、成为'人师'。"构建高质量教育体系、建设教育强国，必须加强师德师风建设，着力打造一支政治素质过硬、业务能力精湛和育人水平高超的优秀教师队伍。下面先介绍华东师范大学第一附属中学的三位老师。

"做好孩子的领路人，让思政课变得'有血有肉'。"她从教 21 年，连续 13 年被学生评为"最受学生欢迎的老师"；她支教一所农村学校，年年坚守高三第一线，无怨无悔；她开设多门市级共享课，是牵头多项市级课题的主持人；她获评全国模范教师、全国先进工作者等，是教育部大中小思政课一体化建设指导委员会委员。她就是学生处主任兼大夏学部部长陈明青老师。

她生病后还坚持工作在教育一线，120 急救车将发病的她送到医院，身体稍有好转她又回到了学校、进入了课堂。她的座右铭是"教育是永恒的天职"。她获得全国五一劳动奖章，被评为上海市劳动模范、上海市模范教师。她就是副校长江源老师。

她执教的历史课，学生愿意听、想要听，她连续多年担任高三历史教学工作，教学任务繁重，工作压力大，但她从没有喊过累，她心中只有一个目标：为学生发展努力。她曾获全国优秀教师、上海市园丁奖等多项荣誉。她就是历史教研组组长黄群老师。

三位老师就在我们身边，培育她们成长发展的沃土是什么？是什么动力让她们不顾辛劳，放弃休息，用温暖和爱引领和影响学生？是什么动力激励着她们将专业发展作为一种责任？是师德，是责任、使命和担当。从这三位教师身上我们看到了对教师职业的敬畏之心，对知识的尊重，对生命的尊重，对道德的敬畏。在她们的周围还有许多教师像她们一样，实践着自己的教育理想。

再看每个学部：学校把个性化学程覆盖到每个学生，一人一课表，让每个学生找到适合自己的位置；每次学业检测，我们的分析从年级、班级辐射到每个学生。在分析每个学生时，所有任课教师围绕一个学生展开分析，从家庭、学业水平、优势学科、薄弱学科、理想信念、师生关系、生生关系，以及未来发展趋势、生涯规划等都会涉及，进行全方位、高质量的评测。是什么让整个育人团队、教学团队、管理团队、服务团队发挥出了巨大的能量？是每个员工身上的责任感、使命感，是学校积极向上的氛围，即团结向上的校风、严谨治学的教风、刻苦钻研的学风，使得学校师德师风能发挥更大的作用。

下面结合学校工作实际，从三方面谈谈如何将党建引领的理念转化为学校师德师风建设优势，实践党对师德师风建设全过程的引领。

一、立师德，以研究型学校特色充实师德师风建设的文化内涵

抓住"根本"，形成师德师风建设的共识。以立德树人为根本、教书育人为责任，师德师风建设是保证，学校党总支师德师风建设与研究型教师发展、研究型学生成长的同心、同向、同步，思考时代内涵和教育工作的使命，聚焦当下，形成共识。

建章"立制"，规范师德师风建设的过程。学校党总支既注重高位引领，又划定底线要求，推动师德建设走上常态化、规范化、法治化轨道。积极构建学校师德师风建设制度体系，全面落实新时代教师职业行为准则，完善师德师风考评监督机制和教职工入职考核制度，建立健全教育、宣传、考核、监督、奖励、惩处六大制度。

跨越"时空"，拓展师德师风建设的广度。学校党总支就新时代教师师德修养开展讨论，引导教师明确自身的社会定位和时代要求。秉承"育人先育己""身教重于言教"，在自我涵养的同时，以内心的文化积淀和思想认识逐步形成对自己行为的约束和规范。师德培养从两个维度展开，提升教师职业道德的认识范畴，加强师德基本精神的对外引导。

二、塑师表，以教师专业化发展引领师德师风建设的时代标杆

立足"改革"推进课程建设。学校党总支始终关注课堂教学改革，从研究型学生培养，到课型库与修身课程建设，再到生涯教育研究，逐步完成了教育教学实验探索由学科向课程的转变。

立足"课堂"挖掘学科育人。学校党总支要求教师充分发挥课堂主渠道作用，政治、语文、历史、英语教师结合学科特点，总结出了学科育人的范式模式。

立足"榜样"形成示范效应。学校党总支对党员和教职工提出"党员说党话，党员做标杆""教师要做党的领导的拥护者"的具体要求。建立多元荣誉体系，评选各领域、各条线的先进典型，真正让教书育人典型"立"起来、"亮"起来。陈明青、江源、黄群个案和学部案例说明了示范效用的重要性，他们就是师德师风的领航者。

立足"学习"构建成长共同体。党组织开展系列学习展示活动及线上学习活动，线上线下的"勤学习"，带给学生的是优质课，带给教师的是正风气、端品行、强精神，从而筑牢师德底线，追求品格升华。教师跨学科听课、评课、交流互动等，建构起学习成长共同体。

三、铸师魂，以教书育人的责任成就师德师风建设的神圣使命

"校史"与"四史"学习结合，坚持立德树人。学校党总支将"校史"融入"四史"学习中，引导师生知史爱党、知史爱国、知史爱校；重温"格致诚正、自强不息"的校训，引领教职工以史为镜，进一步检视和校准教育坐标，在教育教学实践中坚持立德树人。

"党建"与"中心工作"融合，形成党建文化。学校党总支主动作为，抓住关键环节，通过"价值引领、组织引领、能力引领"将党的领导贯穿于学校的中心工作中，抓住关键环节，把好方向，谋好大局。强调发挥每个学部支部的作用，将党建与中心工作融合，实现目标"同"向、思想"同"心、行动"同"步、质量"同"标，"引领—研究—发展"成为党建文化标志。

"多"与"少"组合，细化教师行为标准。于漪老师说过："你对孩子是全心全意，还是半心半意、三心二意，孩子心中清清楚楚。"学校全体教师在党总支与各个学部带领下，从细节处入手，思考并形成了对教师行为的操作性要求，这些"多"与"少"就是教师的师德的具体体现：（1）师生的沟通和勉励多一些，学生的烦恼和叹息就少一些。（2）教师走进题海辛苦多一些，学生走出题海弯路就少一些。（3）教师答疑和补缺的渠道多一些，学生问题和困惑就少一些。（4）教师为学生想得多一些，学生进退反复就少一些。教师心里装着使命感、责任感与神圣感，作为学生的人生导师，他们传递着生命的体验，分享着生命的美好，营造着温馨的教育生态场。

　　党建引领下的师德师风建设是新时代教育的重要命题，我们将以人民教育家于漪老师为榜样，学习、传承并发扬于漪精神，不断探索，砥砺前行！

　　（王新，上海市华东师范大学第一附属中学）

重庆市青木关中学：以校为本习经典
整体联动涵师德

为了提高师德师风建设工作的针对性和实效性，重庆市青木关中学探索以校为本、整体联动，推进以文化涵养师德。以对中华经典书籍的学习为载体，全员开展师德研修；师生联动共读经典，滋养生命；家校携手强化生命自觉。通过重点推进教师修身养德，积淀更新学习策略，以点带面，促进修己达人，实现与经典同行，涵养品德。坚持不断更新观念，推进工作，与时俱进，打造师德涵养特色学校。

一、更新观念，全面推进经典养德

学校注重强化教师对经典涵养师德的理解认同，经过深入学习经典，干部、教师深刻地领悟习近平总书记强调的"中国共产党人始终是中国优秀传统文化的忠实继承者和弘扬者"，自觉传承中华优秀传统文化，正是坚定文化自信、知行合一的具体行动。坚持学习中华经典，涵养中国人的精神气质，帮助自身和学生打好人生的底色，促进了养德工作的深入推进。

(一)立足修已，经典养德

多年来，青木关中学积极推进中华经典涵养师德、书香校园建设等活动。坚持开展教师共读《论语》，推荐阅读《大学》《中庸》等经典书籍，优化校园文化建设等方面工作，让教师们学有所得，得有所践，践有所悟。

(1)专家引领，强化自身。学校整合多方资源，使教师得到专家团队的持续引领，充分利用线上与线下学习资源，聆听专家讲座、参与读书会、开展分享交流等，迸发学习热情，提高学习的参与度，完善师德师风建设的体系化。

(2)干部带头，深入自修。学校领导干部率先垂范，学习经典，深入自修；和教师们一起，参与到《论语》学习等行动中，主动分享诵读音频、学习心得。学校干部多次在经典养德省市区级交流会议上发言，激励带动伙伴。部门干部积极自修和组织协调，通过强化内在需求和外在的任务驱动，有效地提升了自身的文化影响力和道德领导力。

（3）学以致用，修己达人。教师深入学习感悟，诵读经典，书写心得，在学习中自我对照完善，结合工作和生活实践形成行动习惯，带动伙伴学习成长。同时，做到真学、真用、真行动，在事上磨炼。在学校决策过程中，校级领导班子注重运用经典养德策略，共同追求君子之道，坚持真诚坦荡，促进团结合作。在管理中，践行君子之道，服务育人，努力建设以人为本的、具有浓厚传统文化气息的学校。

（二）更新观念，学思践悟

师德需要教育培养，更需要教师自我修养。学校加强引领，教师在经典养德中逐步积累，掌握修养方法。

（1）强调自我反思，引发内心感悟。通过学习，教师们明确了以经典养德不只是学习文字，关键要有自省反思，才能够修身养德。组织干部教师撰写心得，每周一读，每月一分享，寒暑假集中研习经典等，通过共读交流等方式，自我对照思考感悟，增强了养德效果。

（2）重视伙伴互动，促进学习分享。注重在经典学习中的激励引导，发挥骨干教师学员的带动作用；开展教研组、备课组、工会小组教师优秀诵读和心得分享，促进团队内互动感悟生成，强化教师经典学习的信心和行动，促进了反思感悟。

二、以校为本，整体联动开展经典学习

2022 年以来，学校成为北京师范大学师德涵养（沙坪坝）实验区文化养德实验学校，经典养德工作推进更加系统深入。学校加强组织保障，以此推进师德师风建设；创新工作机制，通过组建核心小组，引领经典学习；完善学习组织，建立学习团队；强调干部带头，通过以身示范，保证学习持续性与深入性；搭建学习平台，引领君子之风。同时，注重积累有效的工作策略，在实践与认识的相互作用中促进提升，借力专家团队，实现校内外联动，开展经典养德学习。

（1）师生联动，经典共读进课堂。建设师生学习共同体，结合开展建设书香校园、艺术节等活动，打造国学氛围浓厚、书香浓郁的校园。各班利用每天早读时间，开展经典晨读；利用班会活动时间，开展诵读《论语》主题班会；利用学科教学时间，由语文教师带领学生开展课堂诵读；利用学校艺术节展演，让《论语》中的经典问答句子"活"起来，激励师生学习；各年级还利用每周的自习时间，开展日常师生《论语》"双语"书写展示等活动。

（2）课内外贯通，强化生命自觉。通过经典养德教育体验活动，增强文化认同与自信。在清明节之际，开展清明传统文化主题活动，强化学生"慎终追远"的意识，通过追思先辈，引导孩子们铭记先辈；通过追思先贤，激发学生生命自觉和树立文化自信。

（3）家校携手，经典共读进家庭。组织开展师生、家校共读《论语》活动，在家长群内开展亲子共读学习活动，用照片、视频等方式记录，通过线上与线下联动学习，营造家庭经典学习的氛围，以文化涵养家风，促进了经典学习的拓展。

三、与时俱进，提炼更新策略，深入涵养师德

学校师德师风建设工作结合实际持续更新策略，不僵化教条、不故步自封。关注教育新形势和文化涵养师德工作新动态，结合师生实际情况调整策略，在实践运用中发展。

以一域带全局，坚持与学校工作有机结合。注重师德师风建设学习与常规教研活动的结合，开展经典养德校本研修，分享交流、评比展示，增强学习的系统性。开设教师文化素养课，如茶艺、太极拳、书法等，以此助力，强化经典学习，促进师德师风建设。

注重推进经典养德与学校德育工作、教育教学工作的融合。同时，以一域带全局，通过师德师风建设方面的工作，带动学校多方面、多角度联动，带动新时代"四有好老师"队伍建设。让经典养德工作不局限在提供思想学习素材，而是成为促进教师通过学习修养仁爱之心，通过学习启智增慧、丰富扎实学识、促进教育教学水平的综合发展的举措，成就学校优质发展和区域教育新发展的大格局。

（姚炜、陈林、张沂，重庆市青木关中学）

重庆市西藏中学：跨越师德海拔　传递民族大爱

　　重庆西藏中学是响应党中央、国务院关于智力援藏的号召，于 1985 年成立的全国首批内地西藏班(校)之一，肩负着巩固边陲、促进民族团结、助力西藏经济社会发展和维护祖国统一的神圣使命和政治责任。目前，重庆西藏中学是全国内地西藏班(校)中规模最大、人数最多、生源结构最复杂的集中办班学校。

　　基于重庆西藏中学的特殊性质和办学使命，历届藏中人确立并发展了红色教育特色，用红色文化打好师德涵养的底色。在 38 年的办学历程中，学校教师群体以高尚的师德修养打造出爱岗敬业、团结奋斗、无私奉献、开拓进取的"高原丰碑"。在师德涵养的理念、原则、行动三个方面积累了丰富的经验。

一、明确理念：接续红色基因，确立精神源头

　　重庆西藏中学从建校之日起就流淌着红色血脉与红色基因，为师德师风建设确立起精神源头。

　　一是"红岩精神"：重庆市沙坪坝区歌乐山是"红岩精神"诞生地，传承和发扬红色革命文化是我们义不容辞的责任。红岩精神的内涵集中表现为：坚如磐石的理想信念，和衷共济的爱国情怀，艰苦卓绝的凛然斗志，百折不挠的浩然正气。

　　二是"老西藏精神"：学校开办西藏班，是一项没有经验可循的开创性事业，面临多方面的责任与挑战，需要教职工发扬和传承"老西藏精神"。老西藏精神的内涵集中表现为：特别能吃苦，特别能战斗，特别能忍耐，特别能团结，特别能奉献。

　　学校立足巴渝大地，探寻"红岩精神"与"老西藏精神"的契合点。两种精神融合，形成了重庆藏中精神，即"敬业、团结、奉献、进取"，这也是我校师德涵养的精神源头。

二、遵循原则：凝聚师德共识，贯彻教育原则

38年以来，重庆西藏中学教师凝聚师德共识，并且在工作中一以贯之，体现在四个方面。

一是强化养成教育：对学生严格要求，培养西藏孩子的日常生活习惯和学习习惯。

二是强化"大爱"教育：对学生倍加爱护，对西藏孩子"高看一眼、厚爱三分"，给予他们家一般的温暖与关怀。

三是强化精细教育：教育关爱学生无微不至、精细有加，在精细化管理中促进教学相长。

四是强化学业教育：教育教学工作落真落实，具体表现在每一个朝夕晨昏、每一节课堂教学，实在而有效。

由此，"严、爱、细、实"的教育原则成为我校师德涵养的具体表现。

三、化为行动：师德跨越海拔，助力民族团结

(一)行动一：加强基层党建，铸牢中华民族共同体意识

学校党委坚持"为党育人、为国育才"使命，构建了"三环一心同心圆"党建工作格局：以"铸牢中华民族共同体意识"为圆心，以党建统领汇聚向心力画圆，绘制了一环"和泽"文化圆、二环"和格"育人圆、三环"和美"团结圆。学校党委把支部和党小组建在学科组上，通过主题党日活动、联系服务群众等规定动作和"三课一坛"传统惯例，发动党员引领广大教职工，坚定不移贯彻党和国家的教育方针政策，落实中央民族工作会议及中央历次西藏工作座谈会精神，不断强化"五观""两论""三个离不开"思想和中华民族共同体意识，夯实师德师风根基。

党建引领方向，学校坚持立德树人根本任务，形成"一环两横十二纵"常态化教育工作体系，打造和而有格的"和泽课堂"，加强思政课创新，深耕严爱细实的"有格德育"，不断增强中华民族共同体意识；涵养师德师风，遵循"严、爱、细、实"教育原则，形成"三有三爱"师德风范，即涵养

"有坚定信仰，爱党忠诚"的政治品质，涵养"有奉献精神，爱岗敬业"的职业精神，涵养"有大爱情怀，爱生如子"的育人情怀。

(二)行动二：党员示范引领，塑造师德形象

有坚强的堡垒，就有模范的党员。学校有在职教师 129 名，其中党员 74 名，占比约为 57%；30 名班主任，24 人是党员，占比 80%；中层以上干部全部是党员。

"一个党员就是一面旗帜"，学校设立"党员示范岗"，党员亮身份、展风采、见行动，"冲锋在前，战斗在前"是学校党员的誓言，四个"决不"是党员的承诺；党员深入联系群众，帮扶青年教师进步，帮扶身心弱势、学习后进学生成长；校刊《烛华》专题宣传优秀党员、优秀教职工的先进事迹；学校优秀党员教师陈敏入选《渝教先锋，榜样力量——重庆教育 100 个榜样访谈录》榜样名单。

在党员模范的带动下，教师积极弘扬"藏中精神"，塑造了"重庆市优秀教师群体"。

(三)行动三：积极践行师德，传递民族大爱

一是老师"不是父母、胜似父母"。"选择了重庆藏中，就选择了一种特殊的工作方式和生活方式，也选择了一种特殊的家庭方式"，这是藏中教师的真实内心写照。十一二岁的西藏小孩远离家乡和亲人到重庆求学，老师就是他们在重庆的父母，不仅要关心孩子的学习，更要关心他们的生活适应情况。照顾生病的学生、督促学生洗漱、示范如何涮洗衣物……老师们对学生的关爱无微不至，有的老师被医生误以为是学生家长。面对生活不习惯、语言不通、学习困难的新入学学生，老师们从帮学生梳头理发、剪指甲、整理被褥等生活细节做起，手把手指导，帮助他们克服各种困难。

二是老师的关爱在重庆也在西藏。重庆西藏中学率先在全国内地西藏班中建立起进藏家访(回访)的家校共育机制。组建党员干部牵头的"家访(回访)工作组"，分期分批护送学生返藏，深入西藏七个地区开展在校生家访、毕业生回访工作。至今参加家访的教师近 100 人次，家访学生 100 余名(90% 以上为农牧区孩子)，回访毕业生 500 余名，与 800 多名家长座

谈，面授家庭教育方法，达成家校协同育人共识。学校家访（回访）工作取得良好的家校共育成效，在全国西藏班中形成"头雁效应"，被称为联系家校的育人"金纽带"。

三是教师的中华民族共同体意识不断增强。38年来，学校厚植"和泽"理念底蕴，充分营造汉藏同心、和衷共济、携手并进的浓厚氛围，促进了汉藏师生、广大家长之间的深入交往、交流和交融。教师不断提升"各民族共同团结进步，共同繁荣发展"的共识，把铸牢中华民族共同体意识贯穿于教书育人全过程。

重庆西藏中学将坚持以中华优秀传统文化为滋养，以赤诚之心、奉献之心、仁爱之心投身教育事业，坚持开展好"同心同向·信仰立德""诵读经典·省察修身""阅读经典·书香养德""特色思政·红色宣讲""高原家访·以爱育德"等十大文化涵养师德三年提升行动，继续攀登师德涵养的"高原丰碑"，让师德跨越海拔，传递民族大爱，为促进民族团结、铸牢中华民族共同体奠定更加坚实的基础。

（李宗良、何建元、冯专，重庆市西藏中学）

重庆市第七中学：党建引领发展，文化涵养师德

习近平总书记明确指出："国家繁荣、民族振兴、教育发展，需要我们大力培养造就一支师德高尚、业务精湛、结构合理、充满活力的高素质专业化教师队伍，需要涌现一大批好老师。"建设高水平的教师队伍，必须提高教师队伍的总体素质和专业化水平，要按照"有理想信念、有道德情操、有扎实学识、有仁爱之心"的标准，做好教师培养和培训工作，强化师德师风建设，加强专业能力建设。

一、建设背景

当前中小学校师德师风建设面对着突出的刚性制度约束，即通过一系列政策制度、规范要求约束教师从教行为，其本质是教师被动接受来自学校的底线意识教育，被要求守规矩、不越线，这样的制度未调动教师主动提升师德素养的原动力。而师德建设不应只是强调底线约束，更为重要的是要树起道德高线。北京师范大学文化涵养师德学校实验研究项目的启动与实施，通过中华文化涵养师德，能真正激活教师内心师德提升的内驱力，进而推动学校师德师风建设，全面提高教师队伍整体素质和专业化水平。

重庆市第七中学（简称"重庆七中"）以成为北师大师德涵养实验学校为抓手，结合学校党建工作，深挖学校历史精神谱系，从"革命军中马前卒"邹容、红岩英烈韦延鸿、中国青年运动先驱肖楚女等革命先烈的革命事迹中，淬炼出"红烛精神"，努力打造"红烛耀东川"党建行动，并由党员引领示范，辐射引领全校师生，由点及面深入开展红烛精神照下的中华文化涵养师德工作，为党建引领信念，为文化涵养师德积累经验。

二、"红烛耀东川"：三大党建行动

（一）革命红烛行动：追根溯源，学榜样树典范

百年东川，先辈之师展现的"为国挑重担、为党育英才、为生立榜样"的光荣革命传统一直影响至今，成为重庆七中党建工作中不可复制的红色基因，更成为如今重庆七中教师学习的宝贵品质。

学校开展"寻根之旅"活动。通过寻找办学之根、沙磁文化之根、红岩精神之根，挖掘学校光荣的革命传统，把先辈之师的优秀品质厚植于每一位教师心里；开展"育人之旅"活动，请名师讲述成长经历，青年教师讲述先辈事迹，让东川红烛精神铸入每一位教师灵魂。

每月开展"吾师秀东川"系列活动，每学年组织开展"师德标兵""优秀教师"等评选活动，使教师"干有示范，学有榜样"。设立"党员师德师风示范岗"，开启"东川梦想旗"，以理想信念为人格基石，打造有教育情怀、专业认同感、职业自信感的东川之师。

优化校园环境，以学校的公众号、官网、宣传栏、升旗仪式为阵地，以讲故事的形式宣传我们身边的师德典范，辐射榜样的力量，营造良好的师德师风培育氛围，使全校教职工潜移默化地受到教育影响。

（二）教育红烛行动：立足当下，讲学习颂师德

培养社会主义建设者和接班人，要做精于"传道授业解惑"的"经师"和"人师"的统一者。重庆七中一直把师德师风建设作为教师队伍建设的首要任务，积极主动创新学习方式。一方面，邀请专家学者、先进人物进校园开展师德师风主题讲座，开展专题学习，不断提升师德师风建设水平。另一方面，组织校内干部、教师积极参与由北京师范大学主办的各类文化涵养师德学习活动和培训项目，在与校外专家、同仁的思维碰撞中提升自我，共同进步。

举行师德师风建设专项评议活动，开展家长、学生、社会各界人士对校长、教师和学校的评议工作；定期开展教师座谈会，组织中心教师充分交流师德师风工作实践中的所获、所思、所悟，大力弘扬新时代人民教师

的高尚师德和奉献精神；2022 年 3 月，学校以"诵读论语、涵养师德"作为重庆七中文化涵养师德实验学校建设的重点推广项目。管理层带头先行，学校领导与中层管理干部带头诵读《论语》。同时，诵读活动也面向学校全体教师，以备课组为单位，利用每周教研活动时间诵读 5～10 则《论语》经典篇目，交流学习心得、重温经典，在潜移默化中帮助全校师生形成优良的道德情操，并逐渐完善自己的人格。教师以点带面，带领学生诵读经典，弘扬祖国优秀的传统文化，培养学生健全人格。以年级为单位设立"经典诵读"示范班，辐射带动全校师生共读经典。学期末，各位教师将诵读《论语》的学习所得，通过"笔墨飘香写《论语》，传承经典展风采"（手写毛笔、硬笔、粉笔字）、"诵《论语》经典，树君子之风"（《论语》诵读荟，录制朗诵视频）、"话圣贤经典，悟论语精华"（《论语》感悟集，分享读论语的感悟）、"演绎孔融学礼让，吟诵《论语》思先贤"（《论语》影视集，表演拍摄视频）等丰富的形式，展示活动成果。

(三)时代红烛行动：面向未来，把方向重责任

为谁培养人、培养什么人、怎样培养人，始终是教育的根本问题。教师为党育人的初心不能忘，为国育才的立场不能改，坚持党建引领师德师风才能保证前进的方向。学校建立了红岩先锋党员教师示范岗，使教师党支部成为涵养师德师风的重要平台，使党员教师成为践行高尚师德的中坚力量。加强对新教师的职前培训工作，重视青年教师的带教工作，让他们从一开始就形成对教师职业的正确认识，学会爱岗敬业，感受教师职业的深度幸福感。学校依托全国心理健康教育特色学校的特殊平台，以东川心育助推师德师风，组成班主任成长团队，围绕如何减压、克服职业倦怠、处理人际关系、提升沟通技巧等主题，帮助教师了解自己、悦纳自己，建设健康心理，真正践行学校"幸福德育"的理念，加强师德师风建设工作。

三、红烛闪耀育英才：三大师德建设成效

(一)传道授业，"经师"破题

在"红烛精神"的引领下，学校教师思想政治素质和职业道德水平大幅提升，教师安心、热心、舒心、静心从教的良好环境基本形成。教师深耕细研促发展，着力提升自身专业水平，全校教师在各级各类教学比赛斩获佳绩；科研立项破难题，全校教师承担市区级各类项目50余项；立己达人育人才，全校教师凝心聚力、因材施教，抓实教学主线助力学生走好求学路。

(二)立德树人，"人师"破壳

一年来教师在中华优秀传统文化中诵经论道，腹有诗书气自华，教育底色愈发明亮。面对新时代教育要求，全校教师主动作为、守正创新，锚定"双减"，开展各类教育教学活动，全面育人。体育组在足球生培养上实施"五三"足球课程体系。在该体系培养下，学校向清华大学等各大高校输送大量人才，同时该体系荣获教育部基础教育改革成果二等奖、重庆市一等奖；语文组十年磨一剑，编排的中国第一部教师版话剧《雷雨》在全校公演，把书本中抽象的文学具象化，受到学生热捧；音乐组组织合唱队编排《青青世界》，荣获重庆市第九届中小学生艺术展演活动艺术表演类声乐—小合唱/表演唱(中学甲组)一等奖；美术组在沙坪坝区文化馆开展学生小版画作品展，把学校美育成果展示给社会。

(三)集团办学，学有优教

一年来学校办学水平日益提升，社会满意度不断提高，教师职业幸福感逐步增强。目前学校集团化办学"长架子"，形成"一校四点、一体两翼"崭新格局；师德涵养、素质提升，教育教学"长模样"；教师幸福、学生向往、家长满意，重庆七中品牌教育"长模样"。

教师队伍培养、师德师风建设是一项需要长期坚持并不断创新的工作，重庆七中将紧紧依托北师大文化涵养师德学校实验研究项目，常抓不

懈，逐步探索，建设较为完善的师德师风建设制度体系和有效的师德师风建设长效机制。

（冉孟凯、樊隽、温发强，重庆市第七中学）

吉林省长春市第五十二中学：进德修为以求"大"，成己达人做"先生"

师德是为师之魂，师风是为师之本。习近平总书记明确提出了师德师风是评价教师队伍素质的第一标准。长春市第五十二中学高度重视教师师德师风建设，着力构建"基层党建＋师德涵养＋榜样引领＋考评奖惩＋制度建设"五位一体工作格局，努力建设一支政治素质过硬、业务能力精湛，具备塑造学生品格、品行、品味能力的"大先生"教师队伍。

一、以党性之魂厚培师行之基

学校党总支秉承"党建引领学校高质量发展"的理念，以基层党建为引领，以"新时代传习所"为平台，打造师德建设"桥头堡"，形成党总支统一领导、党政齐抓共管、教师自我约束和社会共同监督的工作格局。

学校党总支逐年开展以"廉洁从教、服务学生"为主题的四个一活动，通过老教师对青年教师开展"进近制"培训、骨干教师示范课、青年教师过关课及新进教师亮相课等形式，促进教师课堂教学水平的提高。

学校党总支定期开展"读书论坛""情智讲坛""道德讲堂"等活动，提高教师政治素养，打造师德高尚、境界高远、言行高雅、学识高深、能力高强的教师队伍，努力让教师做到"政治要强、情怀要深、思维要新、视野要广、自律要严、人格要正"。

学校每学期定时举办师德宣誓活动；积极开展不浮于表面形式的师德承诺活动；不定期组织开展警示教育，对照新时代教师职业行为十项准则开展师德师风剖析，对存在的问题及根源立行立改，为塑造新时代的"大先生"坚定理想信念。

二、以教研之势创设师风氛围

2016 年，学校与民办校剥离，回到公办校行列。当时，中学部有两个年级，共 397 名学生；小学部只有一个年级，135 名学生。在新的形势下，学校的生源发生了变化，学生基础参差不齐，学校面临新的招生工作及教师的专业发展等问题。针对怎样才能保持名校优势、原有的理念和评价体系是否适应当前的发展，全校教职工进行了大讨论：讨论学校的发展方向，讨论教育的本质到底是什么。全校教职工在讨论中统一了思想，达成了共识：在新的变革时期，随机应变才是摆脱困境的办法；教育理念与方法要变，要随着学生的改变而改变；身为人师的初衷与使命则永远不能变。教育的本质就是培养人，教师要幸福地播种幸福，让每一名学生都能获得"幸福教育"。学校创新解读"幸福文化"内涵，引导教师自觉将思想政治表现和师德规范要求融入"幸福教育"的各个环节，形成了"以幸福的心做幸福的教育"的教师文化和"各美其美，做更好的自己"的育人文化。对于教师的专业发展问题，学校挖掘本校名优教师资源，建立以学习为主导、以研究为主体、以课堂为主阵地的教师发展机制，为做新时代"大先生"夯实业务基础。

三、以率身之范彰显榜样力量

学校以师德涵养为根本，牢固立德树人"风向标"。学校用身边的真人真事诠释师德内涵，弘扬主旋律，传播正能量，倡导尊师重教的校园风气，进一步提升教师的职业荣誉感、幸福感、责任感、使命感。学校每学期都开展"你是人间的四月天——我身边的好老师""师德标兵""师德先进个人""校园十大感动人物""校园十大感动事件"评选活动，为退休教师举行"荣休仪式"，营造浓厚的师道尊严、根脉相承的良好氛围，以榜样的力量感召培养更多新时代"大先生"。在榜样的引领下，全校形成博爱、博学、博雅的"大先生"文化氛围。

学校教师关注每一个孩子，让每个孩子获得最优发展，放大每个孩子的优点，让孩子们各美其美，做最好的那个自己；老师们做起了贫困学生的代理妈妈，"綦妈妈""戴妈妈"……代理妈妈们用自己的爱和行动，为贫困学生筑起一个个温馨的港湾，撑起一片片爱的蓝天，写下一篇篇与"儿女们"的感人故事。

博学是教师获得学生信任，让学生亲其师、信其道的根本之一。学校点燃教师内心的火种，实施以教师自主规划发展为主的多元化培养方式，努力建设一支区域内师德最高、教艺最佳的专家型名师队伍。学校有计划、有目的地开展教师培训，规划"一带一生"师培工程，成立学科名师工作室，在"晒课、磨课、四备三思"中不断提升教育水平，实现名师队伍的跨跃式发展。

学校加强校际联系，派遣明星教师到本区其他学校，为兄弟校发展尽心尽力；学校选派骨干教师前往甘肃、四川、新疆等地区援边支教，并先后与吉林省通化县英额布镇中学、新疆维吾尔自治区阿勒泰市一中、四川省蒲江县西来九年制学校、甘肃省东乡县锁南中学、甘肃省临夏市第五中学结成了帮扶对口学校，为乡村教育振兴贡献自己的力量。

风正则校兴。学校先后获得全国实验学校、全国特色学校、吉林省文明单位、吉林省"三满意"学校等荣誉称号，被连续评为区教学质量先进单位、区教育工作绩效考核明星单位。

四、以督查之力端正育人之风

学校以考评奖惩为推手，架设师德典型"扩音器"，出台了"长春市第五十二中学教师职业道德规范"，构建学校、教师、家长、学生、社会五位一体的师德师风建设监督网络，实行师德失范一票否决制，对于师德考核不合格者，其年度考核评定为不合格，并取消在职称评聘、岗位聘用、评优奖励等方面的资格。

学校从 2017 年开始，招募了部分家长担任义工督学，针对学校校务管理、课堂教学、学生健康成长、教师专业发展、校风学风建设等内容开展监督，师德师风工作更是监督的重中之重，旨在引导广大教师坚守教育初心，自觉担负起立德树人的崇高使命。学校还邀请督学义工从不同角度、不同立场对学校的工作进行评价，提出建议。

五、以制度之力推进教师之治

　　学校以制度建设为保障，浇筑师德管理"防火墙"。为了更好地促进教师坚守职业操守，规范师德建设，最大限度激发教师的主动性、创造性，学校成立了师德师风建设专项工作小组，建立了多元的教师专业发展评价机制，旨在通过评价保障师德的底线。第五十二中学的学生综合素质评价是经过实践验证的，是区域内推广的先进经验。教师评价与学生评价不同的是，教师既是评价对象，又是评价主体，学校建立了教师自评、教师互评、学校评、学生评、家长评相结合的多元评价机制。

　　学校制定了科学合理的师德量化考评细则，其目的在于用制度将底线画出来。考评细则规定了教师行为的黄线、红线。在评价过程中，教师的自评，将评价变成教师自我反思、自我发展的过程；教师的互评，加强了沟通与交流，取长补短，促进了共同发展；学校评有利于提升教师格局，帮助教师立足现在、兼顾过去、面向未来；学生、家长等对教师的评价也是评价教师专业发展的重要形式，学校每学期发布《致家长一封信》，并进行调查问卷。学校多形式、多角度广泛收集信息，确保准确、真实、公平、公正地评价教师。教师多元评价机制把显性评价与隐性评价有机结合起来。学校对教学成绩优秀、思想品德方面表现突出的教师给予肯定，通过评优、评奖激发教师工作的积极性。

　　不舞云端，贴地而行，美好发生，情怀落地，我们不断努力，争做新时代的"大先生"，让"最优秀的人"教出"更优秀的人"，相信我们一定会在追寻公平而有质量的教育路上越走越宽阔、越走越明朗！

　　（綦放，吉林省长春市第五十二中学；黄本新，吉林省长春市二道区教育局）

新疆兵团农二师华山中学："导师制"
助推师德师风建设

新疆生产建设兵团农业建设第二师华山中学(简称"新疆兵团农二师华山中学"或"华山中学")是一所十二年一贯制的兵团学校，红色精神在每一个"华山人"的血脉中流淌。华山中学教师紧紧围绕新疆"社会稳定和长治久安"工作总目标，传承兵团精神、老兵精神、胡杨精神，为文化润疆、兵地融合、教育稳疆作着自己的贡献。

现在的华山中学教师，大部分是从全国各地招来的大学毕业生，他们中许多人对教师这一职业认识得不够全面，对新疆生产建设兵团所肩负的使命理解得也不够深刻。为了帮助这些教师快速提升思想政治素质和职业道德水平，华山中学采取"导师制"，促使年轻教师快速成长。

一、双管齐下，"青蓝工程"立师德

刚毕业的大学生有丰富的理论知识，但缺乏相应的实践经验，面对从未经历的课堂、面对学生、面对提出不同诉求的家长和形形色色的问题会觉得手足无措，少数新教师甚至会"逃离"教师岗位。为此，华山中学开展"青蓝工程"，采用"双导师制"，即为青年教师匹配学科师傅和德育师傅，发挥骨干教师的示范、引领作用，引导新教师传承华山中学优秀教师的优良师德师风，使新教师获得积极的工作体验，提升职业认同感，为兵团建设一支"站得高""看得远""教得好""留得住"的教师队伍奠定坚实基础。此外，每年都有一大批来自受援学校的教师到华山中学跟岗学习，"双导师制"的实施为受援学校教师队伍建设提供了不竭动力。

在实际操作中，学校会依据师傅和徒弟的具体情况进行合理配对，也允许师徒之间相互自主选择。师傅和徒弟要签订"青蓝工程"的管理协议，明确并重视自身应承担的责任和义务，并据此制订工作方案和行动计划。如德育师傅会安排专门的时间，与徒弟交流教研德育心得，尽可能多地参与徒弟班级的课堂管理，动态掌握青年教师的成长情况。通过言传身教，带领徒弟开展班级管理工作，让徒弟在实践中体会德育师傅的工作方法、工作艺术、工作作风。学校也会定期开展师德师风座谈活动，进一步增强青年教师对岗位的自豪感、幸福感与使命感。

"青蓝工程"自启动以来，历经十余载的检验，成为华山中学青年教师快速成长的摇篮，在德艺双馨的师傅们的悉心指导下，一批批青年教师脱颖而出，逐渐成为学校教育教学的中坚力量。

二、凝心聚力，"班级组制"树师风

落实立德树人根本任务，是每一位教师都要承担的责任和义务，只有各方力量同向同行，才能形成协同育人效应。因此，学校必须推进全员、全方位、全过程育人。而在长期的教育工作中，教育孩子、管理班级的工作似乎都压在班主任一人身上，这既不利于缓解班主任老师越来越大的工作压力和工作负担，也不利于增强其他教师的育人使命和责任。

为突破这一困局，华山中学于 2013 年开始学习并实践"班级组制"的管理模式，取得显著而长足的成效。"班级组制"以平行的或同质的 2 至 3 个班级组成 1 个"班级组"，在教师层面设置 1 个组长、2 至 3 个副组长及若干小组成员，共同负责、管理这个"班级组"。班级组以自主建设、发展特色为工作模式，明确责任分工，全员参与班级活动，安排并认真落实小值班制度。组长负责统筹工作，纵向保证学校、年级与班级之间的高效沟通，横向协调班级组教师及任课教师之间的工作，从而把握整个班级组动向，进而利于决策和指导。组内成员负责班级卫生、集会做操、考勤纪律；关注学生思想动态、做好学生思想工作、与家长沟通等。同时，开展整体评价、共同分担的考核制度，精细分工，制度保障，让每一位教师在年级、班级管理中"名正言顺"。这样，每一个班级组活动的开展，离不开整个教师团队的集体智慧，所有班级组教师一起讨论诊断学生存在的问题，不同年龄、不同学科的教师互相帮助，共同探讨解决问题的方法和策略。这种模式使得班级管理从原先的一个班主任变成了几个班主任，而多个班主任之间既有分工又有合作，杜绝了班级管理事无巨细都堆到班主任一个人身上的弊端，打破了班主任单兵作战的困局，构筑起"全员育人"的教育共同体，极大地提升了班级管理的实效。这对班级管理而言也是一种独特的"多导师制"。

华山中学"班级组制"的大力推行，激发了广大教师的内生动力，提高了教师对教育本质的理解和教师职业的认同，促进了师德师风建设。

三、行为示范，导师制度"铸师魂"

师者行为世范，方能传道授业解惑。教师只有重视自身的人格修养，并注重对学生的身教，才能帮助学生塑造健全的人格。为更好发现学生潜能，充分发展学生个性，华山中学采用"导师制"方式，让每一位教师与学生结对，对学生学业、思想、心理等方面实施一对一精准关照，努力做到不让一人掉队。

为切实落实"导师制"，华山中学根据班级组学生人数、男女比例、学生性格、个人学习习惯、学习能力等进行合理分配，双线并行（小组与学科），配备导师，责任到人。为了全方位实时督管，助力学生行为的养成与规范、学习兴趣的激发与增强，导师们各显神通：采用面谈等方式，与学生谈心交流，了解学生基本信息，以及成长中的迷茫、困惑；采用家访或社交软件、电话、周记、书信等形式和学生进行"笔谈"，帮助学生解决问题，培养健全人格；与家长进行沟通交流，了解孩子近期的学习生活状况，家校携手，制订符合学生个性的成长计划；通过与学生经常性的谈话，走进学生的内心，从而进行有针对性的教育和引导；针对学生的性格特点，开展有针对性的交流，注重运用心理健康教育的理论和操作技巧来指导实践。

这些举措不仅帮助教师真正走进学生心里、走近教育规律，还推动华山中学不断向"十四五"总目标"办一所高质量的学生喜欢、教师幸福、家长放心、社会满意的教育研究型学校"迈进。

四、经验启示

在师德师风建设方面，华山中学基于兵团性质和学校实际，审视并定义了新时代兵团好教师的内涵，并在教师群体层面、班级管理层面、学生个体成长层面创造性地运用"导师制"来涵养广大青年教师的师德师风，取得了显著成效。其中，以"青蓝工程"为抓手，以团队力量突破育人模式困境，赋予新时代的广大教师以职业荣誉感、使命感；以"班级组制"的科学管理模式落实了全员育人战略，通过创新且多元的发展思路带领广大教师不断提升职业归属感、成效感；以师生间的"导师制"的探索，使教师成为有温度的好老师。

（李娟娟、张超、孔德懿、田雪梅、葛文珍，新疆兵团农二师华山中学）

甘肃省张掖市第二中学：以中华优秀传统
文化涵养师德，激励教育者生命成长

中华民族优秀传统文化是我们最基础、最深厚、最广泛的文化自信。教师作为知识的传播者，在传承和弘扬优秀传统文化上要做先行者。以中华优秀传统文化涵养师德，引导广大教师做以德立身、以德立学、以德施教、以德育德的楷模，自觉做中国特色社会主义的坚定信仰者和忠实实践者。甘肃省张掖市第二中学充分挖掘具有本土化的特色和优势，发挥中华优秀传统文化"以文化人"的特质，通过"正师风，立师德，强师能，铸师魂"师德养成教育系列活动，形成了符合学校特色的"中华优秀传统文化涵养师德"系列特色活动，引导广大教师以中华优秀传统文化浸润心灵，构筑教师的生命底色，悦享生命成长。

一、主题学习，自内向外夯实教师成长基础

教育者要先受教育，传道者先要明道、信道、行道，只有教师优秀起来，学生才能优秀起来；只有教师立起来，学生才能立起来。通过中华优秀传统文化涵养师德是促进教师道德发展与生命成长的重要途径。

把研读中华优秀经典作为教师读书的重要内容。我们认为，读书学习不是搞运动，只有坚持"绵绵用力、久久为功"的原则，把"修身"作为第一要务，把"涵养师德"作为立足点，才能回归本真，永葆初心。要真正实现"利己利人，达己达人"，在全校形成浓厚的读书学习氛围，就需领导带头，教师先行，以读书的领导引领教师读书，以读书的教师带动学生读书。自2019年3月起，在前期"师生诵经典"的基础上，每周教师例会的前五分钟，由校长带领全体教师共读《论语》《大学》《道德经》等经典；不定期开展《大学》《论语》《教条示龙场诸生》等国学经典微讲座，逐步提升教师对中华传统文化的兴趣与热情。

把研读经典、学思践悟作为教师成长的主要途径。从2019年7月暑假

开始，学校充分借鉴北师大模式，结合学校实际情况开展了以研读《论语》为主的主题学习。在实践中充分发挥团队的力量，制定科学的读书指导方案，辅之以适度的行政干预。校领导以身作则，率先垂范，全校教师积极参与，以"集体学习，互动交流"的形式开展了第一期"铸师魂——好老师生命成长"主题学习。为确保学习的实效，我们以"感悟内化，对照反思"为主要方法，以"修身正己，提升师德"为学习目标，以"不说谎，不抱怨，尽己责"为自省杠杆，以"榜样引领，开悟真知"为引领策略，经过"教师读原文写心得—组长推选—小组专家点评—校级专家推荐—全体教师研读互动—周末家书分享"这样一个学习过程，在学思践悟中实现心灵的同频共振。

学校把开展成果总结分享作为激励教师不断成长的动力。至 2021 年 3 月，共开展主题学习五期，各科教师都从同一个起点出发，即便是新入职的教师，在大环境和大趋势的带动下，也能很快适应角色，跟上学习的步伐。五期学习，参与教师 230 多人次，共研习《论语》近 60 则，提交诵读音频、撰写心得各 6000 多份，推出优秀心得 302 篇、优秀家书 54 篇，对表现优异的教师进行了表彰奖励，同时编辑了《大道行思》《优秀家书集锦》等三册书籍，树立广大教师学习经典的信心。

二、完善制度，树立典型激励教师等齐意识

学校实行党建引领下的师德师风责任制，把思想政治教育、法治教育和教师职业行为规范、准则等作为师德教育的重要内容，坚持教育与规范并重、激励与约束并举，并将其贯穿于教育教学的全过程。

完善师德师风制度建设，师德师风考核有据可依。把师德师风作为教师队伍建设和教育质量提升评价的重要指标，将其纳入教育督导评估和教师责任绩效考核，推动师德师风建设工作由软指标向硬任务转变。

强化师德师风监督体系，师德师风举措软硬兼施。持续开展师德师风明察暗访活动，公开电话、邮箱等投诉举报渠道，构建由政府、社会、学校、教师、学生和家长广泛参与的"六位一体"师德监督体系，推动师德建设长效化、制度化。建立由校级领导、级部主任、年级组长、教师代表组成的监督考察机制，将师德表现作为教师年度考核、职称评聘、推优评

先、表彰奖励的先决条件，把师德师风作为授予各类优秀教师、先进工作者称号等表彰奖励的必要条件，对优秀教师和师德典型加大奖励和宣传力度，激发教师的等齐意识。

三、学科融合，提升个人修养激发教育生命活力

课堂是教育的第一阵地，上好课就是教师崇高师德的主要表现。学校以中华优秀传统文化为引领，确立了教师"专业成长提升底气""学科融合彰显智慧""课题研究全面发展"三条主线。

为教师成长搭建平台，促进教师提升专业能力、不断完善和发展自我。学校以"科研月"为契机，通过"教师大讲堂""教师教学能力大比武""我心目中的好老师"评选比赛、师德报告会等，从专业成长、精神引领到职业幸福，营造教师乐教、善教的教学氛围。

课堂渗透中华优秀传统文化，挖掘传统文化和学科教学的结合点。以学科组为单位开展教材研读活动，深入挖掘本学科蕴含的传统文化因素，将其精髓渗透到学科教学中，不仅关注知识的传授，更关注学生道德、信仰、习惯、价值观的培养，将家国情怀、社会担当、思想修养、社会主义核心价值观等渗透到课堂教学中，引导学生树立正确的人生观、价值观，增强学生的民族自豪感和文化认同感，为养成正心笃志、崇德弘毅的人格奠基。

四、德育实践，培育品德铸就师生共同成长的灵魂

教师要成为塑造学生品格、品行、品位的"大先生"，充分发挥师德师风的育人功能，以教师之德育学生之德，落实立德树人根本任务。

重视教师教育成果分享总结，以教师高尚的师德和深厚的文化气质引领学生成长。在日常教学中，教师于无形中将自己的经典学习成果分享给学生，通过言传身教，引导学生主动接触经典，自觉践行社会主义核心价值观。这一举措实现了"教师引导学生，学生影响家庭，家庭辐射社区"的目标，既弘扬了优秀文化，又传播了社会正能量，引领了社会新风尚。

学校以全面学习为"本"，丰富师德师风建设课程内容，扎实推进课题

研究。学校以"社会主义核心价值观视域下的善德教育研究"为主题，成立了不同层级的师德师风培训和自主研修师资库，有效利用各种学习资源开设课程和活动，如新教师职业规划课程、"四有"好教师专题学习课程、"我的教育初心"演讲比赛、"廉洁从教"主题交流课程、师生共同参与的"道德讲堂"和"孔子学堂"实践性德育课程等，将道德理念和系列化的文明教育活动常态化，让教师在经典学习中修己，在传播经典时达人；让学生在经典学习中悟理，在日常活动中践行，铸就师生共同成长的灵魂。

五、文化活动，滋养情怀营造持续发展的教育环境

师德师风是教育可持续发展的前提，教师的教育情怀是教育可持续发展的关键。

文雅活动修身养性，涵养心灵。学校通过开展"雅言诵经典，翰墨书华章"活动，倡导老师们诵读经典，写经典，同时以"立人""树人""达人"为学校办公设备编号，以中华优秀传统文化滋养性情。

多种形式普遍惠及，激励成长。学校持续举办青年教师大讲堂专题培训、王阳明心学学习班，开展与革命传统教育紧密结合的红色教育实践、传统文化进社区、"活力校园"教职工趣味竞赛、师生同台的"一班一品"特色展演等活动，在打造特色校园文化的同时，为学校可持续发展储备力量。

在立德树人的旗帜下，以中华优秀传统文化涵养师德，用中华优秀传统文化润泽学子，就是打通了学校德育教育的任督二脉。今后，我们将进一步拓展中华优秀传统文化涵养师德的研修空间，让中华优秀传统文化真正走进教师心灵，让每一位教师既有热爱教育的定力、淡泊名利的坚守，又能悦享生命成长，开展有生命活力的教育，领航地方和区域教育发展梦想！

（史尚山、韦菊梅、费发峰，甘肃省张掖市第二中学）

甘肃省酒泉市第七中学："种大树"培根铸魂
"担使命"涵养师德

教育是国之大计、党之大计。党的十八大以来，习近平总书记围绕"培养什么人？怎样培养人？为谁培养人？"作出了一系列重要论述，深刻回答了"为党育人、为国育才"这一根本性问题。要做好新时代学校师德师风建设，必须要站在党和国家对教育立德树人根本任务定位的"高处"深刻理解和思考！

近年来，酒泉市第七中学深入领会党和国家关于师德师风第一标准的精神与要求，站在师德师风建设的"高处"，以中华优秀传统文化涵养师德为路径，通过开展"种大树"计划，重点抓好学校的骨干教师队伍建设，引领学校师德师风建设的第一梯队在心上用功、事上历练，将中华优秀传统文化中的修身智慧内化于心、外化于行，进而经由一批"关键少数"的示范引领，带动辐射全校教师的生命成长和师德提升，将"立德树人"根本任务落在实处。"种大树"计划从"品读经典，做好老师"活动开始，采用"学、思、践、悟"相结合的学习方法，走过了以下五个阶段。

一、典型树德：见贤思齐，生命感召

第一阶段：遴选种子教师先行——培养星星之火。

活动进行的第一步，就是遴选我校教师骨干，组织参加系列培训与学习活动，了解和感受中华优秀传统文化中的修身思想和育人智慧。2021年5月13日，我校举办了隆重的中华文化涵养师德项目启动仪式，王毅校长讲到，希望全体教师加强师德修养，做行为世范的"良师"；致力教学研究，做学识渊博的"名师"；心存仁爱之心，做学生爱戴的"恩师"。以德立身，以德立学，以德施教，以德育德。通过这项活动，引导教师与祖国同频共振、树立高远志向，学校老师在内心深处明道立德，领略到了中华文化的特殊魅力，对进一步学习经典也有了更加真切的期待。

第二阶段：青年教师试行——培养关键少数。

我校紧跟北师大《论语》百日线上学习的步伐，遴选了一批专业素质过硬、学习能力较强的年轻教师作为学员，由一名教学副校长主抓，开展了《论语》百日线上学习班，号召广大学员们以一颗真诚、庄严之心，品读经典，做有涵养的好老师。帮助教师在小步子、低压力、低门槛的学习中，长时熏陶、长期浸润，促进教师修身与教学实践相融合。这项活动的参与人数从最初的 9 人学习打卡，发展到 14 人，经过一周时间发展到 48 人，分为四个学习小组，采用听音频、跟诵读、听讲解、抄笔记、写心得、分享心得、组长点评的学习方式，线上线下结合开展。教师们每天浸润在经典中，结合自己的学习和教育教学实践，在学习组里分享学习体会和感受，不断用中华经典提升自己，让自己拥有净化身心的能力。

第一批青年教师顺利完成了《论语》百日线上学习，完成学习心得 1287 篇、中期总结 29 篇、结业总结 29 篇，共计 48 万余字。学校对在本次活动中表现突出的 19 名优秀学员和 4 名点评组长进行了表彰奖励，并以此活动引发教师反思自身生命成长中的问题，引领教师叩问教育本质，通过修己实现立德，实现学校立德树人的目标。

二、从个体到群体，从学校到区域

第三阶段：成立核心团队——带动每一位教师修身立德。

"走近经典，做好老师"目的是让关键少数带动全校每一位教师修身立德。我校组织教师先后参加了中华经典育德、识字育德和"好老师情绪管理线上自主课程"的学习。采用自主报名、自主选修课程的方式进行，可喜的是青年教师全部报名第一批，同时带动了年级组的其他教师，共有117 名教师参加了这次学习。我校组建了 6 个学习小组，北师大老师每周定时传送诵读看板、朗读音频和讲解音频，以及"好老师《论语》心得"推送，创设了认真、有序的共学环境和长时浸润的经典学习氛围。为提升共学成效，我校教师不仅跟音频诵读，听教授讲解句意，而且工整地摘抄每周的学习内容。小组微信群里每日上传诵读音频，有自己诵读的、有夫妻俩一起诵读的、有一家三口一起诵读的、有办公室老师一起诵读的，掀起了"经典大家学"的高潮。

通过对传统经典的学习，带动每一位老师"感悟经典魅力，增长教育智慧；践行经典精神，树立高远志向；礼敬中华文明，传承中华师道；接续国学薪火，传承文化命脉"。

"核心团队——带动每一位教师修身立德"的活动潜移默化地改变了学校的组织文化和整体氛围。为了扩大学习成效，让更多的老师从经典阅读中受益，学校赠与第二轮主动报名参加经典育德、识字育德、情绪管理活动的117名教师每人1本《论语》原著、1本摘抄笔记本，对24名优秀学员和4名组长进行了表彰奖励。同时4个课程各遴选了2位学员进行了学习心得交流。以滴水穿石的力量，激发全体教师学习中华经典的热情，变被动学为主动学，逐步在"学思践悟"中慢慢提高。在这次总结大会上，校长明确提出"品读经典，做好老师"活动的"一二三四"指导意见，即一个理念：教育者先受教育；两大参与原则：自主参与、全员参与；三个带动：校级领导带动中层领导、党员带动老师、学生带动家长；四个方法：学、思、践、悟。之后，全校"品读经典，做好老师"活动掀起了高潮。

三、家校联动，协同育人

第四阶段：班级每日一诵——带动每一个家庭书香永续。

在前期活动基础上，我校开展全体师生诵读《论语》活动，每月一个主题，如三月习礼——从古人的雅言雅行中习得言行之礼，明礼修身；四月明学——从学习态度、学习方法、学习内容、学习目的几个方面深入研习《论语》，体会"学而时习之"的无穷乐趣；五月诚信——以诚立信，借《论语》与诚信相关的篇章渗透社会主义核心价值观教育；六月立志——通过《论语》对学生进行"理想"教育，引导师生心上立志，修己达人；七月学孝——和谐家庭关系，落实立德树人。每周一升旗仪式上全体师生诵读一则《论语》，每周三主题班队会上师生诵读一则《论语》，每周五年级组值周总结大会上师生诵读一则《论语》。让学生带动家庭，家庭带动社区，社区带动社会，构建和谐学习的环境。

同时，学校还非常注重对家长的培训，组织教师和家长参加专题学习与培训，在培训学习中家长书写心得170余篇。活动打破了家校界限，形成了"如切如磋，如琢如磨"的学习共同体。

四、一个都不能少

第五阶段：自主学习——心上用功。

习近平总书记在讲话中指出，培育和践行社会主义核心价值观，贵在坚持知行合一，坚持胜于言，在落细、落小、落实上下功夫。学校举办"学经典，做好老师"活动，就是让学校的每一位老师都能通过修身立德，推己及人，做"四有"好老师。学校把每周一次集中学习改为两周一次集中学习，让老师们有更多的时间和精力去体悟"经典的魅力"及其对自身学习、生活和工作的滋养与促进，并组织教师定期交流学习心得，力求帮助学校教师联系自身的学习和工作生活践行社会主义核心价值观。

为了在全校营造浓厚的文化氛围和尊师重教风尚，我校在校园中敬立孔子圣像，以便时时瞻仰孔子圣容，体悟儒家精神，让中国传统文化在当代校园里得到继承和发展。

通过开展文化涵养师德工作，特别是"种大树"活动中"关键少数"的培育与带动，酒泉市第七中学教育教学事业的内在生机和动力被充分激发，教职员工的精神面貌和师德素养得到了提升；党员干部队伍的政治思想和师德师风素质得到了提升；涌现出了一批勇于担当、无私奉献的年轻骨干；涵养了一批自尊自信、理性平和、积极向上的教师。教师们也越来越坚定地认为，品读经典是生命之学，修身立德是我们的人生大事。学校先后获得甘肃"省园丁奖"先进集体、"酒泉市文明校园""酒泉市教育先进集体""酒泉市样板党支部""全区先进基层党支部"等30多项荣誉称号。

师德师风是教师"为人师表"之魂。在学校已有良好师德师风建设的基础上，我们还要继续将中华经典"学以成人"的内在要义学出来、悟出来，并且通过学生代代传下去！扎扎实实践行"四有"好老师的角色内涵，积极传承创新中华优秀传统价值理念和道德规范，努力实现"经师"与"人师"相统一，站在师德师风建设的"高处"，立在师德师风建设的"要处"，落在师德师风建设的"实处"，才能形成良好的社会正能量，创建师德发展新生态！

（宋玉玲，甘肃省酒泉市第七中学）

第七章
小学师德师风建设典型案例

北京第二实验小学：一月一话题，点燃教师智慧之光

　　教书育人是教师的天职。与教书相比，育人更难。这是由育人的本质特征和教师角色的局限性决定的。一方面，育人的本质特征表现为生命对生命的呵护、心灵对心灵的唤醒。扮演"呵护者""唤醒者"，教师的生命和心灵应强大而有力，充满正能量。另一方面，教师角色有着天然的局限性。这种局限，不仅表现在年龄、阅历因素导致的对生命意义、对各种共性成长课题（如友谊、婚姻、生育、死亡、丧失、成败、压力、合作、留学、投资、健康等）体验、领悟深度有限，还因为在教育现实中，大多数教师是以其有限的单一个体成长经验来解读、应对来自学生及其家庭的复杂多样的成长需求。高标准的育人要求和难以克服的教师局限，是育人难的核心原因，往往也是学校教育现实中引发教师职业倦怠的原因之一。

　　数字时代的到来，有助于解决的是优质教育资源、优质教育内容匮乏及分配的问题，但难以解决的仍是教育实践过程中因人际互动而产生的生动鲜活的课堂生成与即时反馈，难以达到因材施教式的心灵碰撞。

　　面对育人的难题，提升教师育人智慧刻不容缓。

　　"育人"真的离不开"讲道理"，至于讲哪些道理、怎么讲，如何避免假大空，这就是育人的精髓了。对话和讨论，是有效促进道德认知发展的教育方式。在对话和讨论中，每个人都会暴露出自己对概念的认识，这就是"前概念"；然后通过不断交流与讨论，再一步步澄清、修正、补充、完善，达成对概念的科学认识，建立"科学概念"。在对话和讨论中，各方还

会结合生活现象、社会现象举例子，抽象概念会因为这些耳熟能详的例子而活化起来，成为"活的概念"。"活的概念"累加起来，就组成了"活"的道德认知系统，而讨论与累加的过程就是"活"的德育。因此，近年来，我校通过"一月一话题"讨论，持续提升教师立德树人的信念与智慧。

一月一话题，话题包罗万象。所有的话题均来自学生的生活，来自学生身边的、眼中的世界。有活泼一点的："手机到底带给我什么""漫威动漫可以出现在中国吗"；有严肃一些的：关于自由、爱国、诚信等社会主义核心价值观的讨论，关于大气、博爱、智慧、致行等学校育人目标的讨论；有常规教育类话题：感恩、友谊、阅读、运动等；还有社会怪象和社会热点话题。话题由学生而发，由教师提炼，邀家长和成人参与讨论。

教师通过类比思维，构建模拟情境，帮助学生习得终身受益的"道德信念系统"。真正有力量的成长，应具有可持续性，适用于终身发展之需。在育人实践中，教师力争能突破一事一议，基于但超越当下的、具体的教育事件，帮助学生建立使其终身受益的"道德信念系统"。面对具体的教育事件时，教师要善于以类比的方式，找到与该事件相似的学生成年后可能会遇到的职场事件或家庭问题，鼓励思考成年后的"他"会如何认识、应对这些职场事件与家庭问题。教师最终将这些思考梳理成为教育对象能听得懂的"理"，再结合模拟情境进行教育。学生发现、理解并接受这个"理"的过程，就是"道德信念系统"习得、构建的过程。如学生正确理解"三好学生"评选中的"成"与"败"的话题，可以类比职场中的评职评先、高校研究生面试等情况。

在不断的研究中，我们对一月一话题有了更全面、更系统的思考与梳理。

话题讨论有结构、有层次。一是从例证、现象看含义，结合身边的现象与观察到的行为，透过现象看本质，讨论话题的含义是什么；二是对标历史、榜样读内涵，即通过寻找身边的榜样、历史中的典范，再次解读话题的内涵；三是思辨"情境"论表现，在不同情境下，结合话题内涵讨论应该表现出什么样的行为，进入"做"的层面；四是反思自己定目标，即结合所学所悟，对照自己的平时表现，订立个人行为契约或者班级公约，构建"道德行为系统"，实现"自治"。

一个话题的讨论大约历时一个月，有时还会更长，这取决于讨论的深度与广度。通常第一周的讨论是从现象、例证出发，提炼出"问题串"，引发全班深思；第二周的讨论是通过查阅资料、访谈家长，在亲子互动中展开深入思考；第三周的讨论是再次回到课堂，在同伴分享中，结合情境思辨，明晰话题内涵；第四周的讨论是学生与自我对话，订立行为契约或者班级公约，构建"道德行为系统"。

育人成果多维度呈现。育人成果不仅包括促进学生发展的个人行为契约、班级公约，还包括这一学习过程中整理而成的话题文献资料、话题书籍摘抄、辩论实录、童言妙语、反思等，也包括学生之后的成长变化。这些成果可以出版，也可以转化成为专题活动，通过舞台、红领巾电视台等与更多学生、家长分享，在更大范围内引发关注与思考。

教师在对"一月一话题"的研究与探索中，慢慢领悟育人精髓，帮助学生构建终身受益的"道德信念系统"和"道德行为系统"。在构建这两大系统的过程中，教育中的种种难题似乎多了一些解决的路径和视角，教师的内心也多了些从容与自信。

（芦咏莉，北京第二实验小学）

北京市培新小学：心桥融通心桥　美好照见美好

《中华人民共和国家庭教育促进法》（简称《家庭教育促进法》）的颁布，成为新时代教育改革发展又一个里程碑，使中国家庭教育有法可依，有助于家庭教育与学校教育更好地协同育人。

一、背景与意义

《家庭教育促进法》中的家庭教育不是孤立的，它牵连着各种教育元素，其中的"促进"二字有其深意。它为"谁来培养人"指出了方向，也为学校的家校协同工作"是什么""为什么""靠什么""做什么"指明了方向。

目前在学校教育中，家校协同仍然是"你是你，我是我"的状况，出现儿童问题时，各自都习惯"向外看"，而不是"向内看"，彼此"隔岸相望"到出现问题的"隔岸猜测"，谈不上相互给力，更无法形成合力。出现这些问题的根本原因是家庭和学校之间没有建好"心桥"，缺少连接的通道，学校应先努力破解"联"的缺失，用心桥融通心桥，用美好照见美好。

二、理念与思路

疫情出现导致相当长的一段时间内教学的主阵地由学校课堂转为"网络在线，居家在场"。"停课不停学"期间，学校和家庭被迫增加了协同需求，为教育走向家校协同新局面提供了契机。家校协同成为保障学习成效的重要力量，但也暴露了系列短板和难题。疫情期间，由于家校协同的意识缺乏，认知和指导能力的欠缺，家庭教育出现很多焦虑。

我们都知道，教育不仅是学校老师的责任，也是家长的责任，学校教育需要家长的配合。家校协同其实是学校教育中的旧话题，家校之间曾经建立起很多沟通的桥梁。比如，家长会、家长培训活动、家长志愿者活动、家长团体辅导等。近几年，该话题被高度重视，这源于教育实践出现了问题，这些桥梁出现了被阻断的现象，会因场地限制导致参与范围小，会因疫情防控导致活动停滞，会因家长没时间而无法常态安排等。家校沟通无论在深度还是在广度上，都不尽如人意，缺少常态化的联通路径，家校之间无法真正融通。破解这些难题的突破口就要从搭建心桥开始，以形成教育合力。

三、路径与做法

(一)遇见焦虑

2020 年，疫情暴发，学生无法到校上课，老师只能线上工作，这就导致家长不得不承担更多的教育任务。很多家长抱怨："既要看孩子上课，又要辅导写作业，太崩溃了。""在家看娃，比上班还累。"家长们焦虑的声音，让我们意识到，必须抓紧破解"联"的缺失，赶快建立起一座新的"桥梁"，并且这必须是一座"心桥"，要能润物无声、潜移默化地走进家长的内心，否则家长的情绪会影响到孩子。

但是，这座桥是什么？怎么建立？我们想了很久。

(二)遇见可能

某天早上，我像往常一样，撕掉日历，准备开启新的一天。我脑海中突然闪现一个想法，如果我们能像一些日历上那样，每天送给家长一条寄语，不是警告、不是说教，只是关于教育、亲子与爱的一句话，在不经意间，给家长教育上的引导，这或许是个不错的方式。但是从生成教师想法到真正实施，我纠结了很久。能否坚持一年 365 天不间断地去做呢？能否保证输出高质量内容呢？

最终决定要做的原因很简单。我想做一个好校长，哪怕结果未知，哪怕前路艰难，但只要对教育有一点点促进，我都愿意去尝试、去努力。于是，2020 年 3 月 16 日，早上 6 点，第一条"培新小语"诞生了。"疫情，让我们拥有了超长的假期，也是难得陪伴孩子们的假期，一定一定好好珍惜。"我希望家长们看到这句话，能够化解心中的焦虑，享受这个特殊的亲子假期。也是从那天开始，每天早上 6 点多，我有了固定的工作内容，发布当日的"培新小语"。这一写，就是将近三年。1000 多个日子，1000 多条"培新小语"，每日早上 6 点多，从未间断。

(三)育见成长

为了增加小语的可看性，学校信息组教师给每一条小语配上了契合的插图，每年更换一个设计模板。同时我要求自己，不管是在看微信公众号，还是书籍、视频，随时随地记录有启发性的句子，三年来，我记录了整整一大本笔记。而更让我欣慰的是，"培新小语"虽因我而生，却因更多人的参与变得丰富多彩。2020 年，我们组织毕业班的学生参与"小语"的写作，从他们的角度表达对教育的理解；2022 年，学校建校 70 周年，全校200 多名老师参与"小语"创作，分享他们对教育的理解和个人故事。从某种意义上说，"培新小语"不仅是一条向家长传达教育理念、引导家校共育的心桥，也是融通的心桥，更是见证共同成长的心桥，这个过程彼此以美为光，向好而行。

家长"发现孩子偷玩手机，瞬间火冒三丈，但想到'小语''先处理情绪再解决问题'，于是慢慢放下了高举的手"；学生说"'红色与五星需要敬仰'，是'培新小语'教给他最庄重的信念"；老师说"'蒸蒸日上，不是争争日上'，是教育教给他的道理"，"'培新小语'不仅是写给家长朋友的，我们也受益匪浅"。

而在我眼里，小语是什么呢？是秋天里每片落叶，毫不起眼，却能浸染整个季节；是彩虹里每滴雨点，微不足道，却能呈现最绚烂的色彩；是清晨里一缕微光，悄无声息，却能点亮整个世界。小语是家校共育的一座心桥，是一座用意识影响意识、用美好照见美好、用教育改变教育的心桥。1000 多天的坚持，让我更加坚信，小语虽小，但小中见大，微光终能成炬。

"培新小语"是学校的静态课程，它是学校面向全体家长的一座虹桥。"培新小语"从校长的心声到教师的心声再到家长的心声，给予了大家润物无声的家庭教育指导，潜移默化传递着学校的育人理念，也让家长看到"培新教育"的认真和坚持。

四、成效与思考

(一)成效

"培新小语"成为学校家校微课程的品牌产品，在家长中的反响很好。但是小语是静态的，如果能动态呈现，效果是否更好？有想法就行动，培新教师团队开始尝试构建家校协同微课程体系。学校教师在大量调研的基础上，共同研发了两项课程：一是以教师和家长为主讲人的"心手相连育见成长"家校微课程；二是以学生为主讲人的"培新有约"微课程。从 2020 年 9 月至今，已推出近 70 期"心手相连育见成长"微课，通过不超过 3 分钟的微课程，教师和家长介绍经验，有针对性地带领大家提升理念和提供方法指导。从 2022 年年初至今推出近 70 期"培新有约"微课，很多毕业生介绍自己的童年生活感悟，给学弟学妹寄语，用一个全新的视角给大家带来教育启迪。微课程和"培新小语"解决了家校协同的广度问题，让与培新教育相关的所有人都受益匪浅。

在此基础上，学校进一步申请了"指向缓解家长教育焦虑的家校协同课程设计与实施研究"课题，并在北京市成功立项。在"双减"促"双升"的背景下着力提高教师家庭教育指导能力，通过课题引领，联动全体教师积极参与研究，解决难题。

从这个案例分析，基于新媒体技术的发展，学校和家庭之间信息传递的内容可以更加丰富，这也是双向的现实需求，关键是搭建连接之桥，让沟通畅通，促沟通入心，真正实现家校协同的常态化和针对性。从实践来看，微课程是搭建心桥的可行性举措。

(二)思考

1. 向内看，连接心桥

从点看，这次实践探索让培新人尝到甜头，看见可能。家校协同多样性课程能够加强家校互联共享，形成同心圆合力，一封封表扬信就是最真实的反馈。学校要把党的二十大报告精神落在实处，努力发展具有中国特色、世界水平的现代教育，一定会面对很多挑战、难题，但方法总比问题多。向内看无限，向外看有限，只要我们不断向内看，用心对待学生、家长的需求，就能脚踏实地地朝着办人民满意的教育方向前进。

2. 家校通，照见美好

从面看，这次实践探索让培新教育形成一个互通的场域，遇见美好。协同定会促成长，3分钟的微视频录制，不仅帮助家长成长，也帮助教师提升。专业就是力量，提高家庭教育指导能力是新时代对教师专业的更高考验，微课程实现"双赢"，同时对新教师起到示范指导作用，以优学优。家校之间只有心通了，理念才通、事情才通、场域才通。家校彼此各是一面镜子，擦亮镜子，坦诚相待，照见自己的不足，照见对面的美好。

3. 促成长，协同育人

从整体看，这次实践探索让培新小学建构起了家校协同育人的课程体系。倾听这次成长拔节的美妙声音，培新人信心百倍，热情倍增，探索不止，成长不停。

我们为未来而教，更为未来而育。用心桥融通心桥，用美好照见美好，在不断预见、遇见、育见的循环往复中为学生适应未来社会而努力，办人民满意的教育！

（张燕，北京市培新小学）

北京市琉璃河中心校：构建燕都文化
特色课程　助力学校师德涵养

2014 年 2 月，习近平总书记到首都博物馆考察时指出，北京是世界著名古都，丰富的历史文化遗产是一张金名片，传承保护好这份宝贵的历史文化遗产是首都的职责。北京市房山区历史悠久，文化底蕴丰厚，素有"人之源""城之源"和"都之源"的美誉。西周燕都遗址便位于房山区琉璃河镇，它的发现为现代北京开放、多元和兼容并蓄的城市文化品格找到了历史源头。燕都文化所蕴含的丰富的人文精神和道德规范等，对新时代落实立德树人根本任务具有重要的教育价值和意义。

琉璃河中心校下辖的琉璃河中心小学毗邻西周燕都遗址。学校近 70％ 的教师是在琉璃河的滋养下成长起来的，近 80％ 的学生为本地孩子，学校师生对燕都文化的亲近感和认同度高。几代"琉小人"薪火相传，秉承深厚的燕都文化底蕴，将传承与创新有机结合，特别是近年来，学校抓住房山区师德涵养实验区建设的契机，致力于通过探索构建燕都文化特色课程，涵养新时代"四有"好老师，涵养学生传统美德，努力打造阳光校园，逐步实现"让灿烂笑脸幸福绽放"的办学目标。

一、燕都文化：涵养师德独特的思想道德资源与精神滋养

燕都文化为学校在新时代背景下开展师德涵养和师德师风建设、传承弘扬中华优秀传统文化、增强教师民族自豪感和文化自信，提供了天然的、独具特色的思想道德源泉和精神滋养。

二、燕都文化涵养师德：重在以文化人，涵养美德，传承精神

学校在开展燕都文化涵养师德工作中，始终秉持"厚植燕都文化、坚持立德树人"的理念，以"涵养美德、传承精神、化育新人"为目标，坚持正确价值导向，注重以文化人，引领教师了解和感悟燕都文化的深厚底蕴与独特魅力，引导教师以燕都文化所蕴含的丰富精神内涵滋养学生心灵，提升学校师生的人文素养、审美情趣和思想道德情操。

一方面，注重帮助教师增进对燕都历史和燕都文化的了解与认知，在提升教师文化素养的同时，鼓励教师将燕都文化融入教育教学实际，切实提升以燕都文化育人的课程开发与实施能力。另一方面，注重帮助学生详细了解燕都文化的发展脉络和所创造的灿烂文明成果，以地域文化滋养一方学子，在学生内心深处植入地域之根，提升学生的人格品质与家国情怀。

三、着力构建燕都文化特色课程：多种途径，深耕细作

学校充分利用建设房山区师德涵养实验区的契机，以燕都文化为载体，以学科融入为路径，以项目式学习为方式，积极构建燕都文化特色课程，通过多种途径深入推进燕都文化涵养师德工作。

(一)研训同步前行，深化教师对燕都文化的认同与理解

燕都文化经历了长期孕育和发展过程，文化意韵深。读懂它并非易事，文字生僻、人物陌生、事件久远、文物无声，如何做到"我先读懂，我先体悟，再向学生传承"是对学校教师的一大挑战。为此，学校采取三步走策略：一是安排教师参与项目培训，聆听专家深入浅出的解读，增强对燕都文化的兴趣。二是自主研读。通过"守望燕都"公众号推送研读内容，教师在自主研读中更深刻地了解和感悟燕都文化的深厚底蕴与独特魅力。三是亲身体验。定期带领老师参观燕都遗址博物馆，观看馆内陈列，阅读馆内文字，聆听馆内讲解，深入探寻文物背后鲜为人知的故事，找准

学科内容与馆内资源的结合点，设计实践活动课。参与、学习、思考、交流、分享，再把学到的知识在课堂上向学生传递。

（二）以燕都文化发展脉络及其关键事件、典型人物等为核心选择师德涵养的课程内容，同步融入学科教学

如何把历史悠久、丰富多元的燕都文化融入教师的师德涵养活动中、融入以立德树人为核心的学科育人体系中，是学校一直在思考的问题。在项目专家的指导下，学校核心团队教师围绕核心思想理念、中华人文精神、中华传统美德三大主题，通过全面梳理燕都文化的发展脉络，选取召公封燕等关键事件、荆轲等典型人物、堇鼎和伯矩鬲等器物，深耕学科内容，把握学科特点，通过语文课的识字写字、诵读诗文，美术课的描绘，科学课的材质简介，道法课的历史变迁等，把燕国文化内容融于学科拓展实践活动之中，形成燕都文化与学科教学的有效融合。通过创造性转化，让文物、遗产、古文字等都活起来，让燕都文化见人、见事、见精神。

（三）融入实践活动，涵养学生美德

学校在以燕都文化涵养师德的同时，还引领教师开展设计实践活动课程，本着"站在儿童立场，发挥教师专长，充实校园生活，拓展校外体验"的原则，从地理文化、历史文化、科技教育文化、艺术文化等不同角度，选取与教师、学生生活密切相关的学习内容，研发设计了"认识博物馆里的生僻字""我来讲燕都文化成语故事""我是家乡小导游""文物拓印""文物线描""餐桌礼仪"等实践活动，以及与西周燕都遗址博物馆共同开发小讲解员志愿服务课程等，采取广播宣传、阅读推荐、参观讲解、动手操作、戏剧排演等形式，让师生在"看得见、听得清、摸得着、感受得到"的燕都文化体验中，拉近与燕都文化的距离，与乡土文化融合共生。

四、成效突出：学校师德涵养工作呈现新气象

通过近年来学校在燕都文化涵养师德工作中的不断探索与实践，燕都文化中的优秀道德传统、民族精神及其带来的文化自信已经深深扎根在教师心中。

(一)师德涵养不断深化

通过梳理燕都文化的整体变迁和发展脉络、燕国人物故事、燕国礼乐制度的形成与变迁、馆藏文物的价值意义，教师对家乡琉璃河的热爱、对传承祖国灿烂文化的信念更加坚定，在教育教学实际中融入燕都文化因素的自觉性和主动性也增强了。

(二)课堂育人实效不断增强

在"回望燕都，探寻燕文化——走进博物馆学科实践活动"系列活动中，教师设计的实践课精彩纷呈，使燕都文化深深扎根在学生的心中。

美术实践活动课中，赵晓禹老师带领学生赏析燕都遗址博物馆镇馆之宝，感受器物的精妙，使用传统绘画中的线描方法进行器物创作。学生用精美的线描作品述说着对馆藏器物的欣赏，对家乡文化的热爱。

劳动实践活动课中，张春梅老师引领学生观察馆藏陶器，了解烧制过程、用途及器物造型之美，学生用手捏成型法、泥条盘筑法等技法制作自己喜欢的器物。

科学实践活动课中，郭红然老师带领学生观察、认识青铜材质器具，并讲解青铜器的形成及能够长久保存的原因，引领学生感悟先贤的智慧，懂得只有具备科学观念、运用科学思维、积极探究实践才能有创造与创新。

道法实践活动课中，杨东方老师通过设计师密集问题链、自编家乡文化童谣、展示明信片和邮票资料等活动，一步步拉近学生与燕都文化的距离。

(三)课程体系不断优化

学校不断优化燕都文化特色课程结构，在课程实施中，把"燕都文化"以"两融合一实践"(燕都文化与学科课程融合、燕都文化与德育课程融合、燕都文化小讲解员志愿服务实践)的模式深入推广，促进教师提升对课程的设计力和执行力，从而整体提升课程育人水平。

(四)家国情怀融入学生血脉

通过燕都文化特色课程建设，教师带领学生一起走近燕都文化，了解燕都文化中的人物典故、民风民情，传承燕都文化中的仁爱敬德、自强不息、不畏强权、舍生取义、见义勇为、视死如归等精神，培养学生深厚的乡土情怀和强烈的民族自豪感、自信心。

（丁建芳、张立新、肖长红、李漫，北京市琉璃河中心校）

重庆市红糟房小学：文化涵养师德　铸就正慧之师

要在构建现代化高质量教育体系的过程中落实有理想、有本领、有担当时代新人的培养要求，高质量教师队伍的建设是关键。近年来，我校围绕"养正积慧"办学理念，以文化涵养师德，努力铸就着一支涵养正道、滋养品行、学以致用、智慧处事的正慧之师。

一、突显学校核心价值，坚定师德师风建设目标

红糟房小学建校于清朝末年，起初为复元寺所办书院；民国二十五年，复元寺书院与荔枝小学合并为复元寺小学；新中国成立后国家办学，更名为红糟房小学。学校初始名为"复元"。"元，始也。""元者，为万物之本。""复元，复会于元首，从头开始。"小学教育正是学生人生的初始阶段，"复元"即"回到教育的本源与本真"。在悠久的办学历史中，全体师生积极探寻教育的本源与本真，以学校历史为根，确立了以"正慧"为核心的价值观，凝练了"养正积慧"的办学理念。

"养正积慧"，即涵养正道，滋养品行；学以致用，智慧处事。学校师生以此涵养自身，为人处世。2021年，学校被教育部授予"全国中小学优秀中华传统文化传承学校"称号，并成为"北京师范大学师德涵养沙坪坝实验区文化涵养师德实验学校"，这也更坚定了学校以中华优秀传统文化助推师德师风建设的工作思路。

二、传承优秀传统文化，踏实推进文化涵养师德建设

学校紧跟沙坪坝区师德涵养实验区建设的步伐与节奏，对文化涵养师德规划做了适度调整与完善，主要从以下三个方面，深入推进师德师风建设。

(一)识字育德，追根溯源

低学段语文教师分两期参加了教育部师德师风建设基地开办的"识字育德"线上研习坊。通过微课学习、作业打卡、专题培训等形式，以统编教材为依据，结合学科教学，对低学段教材中的一类字进行深度研究，带领孩子们积极探究汉字之理，追根溯源系统学习中华汉字文化，将汉字文化的魅力与育人价值传递给学生、家长、同事。

(二)经典养德，立己达人

组织教师参加北师大"中华经典线上传习坊"，通过专题学习、导读微课、诵读、抄写、讲解等方式，走进《三字经》，并实修实证，不断提升自身文化素养。组织教师参加北师大《论语》百日线上学习培训班，通过"晨听—午诵—暮省"的学习方式，结合日常开展的轮值写家书、线上交流分享、集中研修、撰写实践心得等活动，引领教师开展自我省察，并带动全校教师们一起涵养师德，提升心灵品质。

(三)三个结合，同心共育

在师德师风建设中，学校以点带面，将文化涵养师德项目与学校重点工作结合起来，在教育教学实践中全面实施，进一步推动着学校以"正慧"为核心价值观的特色文化建设。

第一，与教育教学活动相结合，浸润美好心灵。

学校是重庆市书法艺术教育示范学校，围绕"正墨正心慧通达人"培育理念，构建了"正墨"书法教育校本课程体系。注重夯实全面普及课程，让习练书法、传承经典成为师生每日必修；利用"快乐活动日"、课后延时服务等时间段，有针对性地设置兴趣提高课程，对学生进行书写、诵读与演绎的辅导与提升；举办特色文化活动课程，在丰富全面的活动课程中学思体悟。

学校持续开展"经典润童心一起向未来"班级经典阅读展演活动；举行"以书法的名义致敬祖国"国庆节庆祝活动；带领书法社团学生一起开展"书法装点生活"主题活动，并应邀参加"请党放心强国有我"重庆市少先队建队日活动；坚持开展一年级开笔启智入学课程、六年级感恩启航毕业课程、师生端午书折扇、春节送祝福等社会实践活动课程；与沙坪坝区文化馆、新华书城联合举办师生书法作品展；应邀参加沙坪坝区 2022 年全民阅读活动启动仪式等。

在各种教育教学实践活动中，师生一起在中华优秀传统文化中浸润美好心灵。

第二，与师德师风研修工作相结合，师德师能双提升。

一是开展"共学共进"师德师风研修活动，凝心聚力。根据师德涵养建设目标任务，充分利用政治学习、学科研修活动、假期干部培训等活动开展师德研修活动，举行共读一部经典、共书一首诗、共悟一段话等研修活动，开展"最美教师""优秀研修组"等评选，利用经典引路、同伴互助、榜样示范等活动，营建良好师德氛围。

二是优化"全员书法教师培养工程"，德才并进。落实好教师常规书法培训、经典诗词习练、各级各类书法竞赛活动，坚持每日一习练、间周一培训、每期一展评、每年一成果集，全面提升教师思想道德修养与育人品质。

三是结合教师重大节日庆祝活动，涵养师德。节假日，教师带动家庭习书法、诵经典；三八妇女节，学校工会组织开展"文化涵养幸福花开"经典文化传、习、诵、展、演系列活动，公开展评教师 10 米长卷作业，硬笔、软笔经典诗词创作作品等；春季运动会，开展经典诗词粉笔书法接力比赛；国庆节，师生一起致敬祖国，抒发情怀。

第三，与"正雅"环境创设相结合，共建精神家园。

学校遵循"凡有一物，必有一名；凡有一名，必有一字；凡有一字，必有其事"的"汉字博物馆"建设目标，努力建设一个"清爽温馨，虽小亦大；翰墨韵染，童蒙雅正"的校园环境，在环境中植入精神文化元素，赋予校园物件以文化内涵，让校园中每一座建筑、每一处景致，都成为学校思想的传递和学校文化精神的表达。由此，一点点弘扬中华优秀传统文化，一步步着力将学校营建成师生的精神家园。

三、坚守师德涵养课程，培育堂堂正正中国少年

一所学校，就是一个教育生态场。近年来，在墨香书韵的浸润中，学

校师生凝神静气，慢慢成长，学校影响力与美誉度也日益提升，逐渐成为"老百姓心中的好学校"。

中国特色的教育，必然是传承中华文化血脉的教育。习近平总书记在全国教育大会上强调，建设社会主义现代化强国对教师队伍建设提出新的更高要求。新修订的课程方案和课程标准明确提出，教育要有机融合社会主义先进文化、革命文化和中华优秀传统文化，增强课程的思想性。鲜明的目标导向对教师队伍的思想道德素质和综合能力素养提出了更高的要求。文化涵养师德项目作为我校师德师风建设始终坚守的"第一课程"，还将继续要求全体教师用灵魂与行动来讲述与践行，并以文化人、以德育人，悉心引导红糟房小学的孩童成长为堂堂正正的中国好少年。

（张群、张红、程立，重庆市红糟房小学）

重庆市巴蜀小学：一群追寻教育理想之光的人

什么样的学校是好学校？好学校一定会有极其纯粹崇高的社会理想，有基于儿童立场的自主自洽的学校教育哲学，有人文高效的科学管理体系；好学校的教师人人都爱成长、爱研究、爱创造、爱极致之美；好学校也一定是永远"不安"、始终保持创新活力的学校。

重庆市巴蜀小学的干部教师的眼中总是闪着兴奋热情的光。这光来自对职业和自我的认同，来自自我实现和陪伴学生成长的幸福，更来自与团队同生共长的价值感。

场景一：每个学生都被关爱："资源实现自主，工具撬动学习"

疫情期间，巴蜀小学推出"巴蜀公开课"，是供学生一天在线学习的系列课程资源。那天是正月初五，教师还在过年休假中，自愿申报的信息传出去，学科组长、学术委员、党员率先站出来，普通教师也紧随其后踊跃报名。不到两个小时，老师们就齐聚在微信群，开启研究讨论。从如何设计导学单，到如何录制微课，大家积极讨论。目的只有一个，所有的课程要关爱到每个学生，让居家学习有意义、有效果。有教师在下载软件、动画设计、音响效果、后期剪辑等工作中遇上问题，只要提出，立刻就有人解答，哪怕已是夜深人静，大家依然在团结工作。微课录制完成后，还要进行严格的一审、二审流程。"巴蜀公开课"线上教学按时开启，令所有学生居家学习、实践、锻炼等有序推进。

场景二：每个人都爱研究："以学术的方式，守候生命的静好"

每周例行的教研活动，从教研的主题到主持人、主讲人、记录人，都有详细的安排，教师按照计划，充分准备，成为教研的主导者。这样的教研激发了教师的内生动力，在研究状态下投入地工作，自己的专业水平也得到不断提升，从而也提升了整个学科组的教研水平，实现了"个人与团队、专业与情怀"的共生共长。

场景三：每个人都有情怀："坚守 **20** 年的城乡文化互助行动"

2022 年 5 月 27 日，巴蜀小学教育集团"中国好老师巴蜀公益行"的志愿者们来到了巫溪珠海实验小学，开启了主题为"学习新课标·助力新课堂"互助交流活动。志愿者们上课、办讲座，互动交流……

20 年来，巴蜀小学志愿者采取"1＋1＋N"城乡文化互助方式，与重庆市 33 个区县学校牵手互助。以巴蜀小学为基点，通过扶持一所学校，带动周边 N 个学校，影响 N 片区域，进而让优质教育成果辐射一片和带动一方。巴蜀小学已经走进了重庆市内 200 多所学校，通过骨干送教、网络云课堂、师徒结对等方式，带去优质教育资源，促进互助学校的发展。

巴蜀小学教师群体有专业的精神、有丰富的学识、有教学技能、有纯正的思想、有慈爱的心地、有强健的身体、有耐劳的习惯，对于探索团队师德师风建设路径，有如下经验。

一、看见美的力量：薪火相传"没有止境"

巴蜀小学《建校宣言》开篇曾发出这样的追问："教育有成功的一天吗？直截了当地说，不会有。教育是时代上'继往开来'的事业，它要趋合时代，适应潮流；它要发扬文化，扶植思想；在未来的时日中，它绝没有止境。"在砥砺前行、接续奋斗的教育征途上，巴蜀人以独具匠心的创造力和坚韧不拔的生命力诠释着"真"与"动"的巴蜀精神。

(一)"公正诚朴"的精神之美

进入新时代，巴蜀小学赓续红色血脉，开启"学史力行开新局"系列活动，打造立体多维党史学习场，践行为党育人、为国育才的教育使命。正如校歌所唱："我们的新中国正待建造，巴蜀学校愿在这大事业中贡献最大的勤劳……"

(二)"做的哲学"的思想之美

巴山蜀水，钟灵毓秀，诠释着"真"与"动"的巴蜀精神。巴蜀人兢兢业业、心无旁骛、砥砺前行、精益求精、务实从容，以"真"与"动"的巴蜀精神躬耕践行"做的哲学",不断追问"为何做",众志成城"一起做",心无旁骛"做起来",各美其美"做出来",锲而不舍"持续做"。"教育是做的哲学"已内化为巴蜀的集体人格标签。

(三)"儿童立场"的创造之美

学校以律动教育思想引领实践探索,凝结出以立德树人为导向、以国家课程为主干、以学科育人为基础、以"学科+"为显著特征的课程综合化教学模式,做实国家三级课程管理在一所学校落地的系统解决方案。学校"基于学科育人功能的课程综合化实施与评价"成果荣获2018年基础教育国家级教学成果奖特等奖。

二、共创美的过程:"教育是做的哲学"

(一)彰显课程之美:创造与个性共生

巴蜀小学秉承"与学生脉搏一起律动"的教育理念,通过对学校课程体系、教学、评价等方面的整体改革,构建起创造与个性共生的"1333"律动课程体系,并以"(教室)小课堂、(学校)中课堂、(社会)大课堂"三类课堂为实施形态,最终奔赴培养"公正诚朴,头脑科学,身手劳工,自信、豁达、优雅的合格公民"的育人目标。

数字资源建设是未来教育课程资源配置的重要内容。经过三年集中研发,巴蜀小学"中央厨房"式结构化资源和课堂教学工具——"学教小助手"诞生,共计编制完成课程资源2053个,基于信息化平台公开发布1558个,体现出全学科组、全年级、全单元、全课时覆盖的特点。"学教小助手"不仅通过升级教研方式,打造出品质协作的"中央厨房"式"智造库",整体抬高教学质量的底部;还通过升级学习方式、共创课程成果的"云空间",打造资源融合的"创造营",使之成为巴蜀小学在"双减"背景下推动线上线下融合教学的素质教育整体解决方案。

(二)建构生活之美:着眼于人的可持续发展

其一,以"三力"评价体系激发学生成长内驱力。打通学生综合素质评价和课程学习评价的通道，真正让评价引领学生自我成长。

其二，以"三重生活"主张推动家校社协同育人。将地域人文历史与"节假日生活实践"序列课程相结合，扩展教育教学形态，形成学生、教师、家长、社会交往互动的美好教育生态。

（三）营建空间之美：在沉浸式体验中感受美

巴蜀小学所在的巴教村教育文化街区位于重庆母城渝中区，是重庆现代教育的起点和红色文化的高地，同时入选红色文化旅游联盟成员单位。2020年，巴蜀校园的更新改造项目入选"中国城市更新和既有建筑改造优秀案例"，学校建筑除沿用老校舍的名称，如诱海堂、湘院、觉楼等之外，还保留了镌刻岁月痕迹的堡坎石阶和多年生长的古树……学校还在改造中邀请学生和家长共同参与，营建出深受孩子们喜爱、智趣合一的校园生活空间，如能演奏美妙乐章的音乐框，能记录学生指纹的风铃墙，巧妙运用空间差设计的旋转滑梯，具有山城特色的"长江索道车厢"心语间……这些巧设的教育空间融合形成的"环境空间课程"让师生在沉浸式体验中感知多样的教育之美。

三、抵达美的彼岸：以学术的方式守候生命静好

（一）激发成长之美：共同经历、彼此滋养，成就专业化教师团队

人才梯队的常态化培养、"传帮带"精神的发扬光大、互补互助文化风尚的形成，成为巴蜀小学不断向前、生生不息的永恒动力。

其一，以学术领导激发教师成长自觉。作为巴蜀教师最重要的学术研修平台，教师"阳光互助成长杯"教学竞赛至今已举办20届，活动包括"聚焦核心主题""组建互助团队""不同专项循环往复""专业反思提炼"等多个流程，在夯实教师专业技能的同时，也推动以专业愿景、专业研究和专业发展为核心的学术研究共同体建设。依托该平台成果的转化，再通过"阳光互助区县行"平台的教学联通和实践验证，巴蜀教师的教研能力不断提高。同时巴蜀小学还构建了面向校内外的学术年会、小学教育巴蜀峰会、

"种子教师"人才培养专项计划等各类学习成长平台，旨在以学术领导激活教师从专业发展走向生命成长的自觉。

其二，以特色评价引领教师成长。巴蜀小学通过建构"四段三维式"教师专业发展评价模型，用成长雷达图定义教师成长坐标系；通过构建教师梯队发展的"T-I"评价模型，运用增值评价的理念与方法，推动教师个人和团队互促共荣。学校还通过实施"新人强基计划"，为新教师提供丰富的学习平台和锻炼机会，多岗历练促其成长。

(二)辐射奉献之美：秉烛者，光永随，造福更多地区和学校

对内深化方面，学校不断挑战自我边界，追寻有境界的教育生活，努力在为党育人、为国育才方面作出创造性贡献。在对外推广方面，学校组建教学成果推广应用"学习共同体"，仅 2021 年就奔赴上海、江苏、河北、广州等 7 个省市推广示范区，深入 200 余所学校，辐射带动 3000 余人次，推广应用经验还在全国工作推进会上进行示范。学校还积极与四川成都市青羊区、锦江区等地区的学校牵手，为唱好成渝"双城记"、建好"双城经济圈"贡献教育力量。

秉烛者，光永随。作为教育公益事业的积极倡议者和推动者，巴蜀小学多年来不断用实际行动回应教育部的帮扶倡议和国家扶贫攻坚政策。从坚守近 20 年的"1+1+N"城乡学校文化互助项目，到"中国好老师巴蜀公益行"活动中骨干教师志愿者的全情投入，巴蜀小学不断深化集团化办学成果，提炼、传播巴蜀经验，担负起一所小学在促进义务教育优质均衡发展过程中的应尽之责。

面向未来，巴蜀小学将继续强化师风师德建设，在守正创新的路上笃定前行，在且歌且行中不断探索超越，以学术的方式守候生命静好，以生命之力点亮至高无上的教育之美。

(丁小彦、陈怡，重庆市巴蜀小学)

广东省广州市沙面小学：
根植时空基因　同频时代脉搏

腹有诗书气自华，是大诗人苏轼的名句。一个人，如果有深厚的学养沉淀，就必然有丰富的内心，进而外化为非凡的气质。人如此，学校亦如是。

始建于 1947 年的广东省广州市沙面小学，坐落于珠江之滨。广州务实、常为新的城市精神，荔湾十三行开风气之先的区域传统，沙面岛华洋交融的独特历史，共同涵养了这所学校鲜明的气质。植根城市基因，迎接时代挑战，在赓续传统和与时俱进的动态平衡中砥砺前行，是沙面小学师德师风建设的第一要义。

与城市气度同频

广州，是一座具有独特精神气质的城市。位于珠江之上、面积仅 0.3 平方公里的沙面岛，是广州的地标性街区。诞生于这片历史与文化土壤之上的沙面小学，是沙面岛上唯一学府。郭沫若先生为学校所题写的"百丈再百丈，攀登高峰上"，成为沙面小学的校训。"百丈再百丈"，融合了广州城市气质中开放进取的底蕴，以及沙面历史发展中大胆创新、敢为人先的精神。"攀登高峰上"，则与广州商贸文化中不畏艰难、务实果敢的优秀传统同频。

与城市气质共振，与小岛发展共生共荣，以校训引领实践，是沙面小学师德师风建设的总纲和成功的关键。

与校训同频

以"百丈再百丈，攀登高峰上"的校训引领，沙面小学提出"四有"好老师行为准则，以此确立教师队伍的"集体自画像"。所谓"四有"，指的是有理想信念、有道德情操、有扎实学识、有仁爱之心。

有理想信念，要求爱岗敬业，同步时代。每一位沙面人都在用实际行动贯彻党的二十大精神，在传承红色基因、弘扬传统文化上继续努力，帮助学生系好人生的"第一粒扣子"。踔厉奋发、勇毅前行，以匠心守初心，以师道传大道，带着强烈的责任感和使命感，将教书育人融入实现中华民族伟大复兴的奋斗之中！

有道德情操，要求爱党爱国，明辨是非。沙面人正是以自身正、自身净、自身硬的模范行为去影响、带动一批批的沙面学子，真正做到以德立身、以德立学、以德施教、以德育德。

有扎实学识，要求谦虚好学，精益求精。在"教"的同时，沙面人在"学"的方面没有丝毫懈怠，不断提高业务能力和教育教学水平，"以身立学"练就"真功夫"，最大限度实现对学生的言传身教。

有仁爱之心，要求爱生如子，共情感恩。沙面人把仁爱之心、包容之举、关爱之情的观念体现在每一个教学的细节之中，真正做到教知识，因人施教、因材施教；育学生，宽严相济、诲人不倦，切实维护学生的人格尊严，让学生"亲其师、信其道"。

为打造"四有"老师队伍，沙面小学建起了"教师自我发展学校"，要求教师对自身教学的优势、劣势有充分认识，订立明确的自我发展目标，并在教学中敢于尝试，并在反思、修正、再实践的闭环中，不断建构个人理论和教学风格，形成一定的教学科研能力。

与此同时，每一位教师，均需自订"三四六发展规划"。即，制订自我发展的三年计划；建立"四自"理念指导下的自我发展成长档案；确立"六个自我发展阶梯"中的自我定位、所属位置，并拾级而上，一步一脚印地迈向自我发展与实现。

与此同时，学校做好教师自我发展的顶层设计，从认知、情感、技能三个侧面强化、丰富教师间的联系，增强教师的自组织性，促进教师协同共进。

与家国大事同频

在师德师风建设中，沙面小学始终与国家大政方针、政府中心工作同频，把握时代的脉搏，并通过教师的言传身教，把美好的品质、广阔的情怀、宏大的视野传递给孩子，培育他们的家国情怀。

在过去三年里，"抗疫"成为国家与社会的主题词之一。沙面小学师德师风建设，亦围绕这一重要议题展开。学校德育处携手党员教师，推出"立德树人担当有为——别样的思政云课堂"系列活动。活动以"讲故事"为主要形式，并依内容分为三大系列。一是由书记、校长、行政代表收集抗疫的动人故事，向孩子们讲述的"家国情怀责任担当"系列。二是邀请参与抗疫工作的家长、老师和志愿者参与的"有爱，就有回归"系列。三是学生代表讲述自己抗疫见闻和感想的"小先锋，在行动"系列。这些内容，与防疫工作的进展、政策的更新同步，积极传播广州防疫的正能量。

与此同时，我们还将广州落实"精准扶贫""乡村振兴"等国家战略的相关工作，纳入师德师风建设的考量范围。

同样在疫情期间，广东广州、贵州毕节两地学子经过 20 个日夜的创作，共同完成了《守护美丽校园你我童心战"疫"》校园防疫系列漫画，见证"万水千山总是情"。他们根据两地的校园防疫要求、校情特点，描述学生复课返校所需注意的事项。孩子们自主配画，手绘各种有趣的漫画，充满童真童趣，还创编歌曲，在两地多所校园里传唱。孩子们反复唱诵，把校园防疫提示熟记于心。

从地方文化、城市气度中提取核心因子，将其融入校训"百丈再百丈，攀登高峰上"的时代表达，并结合特定时期的家国大事，落实到教学育人的日常实践中，打造沙面小学师德师风建设的完整闭环。

（姚丹，广东省广州市沙面小学）

广东省广州市流花路小学：书韵教育立师德，
精神引领铸师魂

广州市流花路小学创办于 1949 年，坐落在美丽的流花湖畔。学校总占地面积 11000 多平方米，有 36 个教学班、学生 1400 多人、在编教师 70 多位。学校坚持文化立校、品牌强校的发展理念。学校在师德师风建设上，以"书韵教育"为抓手，以"一个核心，三个切入点"为思路，探索文化涵养师德的新路径，取得了一定的成效。

一、背景与意义

教育发展，教师为本；教师发展，师德为要。习近平总书记指出，"评价教师队伍素质的第一标准应该是师德师风"。教育部部长怀进鹏在 2022 年 9 月首届中国案例建设国际研讨会上指出，"要将案例成果和学术论文放到同等地位"。广州市荔湾区在 2020 年成为北京师范大学师德涵养实验区，根据实验区的整体建设思路"中国精神引领，经典文化涵养，乡土文化浸润，学校文化会通"，结合学校办学特色，探索全员、全方位、全过程"经典文化涵养师德"的典型案例，为荔湾实验区建设作出贡献。学校以"书韵教育"为抓手，具体实施过程主要涉及三个方面：一是探索文化涵养师德的新路径；二是构建学校师德涵养的长效机制；三是形成可推广的学校师德建设新经验。

二、理念与思路

学校文化涵养师德的理念是"书韵教育立师德，精神引领铸师魂"，主要思路可以用"一个核心，三个切入点"来概括。"一个核心"是指以"书韵教育"为抓手，以诵读中华经典为内容，鼓励教师好读书、读好书，感悟书中蕴含的道理和韵味。"三个切入点"分别指构建经典课程体系、加强教师校本研修、将经典融入学校管理，引导教师在实践中以德立身、以德立学、以德施教，做新时代"四有"好老师。

三、策略与活动

我校在师德涵养建设中力求小口切入、深入开展，将经典文化的精粹贯穿至各类策略与活动制定中。

(一)一个核心：构建"书韵教育"，传承流花精神

2011年校长余仁生提出"大阅读"概念，"让阅读成为师生的生活方式"，在全校师生心中播下阅读的种子。2017年校长曾锐提出"书韵教育"，对学校的顶层设计进行优化，确立"博学多思，书香流韵"办学理念和"学必精进、德必向善"校训，倡导全校师生与经典同行，以圣贤为师。一路走来，通过长期的阅读积累，在经典文化的浸润与滋养下，逐步构建出书韵教育体系，"流花精神"在一代又一代"流花人"心中扎根，代代传承。

(二)三个切入点：创新文化涵养师德的新路径

1. 构建经典课程体系

我校以教育部《中华优秀传统文化进课程教材》和《中小学师德修养培训课程指导标准》为参照，结合学校实际构建一整套经典诵读校本课程体系。

(1)做好师生经典诵读。每天早上8:00至8:10为晨读时间，专时专用，一年级诵读《三字经》《千字文》，二年级诵读《弟子规》，三年级诵读《声律启蒙》，四年级诵读《中国优秀古诗文》，五年级诵读《论语》，六年级诵读《诗经》。此外，学校师生还共同演绎"经典咏流传"中的优秀作品，采用"为爱朗读""我把古诗唱给你听"等多种方式，在诵读中体悟经典文化的魅力，培养文化自信。

(2)创办青年读书会。随着学校的发展，新教师越来越多，为加强对新教师的培养，学校创办青年读书会，五位支部委员为导师，每位导师带七八位新教师，以思想引领为核心，以师德师风建设为重点，逐步形成以青年读书会为依托的传帮带机制。每月进行经典阅读分享会，开设《论语》

"每周一诵"栏目。

2. 加强教师校本研修

"三人行，必有我师焉"，学校在校本研修中有机融入经典文化精粹。

(1)开办流花讲坛。流花讲坛是人人都能讲的小舞台，闪耀着教师的大智慧。在这里，每周一讲，有书韵教师的师德感悟，有班主任优秀的班级管理经验，有青年教师的读书分享，也有校长高标准的师德教育专题培训，还有专家教授高屋建瓴的讲座等。

(2)融通经典与学科教学。学校以"同行杯"教学大赛和书韵大阅读活动为依托，引导教师探索在书韵教育课堂模式中融入阅读经典，如语文学科"《论语》六章探究课"、数学学科"借七巧板学'孔子拜师'"、英语学科"了解孔子的成长史"、体育学科"穿越时空的投'射'梦"。除了课例展示，大阅读活动还产生了一大批学科味浓厚的阅读成果，比如美术学科的水墨动画。经典文化渗透到各个学科的教育教学中，焕发出新的光彩。

(3)借助校外优质资源，深度开展校本教研活动。学校组织教师参加"文化涵养师德"研讨活动，如"百日学《论语》"，从孔子的教育理论中学习新的教学技能与手段；参与文化涵养师德特色实验学校建设研讨会。此外，各学科教师积极参加线上教研、课例观摩等活动，向其他学校、区域学习先进的教育教学经验。在这个基础上，学校开展深度校本教研，教师分享收获，并且把好的做法用到级组建设上、用到班级管理上。此外，学校每学期开展写经典粉笔字比赛，既夯实了教师的基本功，也让他们从中汲取了力量。

3. 将经典融入学校管理

"仁者乐山，智者乐水"，学校在硬件环境建设及管理环境中融合经典文化元素，不断完善长效机制。

(1)领导班子以身作则。学校强调要为教师营造宽松工作环境。行政班子带头学中华经典文化，把经典文化融入学校管理，以制度为基，发挥层级管理作用，提升教师的职业幸福感。

(2)不断优化师德涵养制度。学校将中华优秀传统文化融入师德规范和教育制度中，将外在的教师道德要求内化为教师的道德认同，制定了"流花路小学师德师风建设方案"，以约束教师的教育行为；将师德师风工作内容纳入学期工作计划，每学期对师德建设成效进行评价，作为教师绩效考核重点。实现"三拳组合"：通过教师之间的经验交流，打好"引导拳"；收集学生们的评价反馈，打好"落实拳"；开展师生间的互评，打好"监督拳"。"三拳组合"将规章制度落地执行，使师德师风工作常抓不懈。学校每两年一次展开书韵教师评选，有效发挥"见贤思齐"的激励作用。

（3）营造师德涵养的良好环境。围绕经典文化建设，学校在走廊上方、办公室、楼梯间，布置了《论语》《道德经》《大学》《中庸》等经典篇章和唐诗宋词展板。此外，通过板报、文化墙、校刊校报、广播站、微信等载体，展示教师诗词歌赋、书法绘画作品等，营造"抬头可见，低头可思"的浓厚育人氛围。

十年来，流花路小学依托"书韵教育"，全体教师扎根于中华优秀传统文化的沃土，牢记习近平总书记的殷殷嘱托，自觉用经典传统文化滋养师德，用行动诠释师德师风的真正内涵。师德需要培养，需要教育，更需要的是每位教师的自我修养！让我们以良好的师德，共同撑起教育美好的明天。

（梁学仪，广东省广州市流花路小学）

广东省广州市西关培正小学：依托地域文化 涵养"善正"之师

百年大计，教育为本；教育大计，教师为本。树立良好的师德师风，是广大教师成为学生健康成长引路人的需要。我校地处西关腹地，文化底蕴深厚。依托深具特色的西关地域文化，涵养学校"善正"之师，是我校文化涵养师德的主要做法。

一、地域文化蕴藏着丰富的精神资源，是涵养师德的重要来源

2018 年 1 月，国家颁布了《中共中央国务院关于全面深化新时代教师队伍建设改革的意见》；2019 年 12 月，教育部等七部门印发《关于加强和改进新时代师德师风建设的意见》的通知。两份"意见"，都强调了"弘扬中华优秀传统文化、革命文化和社会主义先进文化，培育科技创新文化，充分发挥文化涵养师德师风功能"。中华优秀传统文化是中华民族的精神命脉，是涵养社会主义核心价值观的重要源泉，也是我们在世界文化激荡中站稳脚跟的坚实根基。

不同的地域环境塑造了不同的地域文化。

广州荔湾，俗称"西关"，是广州的旧城，明清之际借助自身得天独厚的地理条件和"一口通商"政策迅速成为广州的贸易中心，最终发展出颇具风情的广州特色地域文化——西关文化。

最具特色的西关文化都有什么呢？粤剧、古琴艺术、"三雕一彩一绣"、剪纸等"非遗"传承技艺，骑楼街、西关大屋等建筑也是极具代表性的。这些文化是广府人智慧与文明的结晶，是技艺的传授，更是一种文化和智慧的薪火相传。

我校就坐落于西关文化中心地，与"一湾溪水绿，两岸荔枝红"的荔枝湾涌、最具历史文化传承底蕴的广州首个"非遗"街区永庆坊、粤剧艺术博

物馆等只一墙之隔，"非遗"项目、"非遗"大师遍布学校周围，利用和挖掘独特的西关文化开展师德涵养工作，我校具有得天独厚的优势！

二、依托独特的西关地域文化，涵养我校"善正之师"

西关培正小学创建于1889年，是一所拥有133年历史的百年老校。学校秉持"至善至正"校训，善：友善（为人）、完善（处事）、兼善（立身）；正：心正（道德）、身正（品质）、行正（行为）。培正人，终身追求"三善三正"的极致，永不懈怠。

学校"至善至正"的校训与"非遗"传承人的世代相传的行规信仰、"道技合一"的工匠文化、精湛卓绝的工艺技术、崇高美好的敬物情怀的工匠精神内核，有着异曲同工之妙。因此学校近年来非常注重将大师们的工匠精神内核引进学校文化建设，涵养教师对教育事业不忘初心、始终如一的"匠心"，对教育教学技艺孜孜以求、精益求精的"匠气"，因时代和学生特点变化而不断探索，创新教育教学方法的"匠魂"，具体举措有以下四点。

(一)开启"善正"文化第一课，铸造"善正"校魂

学校历史悠久，文化底蕴深厚。学校重视对新入职的培正人进行文化熏陶，通过开启"善正"文化第一课，让其了解学校历史和文化，了解西关文化，凝聚思想，强固立教根基，激发使命感和文化自豪感，铸造"善正"校魂。

每年8月，"善正"文化第一课正式开启。新入职的培正人，由校级领导带领参观学校校史室、各校园景点，讲解学校办学历史，解读学校校训、办学理念、育人目标，以及景点冠名故事、学校著名校友故事。每年11月是培正校庆月，新入职的培正人需要参加培正一门六校的形式丰富的校庆活动，作为火炬手参与"红蓝薪火"相传的火炬传递活动，走进培正校史馆、培正同学会办公楼，学习培正文化，将培正文化深深植根心田，融入血脉。

作为"善正"文化第一课的必修内容，我们每年都会组织新入职的培正人游走荔枝湾，走进永庆坊和粤剧艺术博物馆，走访"非遗"大师工作室，进行沉浸式的深入了解，学习西关文化历史、文化内涵。培正人，在这里

初步了解西关文化，感受西关文化内涵与"善正"文化内涵。新入职的培正人为更好地参与善正活动课程，更快地融入学校教育教学工作，坚持不懈立足三尺讲台，锻造高水平的教育教学能力打好生命成长的文化底色。

(二)构建多样"善正"活动课程，磨砺美行

1. 开发多样"善正"活动课程

基于独特的地域文化，学校整合利用周边的教育资源，组织教师开发了"善正"活动系列课程。"善正"活动系列课程，包括必修和选修两类。

必修课程，有按照"继承民族传统美德，兼容中西方文化，突出善正文化"理念编写的"善正心语"校本培训课程，并以"善正之师大学堂"为阵地组织实施。

选修课程，有依据独特西关文化编写的"小红棉粤剧""铜声铜器""妙笔可言(书法)""西关文化讲解员"校本培训课程，也有"青年读书会""习近平总书记关于教育重要论述研究小组"、广彩社、广绣社、武术社等社团活动课程。

2. 建设"善正"活动课程研学队伍

(1)成立"善正"活动课程研学小组

学校根据不同的"善正"活动课程，成立不同的活动课程研学小组。"善正心语"是必修活动课程，是师德师风建设的核心课程，教师必须全员全程参与。其他活动课程是选修的，属师德师风内化课程。教师可以根据个人兴趣爱好选择其中一项或多项课程进行研学。小组成员有学校的在职教师，也有"非遗"传承人、培正校友、家长。学校通过研学小组，以创建文化特色学校为导向，组织实施各项课程，努力打造一支能力强、素质好、有特长的教师阶梯队伍。

(2)聘请专家教授作课程指导

围绕每个"善正"活动课程，聘请各界文化专家常年驻校指导课程实施，既讲授课程的文化内涵，也指导老师专业发展。除常年驻校的专家外，学校还根据课程实施需要，邀请各界专家亲临学校授课。

在一大批"非遗"传承人和艺术大师手把手的指导和面对面的互动中，教师不仅对活动课程的文化内涵不断深入挖掘与学习，不断巩固文化根基，更重要的是，受到匠人精神及其对待艺术传承的敬畏感的深深的

感染。

(三) 全员参与, 深入实施 "善正" 活动课程

每周一 16：00 至 18：00, 是学校 "善正之师大学堂" 研学时间。在 "善正心语" 活动课程指导下, 校长就习近平总书记考察时的讲话精神开展了多次思政全员全程培训。学校联系各界专家, 搭建多样舞台, 进行专题文化讲座、"非遗" 大师工匠精神分享活动; 邀请优秀校友, 分享典型人物事迹。"善正之师大学堂" 主要是加强教师思政教育, 坚定的理想信念, 武装 "善正" 之师的头脑, 磨砺对教育事业不忘初心, 始终如一的 "匠心"。

双周周五 16：00 至 18：00, 是其他善正活动课程研学时间。小组成员在课程指导专家的指导下, 进行专题研讨, 学习传统文化知识, 关注传统文化修身立性的价值; 走出校门, 走进 "非遗" 文化大师工作室, 闻香抚琴, 执笔挥毫, 感受传统文化魅力, 提高文化品位。教师通过传统文化的涵养, 提高了道德情操, 坚定了文化自信、民族自信, 涵养了对教育教学技艺孜孜以求、精益求精的 "匠气"。

研学小组成员还会把在活动课程中的所学、所思、所想, 通过开辟新的教育教学阵地, 创新教育教学方法, 作用于学生, 引领学生共成长。例如: "西关文化讲解员" 活动课程的教师在深入学习习近平总书记的讲话精神后, 带领学生走入永庆坊, 向游人落落大方地介绍习近平总书记的巡视路线; "小红棉粤剧" 活动课程的教师尝试结合习近平总书记讲话精神、荔湾红色文化, 将传统与现代融合, 创编粤剧曲目, 带领学生到粤剧艺术博物馆、永庆坊进行义演, 以丰富多彩、喜闻乐见的方式广泛宣传习近平总书记的讲话精神。培正老师在活动课程引领下, 因时代和学生特点变化而不断探索, 创新教育教学方法; 通过活动课程, 把传统文化内涵内化为 "善正" 师之美行。

(四) 营造西关文化特色育人环境

我校把校园文化环境建设作为师德师风建设工作的基础工程, 精心设计融合传统西关文化和当代风格的花园式校园环境, 处处可见 "善" 与 "正" 的精神内涵, 让善正教育元素弥漫于学校的每一处角落, 潜移默化涵养 "善正" 心灵。

"善正楼"下，以满洲窗设计展示了学校校训、办学理念、育人目标。"校友廊"介绍了一门六校、14院士、历届著名学子的光荣校史，勉励培正人不断追求"至善至正"。"臻善亭"是以岭南园林风格打造的读书亭，创设读书氛围，在书海中臻于至善。"墨缘"书法室的外墙为书法水写墙，给师生提供了随时随地练习书法的环境；室内以西关特有的趟栊门方式，隔断形成专家工作室和书法练习室，融学生作品展示、名家作品欣赏、专家工作室及日常书法教学功能于一身。"小红棉粤剧"文化室设有粤剧服饰陈列柜、培正学子自创的粤剧文创产品陈列柜、历届粤剧金花墙，集合了课堂教学、节目录制、舞台表演等功能。

此外，我校分别与荔湾区艺术学校、荔湾区粤剧艺术博物馆、红线女艺术中心达成合作协议，开创"校馆合作"教育新模式，共育"善正"之师。这是培正人在文化传承路上，创新发展、建设优良师德师风的又一新举措。

三、学校涵养"善正"之师的初步成效

学校根植于深厚的文化建设，一块块闪光的奖牌折射出学校的风采。学校先后被评为联合国教科文组织人类非物质文化遗产"粤剧"中国保护中心推广基地、第三批全国中小学中华优秀传统(粤剧)传承学校、全国经典诵读优秀实验学校、广东省绿色学校、广东省粤剧粤曲文化(荔湾)生态保护实验区特色学校、广东省书香校园、广东省依法治校示范校、广东省红领巾示范校、广东省现代教育技术实验学校。

但相比这一个个称号，更令人感动的是教师在一线岗位上、依托独具特色的地域文化构建起的善正课程体系中茁壮成长，成为为党育人、为国育才的"善正"名师。陈容校长先后被评为广东省十佳少先队辅导员、羊城最美教师、广州市好校长、广州市卓越校长、广州市优秀教育工作者、广州市荔湾区三八红旗手、荔湾区名校长；石桂芳副校长被推选为中共广州市荔湾区第十三次代表大会党代表，并当选荔湾区委第十三届区委候补委员，先后被评为广州市骨干教师、广州市十佳少先队辅导员、荔湾区优秀共产党员；甘育敏副校长被评为广州市中小学名班主任工作室主持人，甘育敏、王嘉如、陈永莲、陈蕴儿分别获广州市首届、第二届、第三届、第

四届"广州市名班主任"称号，谭蔚然、梁莉老师老师获得"百佳班主任"、广州市骨干班主任称号；叶卉妍老师获得"广州市百名优秀学校思想政治理论课教师"称号；梁秀清主任被评为全国优秀少先队辅导员。

教师是立教之本、兴教之源，是国家富强、民族振兴、人民幸福的重要基石。学校将会继续紧紧围绕习近平总书记的指示精神，以传统文化为抓手，涵养造就一支师德高尚、业务精湛、结构合理、充满活力的高素质专业化教师队伍。

（石桂芳，广东省广州市西关培正小学）

湖南省长沙市育新小学：
传承经典，涵养师德

　　长沙市雨花区育新小学作为"雨花区师德养成教育基地校"和"北京师范大学经典涵养师德实验校"，始终把师德师风建设作为学校发展的首要任务，以经典养德为抓手，打造了一支师德高尚、业务精湛的教师队伍，形成了"品读经典是立学，书写经典是修身，知行合一是关键，运行机制是保障"的师德涵养模式，初步达成"传承经典涵养师德，提升师能；传承经典立德树人，提高学校教育质量"的美好愿景。

一、品读经典是立学

　　经典积淀着深邃的思想精华，是教师提升师德修养的宝藏。我们将学习《习近平总书记教育重要论述讲义》、中华经典、教育经典作为教师师德养成的源头活水。通过诵读原典，领悟原理，涵养师德，在更高的层次上全面理解教育，达到以文化人的目的。

(一)在研读《习近平总书记教育重要论述讲义》中明道信道

　　党的十八大以来，党和国家把教育摆在优先发展的战略地位。习近平总书记带着对中国特色社会主义教育事业的深刻思考，走访学校，深入校园，对教育工作提出了一系列富有创见的新理念、新思想、新观点，系统回答了一系列方向性、全局性、战略性重大问题。习近平总书记关于教育的重要论述为新时代加强教师队伍建设指明了努力方向，为做好新时代立德树人工作提供了重要指导。

　　正如杨娜老师所说："通过研读《讲义》，明晰了新形势下我国教育培养什么人、怎样培养人、为谁培养人这个根本问题，深刻领会到了新时代教育的根本任务是立德树人。"何俭辉老师说："学校立身之本在于培养担当民族复兴大任的社会主义建设者和接班人。努力把习总书记对教育的重要论述在工作实践中学深悟透，形成思想自觉和行动自觉。"

(二)在诵读中华经典中感悟真谛

《论语》是诵读活动的首选，它蕴藏着丰富的教育智慧，其中的教育观点、教育理论、教育方法值得我们借鉴。之后，我校从《礼记》《大学》《传习录》等中华优秀传统文化经典中选择与教育有关的名句编印成校本教材《国学经典教育读本》。教师分组录制音频，至今共推出了近100期的师德养成音频。我校还推出了"传诵廉文，涵养师德"专栏，通过诵读相关诗词、故事等经典篇目，不断涵养清风正气，感悟经典中的道理和智慧！

教师的部分学习心得如下：

品读经典让我们走近大师，聆听大师教诲，从中获得良好的灵感与深刻的见解，做人做事能够心平气和。——黄艳云

汲取经典中的思想精华，明白历代圣贤教人立身处世、做人做事的道理。——李承

将圣贤的教诲融入自己生命成长的历程，自觉地加强修养，丰富思想，成全学生，成就学校，成长自己。——戴娟

(三)在阅读教育经典中砥砺前行

我校每年购入大量的教育经典书籍，通过赠送与借阅、共读与自读、集中阅读与分散阅读相结合的方式开展阅读活动，举办全学科与分学科读书论坛活动，在与过去教育家的对话中，发展与形成自己的教育智慧。王莲娥老师在心得中写道："在《教育学原理》中，我们探讨教育基本理论，思考教育现实问题，并对自己原有的教育观念和行为进行反思与重构，形成系统、正确的教育观，提升解决教育问题的能力。"颜颜老师写道："在《陶行知教育文集》中，我们领略了'千教万教教人求真，千学万学学做真人'的教学和做人的准则，'生活即教育'，以及读活书、活读书、读书活的教育境界。"侯昌琳老师写道："《给教师的建议》一书犹如一位和蔼可亲而又博学的老人，通过一条条既有生动的实际案例，又有精辟的理论分析的建议，给我们指点迷津"。

我校是长沙市雨花区生命教育·问题化学习联盟校，在最初启动问题化学习时，大家摸不着门道，学校分批买入《问题化学习》《小组合作学习》

《学会追问》等专业书籍，通过"教师共读—实践—个人深入阅读"，教师深刻体会到问题化学习的内在逻辑和教育规律。在学习中，我们越来越感受到习近平总书记提出的"做到真学真懂真信真用"这句话的精辟之处。

阅读教育经典是促进教师专业发展和工作、成长的最有效途径，经过长期的诵读实践，育新小学被评为长沙市书香校园、雨花区阅读推广样板校。

二、书写经典是修身

"腹有诗书"是"气自华"的前提，美学大家朱光潜先生说："凡成大师者，必须要下一番笨功夫。"我校在诵读经典涵养师德的基础上，把书写经典列为必不可少的一个环节。我校教师已坚持三年共同抄写《论语》《礼记·大学》《礼记·学记》《道德经》等经典语录。抄写经典不仅可以帮助我们修养性情，还能启迪真善美。学校营造了一个抄写经典、修身养性的书艺室，我们相信，抄写经典一遍，胜过阅读十遍。抄写经典的时间长了，教师的书法大有长进，在全区书法大赛中一展风采。李翌老师说："练字练心，享受书写，愉悦时光。"钱静老师说："静心抄经，增强定力，开启智慧。"

三、运行机制是保障

为确保师德养成教育的顺利开展，我校定期开展师德涵养常态活动。每周一诵，以优秀经典文化为依托，从经典中感悟教育的真谛。每月一研，积极参与北师大师德涵养实验区线上线下专题活动、雨花区师德养成培训等活动，通过走出去、请进来等方式开展师德涵养主题教育活动。每期一赛，开展经典诵读比赛、师德师风演讲比赛活动。我校还开展每年一评，结合《育新小学优秀教师评选方法》《育新小学星级奖章评选细则》等规章制度开展师德标兵、优秀教师评选。规则制度的建设，让学校师德养成工作具有了强大的生命力，确保其又好又快地发展。

我校立足经典涵养师德，引导教师以仁爱之心，修己达人，与学生一同成长。在近三年的教育教学中，学校取得了优异的成绩，扩大为一校三址的规模，得到了社会、家长、上级部门的一致好评。

有位教育家曾说："为了使学生获得一点知识的亮光，教师应该吸进整个光的海洋。"要想学生做什么样的人，老师就应该是什么样的人，育人先育己。身为教师，我们传承中华文化，在读中思索，在悟中升华，达到自我觉知的境界，才可能在教育教学实践中传承经典，立德树人！

（桂阳玲、杨娜、何俭辉，湖南省长沙市育新小学）

湖南省长沙市砂子塘小学：涵养师德匠心
潜心立德树人

砂子塘小学(简称"砂小")1963年建校，已有60年办学历史，秉承"和孩子们一起成长"的办学理念，坚持科研兴校，创新发展，先后荣获"湖南省基础教育课程改革样板学校""湖南省文明校园"等称号。学校目前一校三址，有116个教学班、5800多名师生。2002年开始集团化办学，现有13所成员校，近三万名师生，实现了"好学校就在家门口，好老师就在孩子身边"的办学愿景。为涵养师德匠心，潜心立德树人，我校扎实抓好"三大工程"，引导教师修师德、练师能、树师风，用心写好"立德树人"这篇大文章，争做学生为学、为事、为人的"大先生"。

一、党建修师德，德高则可为世范

师德，是教师职业发展的决定性因素。古之师，把传道放在首位。今之师，肩负着培养德智体美劳全面发展的社会主义建设者和接班人的重任。我们要从肩负的使命、岗位的职责出发看待教师队伍的师德和素养建设。作为第一批雨花区中小学校党组织领导的校长负责制学校，我们坚持"一二三"工作思路，积极推进修师德工程，让老师们有热爱教育的定力、淡泊名利的坚守，自觉做到以德立身、以德立学、以德施教。

"一"是坚定一个信念，为党为国育人才，青春砂小守初心。学校培养教师的爱国心、强国志、报国行，树立了"让信仰在胸前飘扬"的理想目标及"青春砂小，育人先锋"的办学目标，号召全体教职员工自觉锤炼、身体力行，把"爱"字写进灵魂，让教师骄傲于教书育人，自豪于为人师表。

"二"是协调两组关系，双岗双责双作为，榜样激励明师心。学校完善"总支统筹、书记负责、双岗双责、紧密融合"的管理机制；认真执行"三会一课"，创新"先锋故事会"，坚持严爱相济，加强教师理想信念熏陶；通过校本培训、目标管理考核、"星级主讲教师"评定、"白鸽教育奖"评选等多元方式激励良性竞争。让教师能够坐下来做事，有时间、有精力、有平台，静心、安心、全心修炼"坐功"，智慧开启学生的心灵。

"三"是建设三个阵地，培根铸魂传薪火，举才励教有公心。学校打造"新知轮训"新思想学习阵地、"薪火学院"党团队一体化培养阵地、"清廉家园"师德师风涵养阵地，激活干事创业内生力，增强教书育人硬实力。让教师自觉站在"低"处倾听学生说话，做学生的知心朋友，践行"亲其师信其道"，践行"和孩子一起成长"的教育理念。

我们坚持22年打造"阳光管理轮训"平台，推动教师对职业价值、职业幸福、职业理想的深度追寻。不论学校工作如何繁忙，每周一上午，不同学科、不同岗位的教师代表和行政人员汇聚起来，明为师之道，涵师德养成，践行了人才培养和师德养成的"二五六"模式。"二"指的是参与轮训时间为两年；"五"是指参培教师每学期要承担五项任务——担任主讲、进行主辩、做好主持、进行主评、撰写通讯；"六"指每次培训有六个环节——读书分享、主辩抽题、小讲堂分享、答辩、主评互评、书记校长总结导航。22年来，先后有近300位教师参加了轮训，生成"阳光小讲堂"350多个，整理小讲堂案例32册、实录光盘50多张，出版《师德养成之路——阳光管理轮训的知与行》一书，为兄弟学校培养输送了70多位管理者和骨干教师，他们成为雨花优质教育的传播者和点灯人。

二、好课练师能，能强则诲人不倦

"才者，德之资也；德者，才之帅也。"传道授业，师德决定想不想干、愿不愿干，师能决定能不能干、会不会干。有些师德问题背后，有着更深层次的师能问题。很多用心用力想为孩子好、想把班级管理好的教师，燃烧了自己却点不亮别人，问题就出在师能不专上。因此，抓住教师职业发展关键期，着力提高教师执教能力，让课堂发生根本转向，从育分数转向育人，是全面提高教育质量的关键。我校纵深推进"三种课堂"研究，锤炼教师师能，让好老师从课堂里立起来。

（1）本真常规课强术能。2014年雨花区推进"生命化课堂"区域课改，砂小以"导学四步"课堂和"小老师"话语系统建设为抓手，以学定教，因材施教。2022年，我校将"导学课堂"升级为"思·辩课堂"研究。"思"指向高阶的思维，"辩"指向高质量的表达。"思"是"辩"的内核，"辩"是"思"的外显。学校以强"三研"为抓手，纵深推进课堂实践研究：一研"思·辩课堂"教学目标设计。课堂转型，目标先行。思维课堂教学目标在学习过程中呈现，在表达中特别彰显"比较""辨析""质疑""猜想"等思维要素词。二研"思·辩课堂"教学范式。从学生学习的视角出发，尝试建构了"思·辩课堂四步范式"的理想样态。三研"思·辩课堂"教学评价。操作展演，看见表象；思维导图，看见结构；深度对话，看见实质；主题访谈，看见特质。让思维在课堂上可教、可学、可见、可评。

（2）广博大讲堂激潜能。为了激发教师专业发展的内动力，从 2008 年起，学校搭建新的研究平台，引导教师开发校本课程"学科文化大讲堂"，人人当堂主，个个乐开讲。秉承"一个核心"，打开知识之窗，开启智慧之光。从小角度切入，激发学生探究大千世界的兴趣。坚持"三条原则"：趣味性、互动性及延展性。实施"四步流程"：选题定位、设计创编、研讨重建、同步录播。丰富"五类选题"：文化寻根、名人启志、思维挑战、艺术涵养、科学探索。最后的呈现是多元的，有"一师主讲""双师对讲""多师配讲""师生合讲""亲子共讲""人机协讲"等模式。教师在大讲堂巡讲中激活了生命状态，提升了研究力，找到了成长自信。大讲堂课程探索了 14 年，建设了 476 堂精品讲堂资源课，教师受邀进行各级巡讲 1500 余场，覆盖省内外学生约 30 万人次，研究成果《基于学生成长需求的校本课程开发与实践》成书出版。

（3）多彩大课堂促全能。提高课后服务质量的关键在教师。打造"1＋X"课后服务课程体系，通过组织专题研训，期末社团汇报展演，优秀课程、优质管理奖评选等方式，用真心实意、真金白银调动教师研究课后服务的积极性，力争实现服务课程儿童化、服务师资专业化、服务质量品牌化。

三、优师树师风，风正则悬帆竞发

（1）"半亩方塘"好读书，树向上向善之风。立身以立学为先，立学以读书为本。书记、校长带头阅读《平"语"近人》《论语译注》《以教学打开生命》等书籍，立足教育、传承经典、好好学习，推进"美好教师读书"工程，"晒"阅读计划、读书札记，定期开展读书沙龙等。在新进教师起步营、青年教师成长营、骨干教师示范营、首席名师引领营四级梯度培训中，开展梯度阅读与分享，营造浓浓的阅读风尚。

（2）校本教研有质量，树求真务实之风。我校坚持以常规教研聚力，由教研部门领航，以学科组为单位，实行蹲点行政下沉负责制，落实学期初的教材分析统筹布局、学期中的集体备课集思广益、学期末的质量分析诊断把脉等设计。学校设立展示日，围绕师德涵养、课堂教学、创意作业设计、原创单元命题解读、组内共读成果、课后服务课程开发等主题进行研讨展示。

（3）学科名师慧引领，树美美与共之风。我校现有1个省级网络名师工作室、2个市级名师工作室、3个区级名师工作室。6位首席名师是老师们的老师，省级音乐名师网络工作室首席名师汤雅棋老师搭建"云平台"分享优秀教师经验、讲述师德标兵故事，提升线上师德研究能力。市农村名师工作站站长黄未知老师像磁铁一样吸引并影响着工作室的学员。语文老师杜竹青支教新疆两年，引领当地学校教研，致力民族融合教育。近年来，砂小结对帮扶石门县洞国学校、道县西洲芙蓉学校，送教通道县、洞口县、沅陵县等，送教残疾儿童，参与志愿服务，传递教育的幸福。

（4）多维宣传立形象，树尊师重教之风。我校十分重视砂糖优学、优师、优校思想宣传工作，不断推进宣传创新，打响"砂子塘教育"品牌知名度、美誉度，不断增强教师的自豪感、使命感、责任感和幸福感。近一年，打造图文精美、内容丰富的微信公众号宣传阵地，推出230期内容；打造角度独特、作品细腻的"青春砂小"视频号宣传高地，推出近200个原创视频；打造知名度高、受众面广、关注度高的主流媒体阵地，在国家级媒体、省市级媒体发布报道118篇。

立师德、强师能、正师风，只有品德高尚的教师方能育人有道，只有专业精进的教师方能授业有方，只有风清气正的教师方能成为行为楷模。砂子塘小学涵养师德匠心、潜心立德树人，以"三大工程"为抓手，多措并举，力求的就是在师德养成教育的路上多一点突破、多一点效果。我们所做的也仅仅是师德养成教育的一部分，每一位教育人还应该在"教师"二字上下更多的功夫，不断地发展和完善自己，坚守信仰、坚定信念，时刻以"立德树人"为己任，做人民满意的"大先生"。

（李臻、刘军辉、肖朝辉，湖南省长沙市砂子塘小学）

湖南省长沙市红星实验小学：
一卷说文解字语　满园墨香心自然

以中华优秀传统文化涵养师德，是扎根中国大地办教育的必然要求，是传承中华民族精神命脉的现实需要，也是提升教师育人能力的重要途径。

长沙市雨花区红星实验小学作为雨花区师德养成实验校，自 2019 年 10 月起牵手北京师范大学，共建"汉字文化涵养师德"研究项目。学校从文化浸润、规范用字、课程探索、以评促优、以字化人五个方面，构建集汉字文化交际、汉字文化蕴含、汉字文化塑造为一体的师德养成教育特色，在汉字文化中寻找践行现代师德的力量，用中华优秀传统文化涵养新时期师德建设的精神根基。

一、文化浸润修心静

学校将中华优秀传统文化确定为校园文化的核心，以雅致的文化氛围，塑造师生高尚的情趣品质。

徜徉校园中，呼吸到的是传统文化的古色古香。校门口的清廉墨韵长廊上悬挂着师生书法作品，传承文化的同时弘扬着清风正气；操场旁的汉字文化墙上展示着师生 20 字；"学雅长廊"上，抬头就能吟诵国学经典，受到圣贤引领；"趣雅传统游戏区"内，各色传统游戏形式多样，寓教于乐；楼道内的"礼仪教育专区"令人耳濡目染，自觉于行；"悦雅书屋"仿佛美丽的童话世界，品儒养雅就从这里开始；"墨雅书屋""丹雅画室"里，提笔就能学书；"星河艺术馆""墨雅长廊"内，师生书画作品争奇斗艳……校园里处处洋溢着中华优秀传统文化之风，滋养着人的个性，塑造着人的品格。

二、规范用字修心敬

学校从规范读文、规范表达、规范书写三方面引领师生敬畏汉字，以恭敬之心表达心灵世界，以规范之语传播道义与文化。

一是规范读文。坚持"四读"，即晨读、午读、夜读、展读。每天早晨进校，教师和学生集体诵读诗文；每周二中午收听广播欣赏美文；每天晚上回家，完成相应的"日有所诵"内容；每周轮流进入朗读亭，师生一起诵读美文，在微信公众号进行展播；每学年举行迎新诗会，师生同台，致敬经典。通过"四读"，规范汉字读音，守护与传承好汉字这份厚重的文化遗产。

二是规范表达。坚持说好普通话，规范表达。楼道内、教室中、办公室里张贴"请说普通话"标语，时刻提醒师生规范用语；每年九月份举行"推普周"系列活动，通过国旗下讲话、少先队活动课、社会实践活动等形式多样的活动，推广普通话。

三是规范书写。坚持正确、美观地书写汉字。开展"啄木鸟"行动，师生走遍校园，走进街道、社区，寻找错字、别字、不规范用字，自觉维护语言文字的规范性、纯洁性。举行师生书法作品展，在一笔一画书写汉字的过程中心生敬畏，写方方正正中国字，做堂堂正正中国人。

通过规范汉字的读、说、写、用，真正读懂汉字，在汉字的世界中去发现文化的价值。

三、课程探索修心净

学校积极探索"五字养德"活动课程、汉字文化涵养师德与小学语文识字教学融合课程，丰富教师文化底蕴，提高教师立德树人的职业能力。

(一)"五字养德"活动课程

一是趣字启德。通过丰富多彩的灯谜、趣猜汉字活动，发掘灯谜谜面及谜底蕴含的积极教育意义。在每年元宵、中秋等传统节日来临之际，开展"灯谜大观园"活动，师生在编灯谜、猜灯谜中发现汉字的造字规律，感悟汉字的艺术之美。

二是解字立德。一方面，备受瞩目的"夫子"和"小毛"每周一携手亮相升旗仪式，以新颖有趣的形式一起说文解字，引领全体师生从《说文解字》中参悟汉字玄机，体悟人生之道，读懂中国文化。另一方面，结合雨花区教师"三晒"工程，组织教师读《说文解字》，书所解之字，悟字源字理。

三是书字润德。走进书法名师颜宇露老师的软笔书法课堂，和书法名师黄敏老师一起练习硬笔书法，在一笔一画中修养身心，陶冶情操，提升素养。

四是赏字扬德。定期组织教师培训，邀请名家进校园，赏读对联、诗词，让教师在古圣先贤的智慧引领下，领悟人生哲理，提升个人道德修养。

五是悟字行德。寻找身边的师德典型，利用教师例会时间讲述"你是我身边最美的风景"师德故事，发挥榜样的示范引领作用，以实际行动诠释汉字的道德风貌，做到知行合一。

通过"五字养德"活动课程，构建"读—写—思—行"一体的研修模式，让师德专题序列化、师德学习实践化、团队成长集群化，有目标、有计划、有重点、有方法地以"模"制"动"，推动教师专业师德的深度发展。

(二)汉字文化涵养师德与小学语文识字教学融合课程

学校组织语文组、美术组、信息组教师成立课程研发小组，开发"字里乾坤"系列课程。采取微课视频的形式，围绕"仁义礼智信"构建课程体系，精选统编版小学语文教材中的汉字为内容，一字一课。每课时分三个板块：板块一"字趣横生"——从有趣的灯谜入手引入汉字，介绍该汉字的起源和演变过程；板块二"字有道理"——充分挖掘该汉字蕴含的文化要义，说文解字；板块三"字成方圆"——软笔、硬笔示范书写该汉字，示范引领教师写好汉字，感悟汉字之美。

融合课程的开发与运用，为师德专业能力的发展提供了试验田，为唤醒师德专业成长的自觉提供了更多的可能。

四、以评促优修心竞

　　学校通过常规评优与特色评优相结合的方式，开展各类汉字书写比赛，激发师生竞争意识，形成你追我赶、创先争优的积极态势。

　　一是常规评优。在各办公室设置书法练习桌，在各班教室设置书法展示台，编写师生《写字》手册，每月评选"书法明星教师""书法明星学生""书法明星教研组"及"书法明星班级"。通过多种形式展示师生优秀作品，并为优秀师生颁发等级证书，纳入考核评优，以此不断激励全体师生更好地学写汉字、练写汉字，凝练静气。

　　二是特色评优。举办汉字文化艺术节，开展"墨雅杯"书法大赛、教师"三笔字"比赛、"三晒"展示、地书地画现场展示等特色活动，以艺术节系列活动为平台，让全体师生都参与进来，共同提高汉字书写能力、鉴赏能力，形成浓厚的汉字文化氛围。

　　在多彩的竞赛活动中，运用多元的评价方式创设向上、向善的校园文化氛围。

五、以字化人修心境

　　在汉字文化涵养师德的探索实践中，留下了许多感人的画面。

　　2020年暑假，老师们在家中解字练字。雷宇老师在解"律"字时这样写道："现在的长沙，是冷清的、空荡的，只因新一轮突如其来的疫情。爱吃爱逛的长沙市民选择了'家里蹲'，不为疫情添堵；一线的医务人员选择了厚重的防疫服，任由汗水浸透；街道、社区的工作人员选择了坚守门岗，任由炎炎烈日……这些是一座城的自律！一城人的自觉！"唐雅卉老师在解"安"字时说："一场疫情，让我们明白了平安、安定、安全的重要性，也让我们看到了国家的强大和团结。国安家才安，我们也要尽自己的一分力量，安全抗疫，安心生活。"夏骥老师带着两个孩子一起看奥运，解"赢"字，她说："2020年东京奥运会刚刚落下帷幕，在17天的赛程中，我们见证了无数激动人心的'赢'！当然，体育不仅教会我们如何在规则中去赢，更重要的是，如何有尊严和体面地输。"

工作之余，教室、办公室随处可见教师潜心研字的身影。文数罗老师在解"向"字时说："我们都不要去怨什么，恨什么，心向阳光，生活才会更好，世界才会更美！"张裕老师在解"目"字时说，作为老师，她最喜欢从孩子们眼睛中看到求知的光彩。黄敏老师在解"首"字时写道："'首身离兮心不惩'，向用生命守卫祖国山河的戍边战士致敬！"张琼老师在解"良"字时说："温和善良，看似柔弱，却是一种来自内心深处的力量，在疫情来临时，在暴雨倾泻时，在山崩地裂时，在大大小小的灾难困难面前，中国人所表现出来的团结、坚韧、舍小我、为大家，无不透露着最朴素的善意。"

　　浸润于汉字文化中，红星实验小学教师读懂了真善美，读懂了家国情怀，责任担当。笔墨描绘着他们内心的安静，诉说着他们内心的纯净，流淌着他们最美的心境。红星实验小学学子也必将收获健康人格的构建、人文精神的涵养和整体素质的提升。一卷说文解字语，满园墨香心自然，在推动"汉字文化涵养师德"项目的进程中，学校处处充盈着文化质感。过往可鉴，未来可期，就让我们随着汉字文化的引领，在教育园中散发出别样的芬芳。

　　（张晓霞、王静，湖南省长沙市红星实验小学）

辽宁省沈阳市白塔小学：赓续爱国基因
续写师德故事

大学之道，在明明德。其核心在于"德"，国无德不兴，人无德不立，师德是学校立德的重要承载与彰显。我校紧扣立德树人的教育根本任务，确立"阅读养德、公益润德、机制培德"，"学徒制、激励制"的"三德两制"师德培养范式，赓续血脉里的爱国主义基因，续写感人的师德故事，实践中培养了一大批"师德＋师能"双优型教师，实现了乡村小学的蜕变，成为老百姓口口相传的好学校。

一、大爱建校树德发展

1904 年，日俄战争的炮火，摧毁了矗立 300 年的地标建筑——修建于明代的白塔。爱国乡绅温玉书、王稷愤然而起，主张教育救国、教育强国，并为此而奔走。1905 年秋天，在战争的废墟上，崭新的奉天府承德县白塔初等学堂建成了，温玉书出任首任校长。根脉流传之间，不论坦途还是沟壑，历任校长、教师都不忘初心，用情怀与生命诠释着家国情怀，为祖国培养红色传承的优秀少年。《关于加强和改进新时代师德师风建设的意见》的印发，开启了这所乡村小学续写师德故事的新起点、新作为、新征程。

二、创立范式养德承传

学校通过对历史的梳理、对当下的分析、对未来的展望，制定出《学校师德师风建设五年规划》，确立了"三德两制"师德培养范式、"实践＋反思＝成长"实施路径，淬炼出一批"师德＋师能"的"双优"型好教师。

（一）阅读养德

我校组建了"红烛"教师读书会，坚持"一读二展三评"。教师常年坚持读《习近平谈治国理政》《中国特色社会主义史（上、下）》等社会主义先进文化类图书；《论语》《道德经》等传统文化类图书；《红岩》《红日》等革命文化类图书。学校每个月开展教师"月读一书、悦美人生"活动；每个假期开展"阅读世界悦美人生"活动，每学期评出"红烛教师读书之星"，成为教师的引领者、点燃者、激励者。学校每位教师年读书 12 本书，阅读量为人均200 万字以上。

"学而不思则罔，思而不学则殆"，我校坚持"学思结合"。教师坚持日读书、周讨论、月分享、学期论坛活动。每学期的读书分享中，学校教师分组分享与集中分享活动相结合。教师分组分享以年级组、学科组为单位，每名教师谈体会、聊收获；教师集中分享以全校教师为单位，各组推荐优秀教师谈见解、聊观点。每学期的教师论坛，我们都邀请革命英雄讲革命历史，谈红色文化。我们请用音乐战斗的抗美援朝老英雄——邬大为将军，讲在辽宁的红色记忆；请建立我军第一座战区级后勤史馆的全国最美退役军人——徐文涛大校，讲当年发生在本地的爱国故事。我校用英雄人物激励教师，用红色文化浸润教师，老教师被激发，新教师被点燃，爱国基因被植入，红色师德渐形成。2021 年，学校被评为"沈阳市书香校园"。2022 年，学校被评为"全国国防教育示范校"。

（二）公益润德

1. 爱助无疆——润德共进

我校历经 6 年多实践研发，形成了"智玩"校本课程。两年来，我们组建了由 30 名领导、教师组成的公益志愿者团队，无偿为辽宁省沈阳市、阜新市、朝阳市、铁岭市乡村小学、农民工子弟小学，选送课程、培养师资、打磨课堂、开展论坛交流。我校共计开展大型培训、交流活动 10 次，开展到校指导 12 次，足迹遍布 4 个城市的 30 所学校，参训教师 2000 人次，受益学生 32000 人。我们的公益项目，经辽宁省教育厅、民政厅认定，代表辽宁省参评民政部组织的"第十二届中华慈善奖"。

2. 爱养无垠——润德共生

学校建立了"沈阳市猛禽救助中心白塔小学康复基地"，含猛禽医院和猛禽笼舍；组建了教师牵头的公益志愿者团队，通过野外接回、手术医治、喂养照顾、康复放飞，让鸟类重返大自然，体现人与动物的和谐共生。两年来，我们共救助国家一级重点保护鸟类白肩雕、草原雕、猎隼，国家二级保护鸟类游隼、红隼、红腹锦鸡等 16 种，共计 36 只。其间，学校分 3 次放飞已经康复的草原雕、白枕鹤、东方白鹳等 10 只。央视对此进行过直播，全国 100 多万人在线收看。教师在爱鸟、救鸟、护鸟的志愿服务中，感受着爱、传递着爱、奉献着爱，净化了心灵，润泽了师德。动人以言者，其感不深；动人以行者，其应必速。教师用榜样的力量，让学生了解保护生物多样性，维护生态平衡，践行"绿水青山就是金山银山"的生态教育理念。

(三)机制培德

1. 学徒制——育德名师导航

为全面提升教师素质，我校启动了"三名工程"，即名校访学、名家引学、名师导学。我校在省内外各名校，寻找师德高尚、业务精湛的名家、名师长期培养我校的教师，形成学徒制。师傅时时帮助，处处引领。徒弟坚持育人为本、德育为先，信奉"君子务本，本立而道生"，把"上好每一堂课"当作最大的师德。师德引领、师能提升，师德、师能双优秀。业精则名，德高则馨，9 年来，徒弟中 23 人的教学获评国优课、教育部一师一优课、教育部精品课，11 人被聘为沈阳市德育专家库专家、沈阳市师德讲师团讲师，或被评为沈阳市师德标兵、先进工作者、先进个人，沈阳市未成年人思想道德建设模范等。

2. 激励制——昭德少长起航

榜样力量、精神引航——学校建立激励机制，发现每位教师的每一次闪光、每一次感动、每一份坚持、每一份奉献，用优点化缺点，用榜样引方向。学校定期评选"月度人物""年度榜样""功勋教师"，逐渐形成了老年教师奉献引领、中年教师垂范跟上、青年教师内燃进阶的师德涵养图谱。

"三德两制"师德培养范式，铸师德之魂，强立教之基，改变了白塔这所乡村学校的教育生态、学生的学习状态、家长的认知心态。

(李晓东，辽宁省沈阳市白塔小学)

河南省濮阳市开德小学："6＋1 全营养餐" 赋能教师生命成长

　　河南省濮阳市开德小学从刚成立时的 184 个学生、16 名教师，发展为现在的 2708 名学生，教职工 152 人，西校区也将在下一学年实现招生，我本人于 2021 年 12 月初担任学校党支部书记、校长。在这个豫北小城，开德小学的发展得到当地领导大力支持和教育同行的密切关注。

　　6 年前我担任开德小学业务副校长，主要职责是教学管理、教师培训和师德建设工作。我想：大众对优质教育资源的渴望，就是期待孩子进到校园遇到一个好老师，教师的自身生命样本才是校园里最重要、最生动的育人"教材"。我曾问自己，习总书记提出的"四有"好老师在校园里究竟是什么模样？应该是眼里有光，胸中有爱，心里智慧无穷，手中技能万千吧！《中共中央国务院关于全面深化新时代教师队伍建设的意见》强调"突出师德"，要求"全员全方位全过程师德养成"，这里的"全"该怎么理解？我们则希望站在讲台上的开德小学教师脑子里能有一个"大我"，学校培养的学生不只是会用知识谋取"稻粱"，更能够把个人对美好生活的追求放在国家发展、民族进步的火热实践中。那么，开德小学该有怎样的教师培养模式呢？

　　人的生理成长需求水、维生素、蛋白质、糖类、矿质元素、脂肪等，而教师专业生命成长需要什么？回想这些年走过的路，我们确定自己做对了一件事——精心配制"教师全营养餐"，赋能开德小学教师生命成长！

一、温润的智慧之水——中华优秀传统文化涵养大美师德

　　在北师大中华文化涵养师德培训班我懂得了"四有"好老师文化源头来自"志于道，据于德，依于仁，游于艺"的立己立人君子之风。学校一开始就重视"充分发挥文化涵养师德师风的功能"（国务院七部门《关于加强改进

新时代师德师风建设的意见》），通过中华传统文化的浸润，培养明大道、深笃行的良师。

　　教师坚持每周一集中学习中华传统经典，人人登台，轮流领学，从诵读到讲解，要求务必联系实际感悟经典在现代社会的价值，对照经典做教育生活反思。六年我们坚持学习 500 多篇中华经典，将其写入开德小学教师精神文化基因。一句"不患人之不己知，患不知人也"引领开德教师时常叩问内心：当我们抱怨学生不理解自己苦心的时候，要思考自己是不是真的读懂了学生，从而潜心研究不断探寻；"大道之行也，天下为公"，启迪老师用一生去提升自己生命境界；当学生犯错误的时候，"隐恶扬善"，启迪教师不去把学生错误血淋淋地扒开展示，而是给学生心灵送去一道温暖的光亮，去成就学生悄然改错的愿望；所有教师都面临职称晋级、专业发展、与身边同伴竞争的现实问题，"君子无所争，必也射乎？揖让而升，下而饮，其争也君子"，千年经典的提醒，让教师慢慢学习在竞争过程中修炼君子之风。学校每年选派青年教师参加北京师范大学"中华文化涵养师德"研修项目志愿者服务，接受中华优秀传统文化的润泽熏陶。

二、丰富的蛋白质——"开德练功坊"促教师夯实教育生命的内功

　　"开德练功坊"分线上、线下两个"坊间"。教师日日坚持朗读，书写粉笔字、钢笔字。"线下坊间"有"每周一文"、撰写教育教学随笔、"立人讲堂"和"班级文化建设大家谈"等活动，这些平台给足了教师站稳讲台的底气。

　　我的成长经历告诉我：最好的培训，是让教师自己做培训者，因为讲着讲着就把自己讲明白了。开德小学校本培训做得极具创意，学校除了邀请知名特级教师、中原名师介绍经验，最重要的是坚持让考评成绩优秀的教师登台做专题分享，每年不少于 40 人次。为了讲好，教师查阅资料，充实案例，不断反思，一遍遍梳理，之后再关起门对着镜子一遍遍练习。可以说，一次做讲师的经历会让教师获得蝶变般的生长。"十步之内尽是芳草"，身边同事的经验不存在水土不服的问题，往往就是拿得来、用得上的真经真宝。更重要的，讲师们从台上下来对自己会有更高的期待：我做

得应该比台上讲得更出色，这样才配得上台上的精彩和同伴期待的目光。由此，开德小学自然形成了"不用扬鞭自奋蹄"的文化氛围。

开德小学教师人人都有上台做主持人的机会。周一"国旗下的开德风采"颁奖仪式、"我们的诗歌我们的开德"节日诗会、"幸福在开德"春晚活动等，教师轮流做主持人。有人说，一个教师能在开德小学待上两年，就把开德小学当成家，整个人的气质也不一样了。

三、活性的强力钙质——"大教师"思政研修班为开德教师培根铸魂

开德小学"大教师思政研修班"成员是级部主任以上的教师和校委会成员，同样是人人都做领学人。学习内容一是落实立德树人根本任务的重要文件，研析工作重点，发现自身问题，探讨工作创新点；二是学习中华优秀传统文化，以涵养党性修养；三是学习国内外名校名家办学经验，拓宽教育视野；四是共读优秀书籍，让书香浸润教育灵魂。每次安排观看给大家教育启迪的网络小视频。以上内容被我们称为提供教育生命营养的"四菜一汤"。目前，思政研修班已经举行 19 期。

四、丰富的维生素——"开德六课"给老师站稳讲台的底气

一是"开德教师课堂素养过关课"。来到开德，就得过这一关，语言面貌、硬笔书写、教姿教态、候答时间等，每个课堂细节都不放过，我们的口号是：我们要给学生最好的！二是"学生课堂习惯展示课"。2016 年，开德小学在全市率先开创"学生课堂习惯展示课"，每年开学 9 月举行，聚焦学生习惯，从学生发言音量、书写握笔姿势、读书习惯、小组合作意识等方面观察诊断，强化教师培养学生课堂习惯的意识和本领。三是"学生家长接待课"。教师为了在家长面前展示自己的教育教学能力，不断打磨自己，提升自己。四是"梯级教师示范课"。学校的中原名师、特级教师、省级名师等每年给大家做示范教学，既是引领青年教师成长，更是对自我专业实践能力的挑战。五是各级各类参赛课。每到优质课比赛，学校组建研

课磨课小组，一起钻研教材，优化设计，一遍遍试讲后再复盘，发现问题，雕琢细节。开德教研团队打造的习作指导课《学写留言条》，2018年代表河南省在全国优质课比赛中获得总分第一名的好成绩。六是新生态"素养生长优质课"。家常"素养生长优质课"质朴而养人，课堂小先生即知即传人，即会即分享。目前，"开德六课"已经是教师练习摸爬滚打教学功夫的练兵场。

五、充满能量的糖类——中原名师何风彩工作室成为教师的精神家园

我从2009年主持的市级名师工作室，2014年被省教育厅提档升级为中原名师工作室，我们有志于将其打造为省内外小学教育实践研究领域有成就、有影响的"学习型、研究型、合作型、辐射型"教育实践研究基地。工作室采用名校联动、专家引领、资源整合等方式盘活了当地教师培训资源，利用节假日长期开展"6+1教师生命成长营养餐"活动，一批全身心投入小学教育的人汇聚工作室，成为赋能开德教师拔节成长的力量。

工作室从2017年开始连续5年承担河南省教育厅省级名师、骨干培育任务，一些优秀学员已成为开德小学生命林子里的一部分，大家彼此滋养赋能，同构生命成长的引力场。

六、优质的生命脂肪——每日"清晨微语"滋养教育灵魂

开德小学每个清晨会在工作群推送"清晨微语"。一条条"清晨微语"犹如一道道精神早点直抵身心，又似清泉甘流涤荡在灵魂深处，启迪教师提升师德境界，去理解儿童生命、发现教育规律，使专业生命更加辽阔、丰富而深邃。

七、提升内涵的活性酶—— 一个个特色活动载体

"6+1"全营养餐的"1"包含："一场师德报告""一场集体观影""一次素

养展示"等,教师从中吸收丰富且均衡的全面营养。开德小学凭借"6+1教师全营养餐"的实施,打造出了一个具有学习力、执行力、创新力、融合力的"四力"开德教师团队,学校取得了令濮阳教育界赞叹的办学成绩:获得全国青少年校园足球特色学校、河南省文明校园、河南省义务教育规范化管理特色学校、河南省首批"五育并举"实验学校、河南省依法治校示范校、河南省德育工作先进集体、河南省首批教师教育实践基地、濮阳市教育工作先进单位等称号。《中国教育报》以《落实"双减"有成效,教师培养有妙招》为题全面报道开德小学教育教学成果。开德教师获得省、市、区级表彰200余人次;三项省级课题顺利立项,其中两项顺利结题;开德学子在省市各个素养大赛平台斩金夺银,河南省最美大课间评比一等奖、河南省第三、第四届中华经典诵写讲大赛一等奖、河南省第七届中小学艺术节演出一等奖;师生创作的微电影《我心中的红》获得河南省爱国主义微电影大赛一等奖,并参与中宣部、教育部组织的"全国中小学生爱国主义微电影展播"。

教师是兴教之本,立教之源。今后,开德小学将继续用心为教师配制高质量"全营养餐",让更多的"四有"好老师在这里成长起来。

(何凤彩,河南省濮阳市开德小学)

甘肃省酒泉市酒师附小：
雅美品行立师德　正己化人铸师魂

　　酒泉师范学校附属小学(简称"酒师附小")坐落于古老飞天的故乡、现代航天的摇篮——酒泉古城，始建于 1920 年。作为百年名校，文脉流长，底蕴深厚。学校占地面积 14530 平方米，有 30 个教学班、学生近 1500 人、在职教师 84 人。围绕"健康美丽、气质优雅、博才多艺的现代少年"的培养目标，秉承"在继承中求发展，在发展中求创新"的总体思路，遵循"特色树品牌、内涵求发展"的办学理念，学校坚持文化立校、文化育人，致力于打造"雅美"核心文化。近年来学校在师德师风建设上高度重视发挥文化涵养的功能，以"雅美教育"为主线，充分汲取中华文化中的思想道德精髓涵养"雅美"之师，逐步总结探索出以中华文化涵养师德为特色的"一个核心，两个载体，三条路径"的师德建设新思路、新模式。

一、背景与意义

　　习近平总书记指出："教育是国之大计，党之大计。"国之大计在于教育，教育大计在于教师，教师大计在于师德。师德是教师的根与魂。2021年甘肃省酒泉市启动师德涵养实验区建设，旨在通过中华经典涵养、三大精神引领(莫高精神、铁人精神、载人航天精神)，探索文化涵养师德的区域师德师风建设新途径，全面提升教师的思想政治素质和师德修养，增强教师的职业幸福感和内生动力。

　　我校作为一所百年老校，一直以"构建雅美教育，传承附小精神"为指引，在附小历任领导的带领下，一代又一代附小人在传承中为学校奉献一生，从"四个一流"到 2014 年"雅美核心文化"的提出，他们勇于担当、甘于奉献、开拓创新，使得优秀附小文化得以传承，构建起"雅美文化体系"，在凝练提升基础上提出"雅美教育"，对顶层文化进行优化设计，确立了"特色树品牌，内涵求发展"办学理念和"文博雅美知行合一"的校训。在继承发扬、守正创新的风雨历程中，通过书香校园建设，在阅读积累、经典文化的浸润、滋养下，学校逐步构建雅美教育体系，形成雅美"三尚"（尚雅、尚美、尚善）校风，雅美"三乐"（乐学、乐思、乐行）学风，以及雅美"三立"（立爱、立责、立人）教风。"凝心聚力，追求卓越"的附小精神，在"附小人""附娃儿"心中扎根，代代相传。

随着酒泉市师德涵养实验区建设的启动，学校借助文化涵养师德实验学校的建设契机，以"雅美教育"为主线，依托"学以成人"为核心思想的中华经典，传承酒泉古城一代代莫高人"择一事终一生"的坚韧品行，以满腔赤诚、终身心血写就"莫高精神"，为教师的生命成长提供了生生不息的力量源泉和精神动力，努力让学校"雅美"文化更加豁达且厚重，让师生在文化的浸润与滋养中传承中华传统美德，展现新时代的"雅美"气质。

二、理念与思路

学校以"雅美品行立师德，正己化人铸师魂"为理念，以中华文化涵养师德为特色，重点通过"一个核心，两个载体，三条路径"开展师德建设工作。"一个核心"是指依托雅美文化，构建"雅美教育"，涵养"雅美"之师，传承附小精神。"两个载体"是指将"中华经典"和"莫高精神"两大主题与学校核心文化雅美文化相融合，以诵读中华经典为内容，以传承并发扬"坚守大漠、甘于奉献、勇于担当、开拓进取"的莫高精神为着力点，鼓励教师品读经典，做君子教师，彰显新时代教师的雅美品行。"三条路径"分别指融入党建工作，构建雅美课程；融入学校管理，深耕细作；融入实践活动，知行合一，引导教师在躬身实践中以德立爱、以德立责、以德立人，争做新时代"四有"好老师。

三、路径与做法

学校在开展文化涵养师德工作中注重经典文化的温润滋养，本着低压力、小步子的原则，通过以下三条路径，开展"简明""管用""恰恰好"的活动内容，将中华经典的精粹、莫高精神的精髓贯穿于"雅美教育"全过程，使文化涵养师德真正地"转起来"。

（一）融入党建工作，构建雅美课程体系

以教育部印发的《中华优秀传统文化进中小学课程教材指南》和《中小学教师培训课程指导标准（师德修养）》《中小学教师培训课程指导标准（班级管理）》《中小学教师培训课程指导标准（专业发展）》为参照，结合学校实际，通过党建工作开展、构建雅美校本课程。

1. 雅美师德课程

坚持党建引领，构建"理论引领—内省修身—成长体验—制度护航"四类课程一体的"雅美课程"体系。"理论引领"课程将师德涵养与政治业务学习紧密结合，引领教师传承并发扬莫高精神，守土有责，守土尽责；"内省修身"课程以"自读品味＋同读共诵＋分享交流＋名师评读"的方式，聚焦中华经典，提升教师修养；"成长体验"课程整合学科建设，与专业发展相融合，以"读写共生＋关键事件"路径润德强能，在躬身实践中践行"莫高精神"；"制度护航"课程通过教师自评、同伴互评、家长测评、学校考评"四维"考评机制的建立，推动师德师风建设常态化、长效化。

2. 雅美诵读课程

在党建活动中，学校还注重将教师在中华经典中的内省修身课程向学生的学习活动拓展延伸，设立晨读午诵、课前一首歌活动。师生齐声诵读，低年级以《三字经》《百家姓》《千字文》《弟子规》为主；中年级以《增广贤文》《声律启蒙》《了凡四训》《中国优秀古诗文》为主；高年级以《论语》《大学》《诗经》《孟子》为主。师生通过"朗读者""品读经典""快乐朗读吧"等诵读方式，感悟经典魅力，树立文化自信。

（二）融入学校管理，渗透雅美时代气息

学校注重将对中华经典的学习渗透于课堂教学、文化环境、教师队伍建设和制度建设等各项管理细节中，营造和谐育人氛围，滋养师生"雅美"气质。

1. 构建雅美高效课堂

学校充分发挥全员、全方位、全过程"三全"育人模式，将中华经典融入各学科教学，发挥学科育人功能。语文学科利用"识字育德""品读《论语》悟为学做人之道"；思政课教师积极开展中华优秀传统文化教育主题的

教学模式探索，打造"思政金课"；书法教师教授学生书写经典，从习字中修炼做人；班主任利用《论语》原理因材施教，有教无类启迪、教育学生，利用诵读《弟子规》，用好《弟子规》"对学生进行常规养成教育。

2. 打造雅美文化环境

学校营造师德涵养良好环境，将中华经典融入其中，打造国学长廊文化、阅读楼道文化、名言台阶文化，在室内布置文化环境，在室外点缀园景小品，笑脸墙、文化墙、荣誉墙、阅读空间等以不同形式体现办校理念，使景观小品、绿植、走廊等元素相得益彰，让一草一木、一砖一石、每一面墙、每一角落都充盈着育德的味道、让师生在雅美文化磁场中润行怡情，追求高雅。

3. 青蓝工程助力成长

为助力青年教师快速提高教学水平和教科研能力，推动教师队伍素质整体提升，学校传承莫高精神，发扬传帮带精神，实施"青蓝工程结对互助计划"，近期有 6 对师徒共 18 人参与"双培双带"。本着"一年规范，两年合格，三年成熟，五年骨干"的培养目标，指导教师带师德、带师魂、带师能，带领徒弟共读中华经典，彼此成就。青蓝工程助力青年教师成长，很多教师成长为师德高尚、言行高雅的好老师。

4. 争章评价促进发展

大力推行"五育并举"促学生全面发展，德育处依托红领巾奖章构建雅美评价激励体系。根据特色活动修订争章活动手册，手册分低、中、高三段，学生人手一册。每年段设基础章 12 枚、特色章 3 枚，在两年四学期逐步评比授予。争章活动与教学活动、社团活动、综合实践、班队管理、全员育人活动相结合，结合中华经典设立雅美章、福娃章、立德章、立志章等共 15 枚，充分发挥德智体美劳五育的激励作用，实现"以评价促成长"，达到"于有形中见成长，于无形中塑品行"的教育实效。

(三)融入实践活动，锤炼雅美高尚品质

1. "雅美书会"悦不同

学校依托"雅美读书会"引领教师在读上下功夫。支委领导牵头，聘请导师引领导读，青蓝师徒结对互助悦读。学校进购一批国学经典书目，为教师每人配发 4 本（《大学·中庸》《论语》《传习录》《我心归处是敦煌》)，共

计三百多本。教师读《论语》悟为师之道，品《大学》修己达人，研《传习录》知行合一，学"雅美文化"树雅美品行，习《我心归处是敦煌》传承莫高精神。通过"课内＋课外""线上＋线下"相结合的学习模式，"集中研习＋自主学悟"，在学上下功夫，读书学习氛围浓厚。

2. "经典讲堂"悟精髓

学校创办"经典大讲堂"，让中青年教师先动起来，产生带动辐射作用。选派 5 名骨干教师参加北师大本部、兰州项目培训，种子教师通过"经典大讲堂"开展二级培训。青年种子教师 12 人分别参加"国学经典传习坊""识字立德研习坊""论语线上学习坊"，并通过"经典大讲堂"将所学所得向全体教职工交流；语、数、英、综合 4 个教研组，利用教研时间开展"经典大讲堂"讲解经典活动；34 名青年教师参加"附小好老师成长营"种大树计划暑期 21 天《论语》线上学习，借助"经典大讲堂"以独特的方式向全体教师讲经典；德育处通过升旗仪式，少先大队利用红领巾广播开辟"经典天天见"栏目，带领诵读，讲解经典，"分层＋分类"覆盖全体师生。

3. 任务驱动展风采

学校以任务驱动唤醒成长内在潜力，促教师生命成长。学校鼓励、青年教师上好一节汇报课、策划一次主题活动、完成一次岗位大练兵比赛、带好一个班……成熟教师带好一个团队、开发一个校本课程、承担一次主题讲座、上好一节示范课、主持一项活动……以唤醒内驱力，激发主动成长动力。组织"我的精品课""叙写生命故事""影视欣赏教育""我的师德故事""家风家训故事""我的初心""叙写家书"等体验活动，用经典导行，在"行"上下功夫。开展党性实践活动，参观酒泉市博物馆党史展、酒泉起义纪念馆、东风航天城、铁人干部学院、红军西路军纪念馆等红色场馆，将修养党性与提升师德素养紧密联系，激发内驱力，塑造自我，正己化人。

四、成效与思考

两年来，学校在探索文化涵养师德的道路上取得了以下的初步成效。

1. 雅美品行立师德

在中华经典文化的浸润与滋养下，在莫高精神的感召与导行下，学校教师语言文雅，行为优雅，气质儒雅，他们常将"大事讲原则，小事讲奉献"挂在嘴边,同事相处更和谐了,师生关系更融洽了,对待家长更加友好和气了。教师在一线岗位上,在依托雅美文化构建起的雅美课程体系中,成长为"雅美"名师。

2. 正己化人育新人

《论语》言:"己欲立而立人,己欲达而达人","其身正,不令而行"。我们的教师用个人修养与人格魅力感染学生,培养出品善行美习善的少年君子。孩子们轻声细语——"开门轻、关门轻、走路轻";孩子们行胜于言——"站队快静齐,地面无纸屑,墙面无污渍";孩子们践行着"知行合一"校训,学校多次收到来自社会的表扬信及锦旗。孩子们在雅美文化的涵养下、在雅美之师的影响下,逐渐成长为雅美少年。2个班级获"酒泉市文明班集体"称号,2个中队获"酒泉市优秀中队"称号,3个中队获"酒泉市三星章",3名少先队员获"甘肃省四星章",3名学生获"市级三好学生"称号,3名学生获"市级优秀少先队员"称号,15名少先队员获"酒泉市三星章"。

教师雅正于心,正己正人,行不言之教;学生学雅规、正雅态,文雅有礼,具君子品格;校园弥漫着正义、高雅、文明、美好的气息。学校荣获"全国优秀少先队集体""甘肃省教育工作先进集体""第一届甘肃省文明校园""甘肃省党支部建设标准化'样板党支部'"称号和"甘肃省少先大队四星章"。

文化涵养师德是一个浸润的过程,酒师附小将依托雅美教育,坚持守正创新,在酒师附小这片沃土上深耕细作,带领全体教师品读中华经典,在"学"上下功夫,在"思"中长智慧,在"悟"中明志向,在"行"中见师德,做君子贤人,传承与弘扬"莫高精神",做"樊锦诗"一样的好老师,扎根教育、坚守教育、奉献教育,只因——我心归处是附小!

(李晓霞、陈燕,甘肃省酒泉市酒师附小)

宁夏回族自治区吴忠市盐池县第五小学：
立德树人　培根铸魂　潜心育人

盐池县第五小学位于宁夏回族自治区东部干旱地带——中国滩羊之乡盐池县，是 2010 年 8 月盐池县委、县政府为解决进城务工人员子女"入学难"问题创建的一所全日制小学。盐池县第五小学是 2012 年教育部第一批教育信息化示范校，十年间学校荣获国家级荣誉 5 项、自治区级荣誉 20 多项，获评国家级优质课 10 余节。

少年儿童是祖国的花朵、民族的希望，让每一名少年儿童都能茁壮成长，是全社会的共同心愿。为实现这一目标，盐池县第五小学用习近平新时代中国特色社会主义思想铸魂育人，采用"1231"工作法实施教师思想政治教育工作。即发挥党组织的政治核心作用，抓好教师和学生两支队伍，用活学校、家庭和社会三个阵地，落实立德树人根本任务。

一、发挥党组织的政治核心作用

按照"党支部领导、各处室协同"的思路，学校将教师思想政治教育工作作为一项重大政治任务，贯彻落实习近平新时代中国特色社会主义思想，按照"一校一品""一校一案"制定《盐池县第五小学关于深化习近平新时代中国特色社会主义思想"三进"工作实施方案》，不断健全和完善"六个育人"工作机制（课程育人、文化育人、活动育人、实践育人、管理育人、协同育人）。学校成立思想政治教育领导小组，加强组织领导，明确牵头处室，明确工作载体和抓手，各处室统筹协调，齐抓共管，以习近平新时代中国特色社会主义思想"三进"为抓手，加强教师思想政治教育。支部书记带头抓、带头讲、带头学，支部每年至少召开 1 次专题研究，支部书记每学期至少为师生做 1 次专题讲座。党员教师在课堂教学中带头渗透育人思想，在教学、德育等活动中实时体现育人目的。学校将教师思想政治教育工作情况纳入党建工作责任制、意识形态工作责任制考核内容，纳入监

督执纪范围，纳入支部书记抓党建述职评议、办学治校、文明校园创建等
重要考核评估内容。

二、抓好教师和学生两支队伍

一是抓好教师队伍。利用"三会一课"、教职工大会、实地观摩等形
式，不断加强教师的思想道德建设，因势而新，常教常新，使三进工作寓
教于心。搭建"思政课程——课程思政——三全育人"三位一体平台，逐步
构建起"1+X"思政教学体系，依托学校优势资源成立思想政治教研组，汇
聚优秀教师团队，将习近平新时代中国特色社会主义思想融入每门学科、
每节课程中，适时对学生进行思想教育，并作为听评课的一项重要内容。
切实抓好习近平新时代中国特色社会主义思想课堂教学，培养担当民族复
兴大任的时代新人。

定期集中学习、交流研讨，不定期的培训培养，提高教师驾驭教材能
力，挖掘德育内涵，提升教师思想政治水平，激发学生爱国情怀，确保学
深、悟透、讲实习近平新时代中国特色社会主义思想。

二是抓好学生队伍。学生是学习的主体，是祖国的未来、民族的希
望，要把下一代教育好、培养好，从学校做起、从娃娃抓起。学校在每周
的升旗仪式中开展"童心向党，党的故事我来讲"活动，截至2022年年底已
经讲了26期，还依托重要节日纪念日等，通过班队会、手抄报、征文、绘
画、志愿服务、实践活动等形式，培根铸魂，擦亮人生底色，实现显性教
育和隐形教育同频共振。

三、用活学校、家庭和社会三个阵地

学校成立德育领导小组，负责学校德育工作的统筹规划，发挥校园电
视台、校园广播、电子屏、电子班牌等多媒体的功能，党支部、教工团支
部、少工委通力合作，共同打造全员、全程、全面的育人局面。利用开学
第一课、升旗仪式和国旗下的讲话等活动，对学生进行爱国主义教育和行
为习惯养成教育，使学生的心灵在庄严的环境下受到一次又一次的洗礼。
宁夏盐池是革命老区，"红色教育"是学校的传统。2015年由原宁夏军区司

令员胡世浩将军发起，并由原北京军区司令员李来柱上将题词，建成"百名将军书画陈列室"，陈列了全国 100 位老将军精心创作的 105 幅书画作品，并将学校命名为"盐池将军希望小学"。学校挖掘盐池红色资源，收集了 15 个红色盐池故事，重点从恪守初心、长征精神、光辉历程、不忘初心、英雄初心、走进新时代六个方面打造思想政治教育长廊。为传承老革命、老将军的精神，学校以"百名将军书画陈列室"为基地，开展"听、唱、观""读、讲、演""学、访、做""九字"红色实践活动，将红色教育融入各项活动中。2022 年 8 月，学校又创建了"盐池少年军校"，以更好地弘扬红色文化、传承革命精神、促进学生全面发展。将国防教育、红色教育融入三全育人体系，追寻红色足迹，坚定理想信念，为学生打牢思想基础，扣好人生第一粒扣子。成立校级、年级和班级家委会，通过家访、家长会、课堂开放日、发放致家长一封信等形式，了解学生在家学习、家务劳动等表现，让学生树立信心、远离危险、防止拐骗、健康成长，使家长了解学校、信任学校、监督学校。学校聘请法治副校长、卫生副校长和"小白杨工作室"人员不定期进校进行法治、安全、防疫、心理健康等类型的讲座，增强学生的法律意识，还组织学生参加清明祭扫、义务劳动和公益活动等，发挥社会育人功能，强化学生爱国主义情操。

四、落实立德树人根本任务

在党的二十大精神的指引下，全面贯彻党的教育方针，始终坚持社会主义办学方向，坚守教育初心，落实立德树人根本任务，必须做到学校动起来、教师学起来、学生活起来。学校在思想政治教育方面积极行动，不等不靠，营造和谐优美的校园环境、文化建设，从星期一到星期五每天学生进班后，利用 5 分钟时间师生同唱一首歌，星期一唱《中华人民共和国国歌》，星期二唱《中国少年先锋队队歌》，星期三唱校歌《我梦想开始的地方》，星期四唱《我和我的祖国》，星期五唱《没有共产党就没有新中国》，人人唱、周周唱，周而复始。每节课前师生共同背诵社会主义核心价值观，到校后、离校前学生诵读中华经典诗文，使校园充满读书声、唱歌声和欢笑声。

盐池县第五小学作为宁夏回族自治区教育厅"五星级基层党组织"，正在创建吴忠市习近平新时代中国特色社会主义思想"七进"示范点，在加大教师思想政治教育基础上，将再接再厉，植根学校特色，立足学生需求，汇集多方力量，着力推动思想政治教育"四个结合"：一是理论与实践相结合，为师生构筑起"同心圆"，把思想政治教育做到"有棱有角"；二是育德与育心相结合，为师生构筑起"承重墙"，把思想政治教育教到"有情有意"；三是课内与课外相结合，把思想政治小课堂与社会大课堂结合，为师生构筑起思想上的"立交桥"，把思想政治教育做到"有滋有味"；四是线上与线下相结合，运用好"互联网＋"教育和新媒体手段，为师生构筑起思想学习的"快车道"，把思想政治教育做到"有己有人"，使师生的思想统一到习近平新时代中国特色社会主义思想上来。

只有将习近平新时代中国特色社会主义思想"三进"工作融入教师思想政治教育和学校的各项工作中，从身边的事、身边的人出发，做好小事、管好小节，踏踏实实修好品德，真正做到立德树人、培根铸魂、潜心育人，才能为青少年"扣好人生第一粒扣子"打下坚实的思想基础，才能看到祖国的花朵在成长的道路上越开越艳。

习近平总书记指出，老师应该有言为士则、行为世范的自觉，不断提高自身道德修养，以模范行为影响和带动学生，做学生为学、为事、为人的大先生，成为被社会尊重的楷模，成为世人效法的榜样。盐池县第五小学全体教师将继续以德立身、以德立学、以德施教、以德育德，做学生爱戴的"四有"好老师。

（王生雄，宁夏回族自治区吴忠市盐池县第五小学）

第八章

幼儿园师德师风建设典型案例

北京市北海幼儿园：立德树人担使命，培根铸魂育新人

党的二十大报告提出"加强师德师风建设，培养高素质教师队伍"。北京市北海幼儿园深入贯彻落实党的二十大精神、习近平总书记关于教育的重要论述和全国教育大会精神，站在历史发展的新节点，重新理解师德师风建设工作的内涵，形成了以下三个方面的"再认识"：第一，师德师风建设的本质是尊重规律，回归教育本质，激发每一个人内在的向善、向美的力量。第二，师德师风建设的关键是支持广大教师学思践悟、知行合一，争做"四有"好老师，坚持立德树人。第三，师德师风建设的核心是培育好每一名幼儿，支持人的全面发展与终身发展。

基于这样的认识和理解，北京市北海幼儿园在"做真正的自己"文化理念引领下，不断寻求师德师风建设工作的新突破，实现立德树人根本任务，提升教育质量。

北京市北海幼儿园的"北海星"活动就是在这样的探索中形成的创新举措，下面就请大家一起走进北京市北海幼儿园"北海星"活动的现场。

一天中午，教师们带好了笔记本如约来到礼堂参加师德活动，大家如往常一样准备聆听讲话，记录具体要求。但是这次，礼堂里却响起了悠扬的音乐，一位干部走上讲台讲述了这样一个故事。故事的主人公是北京市北海幼儿园的一名默默无闻的教师。一天他带着孩子们到楼里参加社团活动，准备回班时却发现天空中忽然下起了雨。"如果是您，您会怎么做

呢?"跟随着这位干部的提问,在场的每位老师都积极思考起来。故事中的教师又是怎么做的呢?这位老师灵机一动,拿起了孩子们做游戏用的透明塑料布,让孩子们躲在塑料布下,和班上的另一位教师一前一后,用爱和责任为孩子们撑起了一把伞。小雨滴落在塑料布上发出的滴滴答答的美妙声响,在孩子们的头顶绽放出一个个水花,在这把神奇的大伞下,孩子们以全新的视角感受着雨天的美妙,每个孩子的小脸上都绽放着惊喜。教师在保证孩子们安全的同时,运用自己的实践智慧开展随机教育,带孩子们零距离观察与感受自然现象,渗透审美教育。

伴随着悠扬的音乐,这个故事触动着在场每一位教师的心。随后,是富有仪式感的"颁星仪式",推荐人致颁奖词,她这样讲:这是一位平凡的老师,他将对孩子的爱体现在了一件寻常的小事上,雨水打湿了衣衫,但他内心火热,因为他看到"大伞"下的张张笑脸;这又是一位充满教育智慧的老师,在确保孩子安全的情况下,为孩子们制造了一场奇妙的雨中漫步经历,让教育润物细无声地浸润着孩子们的心田,他将爱与专业相融合,体现出的是新时代赋予师德的新定义。故事里的教师被授予"北海星"称号,台下的教师响起了热烈的掌声。

这就是北京市北海幼儿园的一次"北海星"活动,它始于 2017 年 9 月,到目前为止,共开展了 29 期,2173 人次获得了"北海星"称号。

"北海星"活动是集多功能于一体的师德活动,它既是师德表彰活动,也是师德培训活动,更是一种激励机制。那么"北海星"活动对于师德师风建设工作的意义和价值体现在哪里呢?

一、以北海星活动促进师德师风建设工作的理念更新

在实践中,北京市北海幼儿园借助"北海星"活动逐渐建立了"基于教师成长、支持教师发展"的师德师风建设的新理念。北京市北海幼儿园在充分尊重每一名教职员工的主体地位,坚持"自下而上"的推荐流程和"身边人讲身边故事"的表彰形式,支持每一位教师找到自己教育生涯中的生长点与成长空间。"北海星"活动使得师德师风建设工作能够真正基于人的成长发展规律,成为教职员工专业成长的一部分。引导教师从身边小事着手,自主提升自身师德修养,将良好师德践行于工作之中,融入渗透到教

书育人的全过程。

二、以"北海星"活动促进师德师风建设工作深入人心

"北海星"活动用发生在教师身边的真人真事诠释师德的内涵，鼓励老师们从身边最细小、最平凡的点滴日常做起。在"北海星"活动的现场，故事中的教师因为自己的一个小小举动被记录与分享，找到了平凡岗位中的价值感与成就感；而聆听的教师找到自己看得见、摸得着的榜样及前进方向。在多年的实践探索中，教师已将"以德立身、以德立学、以德施教、以德育德"从"他律"转化为"自律"，从"他评"转化为"自评"。"北海星"活动激发出了每个人心底的内生力量，真正实现了教师自主地、自发地锤炼自身师德的良好局面，让向上、向善、向美的师风传遍幼儿园的每一个角落。

三、以"北海星"活动促进师德师风建设工作辐射全局

以往谈及师德师风建设，往往指向教师，现在，幼儿园将所有教职员工都纳入其中，无论是一线教师、保健大夫、后勤老师，还是保安、保洁等劳务派遣人员，只要是有上进心、爱孩子、重责任，都能得到别人的尊重和认可，成为"北海星"。如今，师德师风建设工作已经辐射幼儿园工作的全局，支持幼儿园里的每一个人先立德为师，再立德树人，充分发挥育人功能，着力培养德智体美劳全面发展的社会主义建设者和接班人，实现全员、全过程、全方位育人。

"北海星"活动其实是北京市北海幼儿园师德师风建设工作改革创新的一个缩影，北海幼儿园始终将师德师风建设工作看作园所发展的关键点，着力研究，努力攻坚，以支持教师队伍的可持续发展为核心，构建师德师风工作的体系。北海幼儿园的师德师风工作体系包括：全覆盖的顶层设计引领着师德师风建设工作融入园所的各个环节、各个岗位，实现良好师德氛围的全覆盖；多元化的路径措施用于保障师德师风建设工作既能支持不同特点的教师，也能支持教师发展的不同阶段，形成"面向整体—伴随全程"的师德培养方案；"五位一体"的评价机制推动着师德师风建设工作以

教师自身为评价主体，激发教师自我成长的内驱力，同时以幼儿、家长、同伴、社会的多元评价为参照，支持师德师风建设工作的动态调整和多角度优化。系统、全面、动态优化的师德师风工作体系助力了北京市北海幼儿园的师德师风建设工作不断生发活力，持续改革创新。

星星之火，可以燎原。"北海星"活动既是一种分享，更是一种期待，期待广大教育同仁能够凝聚力量，立足新时代发展的特点，共同完善和创新师德师风建设工作，为国家发展扩充高素质的教师队伍，培养一代又一代的时代新人。

（柳茹、王桐，北京市北海幼儿园）

北京市丰台第一幼儿园：立足幼教
显真情，师德传承望初心

2018 年，习近平总书记在全国教育大会上讲话中提到："我们要围绕培养什么样的人、怎样培养人、为谁培养人这一根本问题，全面加强党对教育工作的领导"，指出"为党育人、为国育才"的教育使命。幼儿园是 3 岁到 6 岁幼儿生活受教育的场所，我们相信每个孩子都是一个与众不同的个体，需要尊重、接纳、关爱和支持；每一位教师都是不可多得的宝贝，需要发现、肯定、赞美和赏识；每一所同行向前的幼儿园都是契若金兰的伙伴，需要牵手、牵心、认同和激励……

一、关爱，从未间断，从三岁到六十岁

丰台第一幼儿园（简称"丰台一幼"）始建于 1960 年，小朋友在这里度过最美的三年时光。三年，仅仅是开始，之后我们追随着孩子们的身影，像妈妈一样驻足凝望，关注他们后续的成长。

2009 年，一名叫天天的小男孩走进丰台一幼，成为大家庭的一员。中班的时候，他的妈妈病重。班里的家长、教师自觉排班把孩子接回自己家，照顾孩子。幼儿园还悄悄组织了捐款活动。可是，妈妈还是在孩子大班的时候去世了。记得在离世前她对老师说："我挺放心孩子的，孩子遇到这么好的园、这么好的老师、这么好的小朋友，我相信他以后遇到的都是好人。"时至今日，我们都把这句话当成妈妈最后的嘱托，不曾有丝毫懈怠。我们至今都与孩子联系，传递着教育者的叮咛嘱托。

1960 年，丰台一幼第一届小朋友入园，拍摄了一张集体照，黑白的光影让记忆停留。如今，当年照片中胖乎乎的小男孩变成老爷爷，拉着孙女、孙子又来到丰台一幼，祖孙三代在丰台一幼的成长故事在幼儿园传颂，时光荏苒，60 多年过去了，美好悠然而至。

师德是什么？就是把"一个孩子都不能少"作为座右铭，把责任和使命

感外化成爱心、耐心、细心、恒心，落实于行动中，体现在生活处，践行在平常时，感动于孩子的点滴，让"我是丰台一幼人"带来由内而外的自豪感。

二、成长，参天红杉，从"我行"到"我们行"

我园在 60 多年的发展中，铸就了深厚的园所文化，更出现了一批品格高尚、无私奉献的教师榜样，他们用自己的言行与坚守谱写了丰台一幼昨日的精彩篇章。我们开展了共读园史"红杉茁壮"读书会，书中的每一个故事都给教师留下了深刻的印象。如 1984 年 5 月，为预防手足口病的传染，幼儿园决定将全园孩子隔离一个月。在隔离期间，所有孩子在园住宿。为了照顾好孩子们，教师白班、夜班连轴转，以"爱孩子赛妈妈"作为一幼人的行动准则，让丰台一幼成为北京市名园。

一幼人是一张教育名片，心系教育且担当时代责任。疫情期间，我们每一位教师都积极担任社区志愿者，为防疫做力所能及之事。尤其是 2022 年，我园承担支援丰台区中高考任务，教师各有分工，职责不一。一位教师是"安保队长"，负责部署与安排接餐、送餐及重点垃圾消杀的服务工作。她接到消息后，立即带领安保师傅实地考察、模拟演练，一句一句叮嘱师傅如何对接、一个地点一个地点地带师傅熟悉路线，并在每次取餐、送餐、消杀时，与师傅一起到岗，一起行动。在最后一次送餐结束时，师傅向她发来了感谢的信息：若有"战"，召必回，"战"必胜。这就是一幼人，用自己的力量带动、影响身边的人一起迎接新挑战，用行动诠释担当，用汗水书写奉献。

"做世界一流的幼儿教育"成为每一位丰台一幼教师专研深学的动力，在接待挪威奥斯陆大学、卑尔根大学、耶鲁大学附属幼儿园园长、新加坡幼教参观团等的活动过程中，教师们越发有了文化的自信和教育的自信，学习中国教育大家陈鹤琴、张雪门的教育理念，付诸每日的游戏化课程之中，成长为体现中国教育特色的幼儿教师。

三、牵手，并肩前行，从北京到全国各地

2009 年，我园响应北京市政府号召将优质园资源辐射到农村，采用名园办分园的形式创办了草桥分园；2012 年立足于服务基层百姓，接收了宋家庄顺八分园；2015 年为解决"入园难"问题创建西局分园。目前丰台一幼已发展为一园六址的教育集团，每年为社会解决 1000 余名幼儿的入园问题，将优质教育资源辐射到周边社区。

2012 年，我园响应国家号召，为脱贫攻坚战做到教育先行，以"派师入园、跟岗研习、课程共享、师资专培"等多种方式支持中西部地区、脱贫摘帽地区乡村幼儿园的发展，共同推动我国学前教育质量的整体提升。我们的支教队伍不断壮大，足迹遍布内蒙古自治区、新疆维吾尔自治区、宁夏回族自治区、河北省、山西省、陕西省等多个地区。

2019 年，在区教委的支持下，我们成立了北京市"名园长工作室""劳模工作室""特级教师工作室"，用工作室集结全国各地幼儿园教师的教育智慧，目前完成线上直播百余次。通过线上和线下分享、网络直播课堂传递教育的理念和真情。教师们常说："现在越来越体会到懂得输出、学会输出，帮助的不仅是别人，更是自己。"的确如此，因为每一次传递伴随的一定是更加深入的内化理解，不断温故知新的过程会让我们保持对教育敏锐的感悟力，会不断激发主动学习的内驱力，慢慢体会到精彩其实就是不断遇见更好的自己，是从一个人精彩到更多人精彩的过程。

师德师风，事关孩子的成长，事关社会风气，事关国家和民族的未来。作为新时代的教师，心中要有国家和民族，要能意识到肩负的国家使命和社会责任，认真践行新时代赋予师德的新内涵。

（朱继文，北京市丰台第一幼儿园）

广东省广州市广雅幼儿园：以雅立德，以乐树人

广州市荔湾区广雅幼儿园，创办于 1952 年，最初办园于广州老城巷陌深处的一座古老祠堂里。新时代的广雅幼儿园，凝练了"以雅立德，以乐树人"的办园理念，确立了"尚雅乐行"的培养目标和"雅乐共长"的共同愿景。在深耕细垦师德养成的道路上，广雅幼儿园的主要做法包括凝练以"雅"为核心的"雅乐"文化、实施"雅正和顺"的园本管理、涵养"雅德善导"的团队、同构雅乐"经典童戏"特色课程和创设"雅致净美"环境五个方面。

一、凝练以"雅"为核心的"雅乐"文化

文化是幼儿园实现发展的内在灵魂，是内化于幼儿园全部生活中的无形力量。凝练以"雅"为核心的"雅乐"文化，是广雅幼儿园开展师德师风建设的着眼点。作为广州市广雅教育集团的一员，为了更好地把握"雅"文化的精神实质，将其贯彻到办园理念、管理制度，特别是教职员工的日常教育实践中，广雅幼儿园一方面通过寻根百年广雅的发展历史，深入体悟"广者大也，雅者正也"的内涵；另一方面则立足时代要求密切观照当下的教育趋势，认真思考新时代立德树人的根本任务及寓教于乐的育人要求。通过学习，全园教职员工对"雅乐"文化的内涵有了更全面深入的认识与理解。目前，在"雅乐"文化的感召下，我们系统梳理了"以雅立德，以乐树人"的教育理念，提出了以端正的、规范的、高尚的、美好的修养、美德或态度引导人、感化人、激励人，以快乐的教学方式塑造人、改变人、发展人的具体主张。所谓"雅"即"正"，意指端正的、规范的、高尚的、美好的文化。"乐"即"快乐"，意指快乐的学习方式及体验。对"雅乐"文化的提炼，让我们明确了师德养成的工作方向与目标，通过文化引领、管理保障、课程同构、环境熏陶，全面推动师德养成的实践。

二、实施"雅正和顺"的园本管理

管理是实现育人目标的重要保障。在"雅"文化的滋养下，广雅幼儿园领导团队上下齐心，协同创新，努力营造儒雅、正气、和谐、顺畅的管理体系，推出了以下三个重要举措。一是全员学礼知礼行礼。全园上下形成见面行礼问候、园务业务有礼商榷，打造以人为本、风清气正的管理氛围。二是定期开展"雅乐三言"。此举旨在激发全体教职工的主人翁精神，围绕园人园事，鼓励教工"乐问、乐赞、乐谏"。"乐问"即善于提问，寻求对策；"乐赞"即对好人好事宣传褒扬；"乐谏"即对幼儿园的管理建言献策。通过每月开展"雅乐三言"活动，充分调动教职工的积极性，推进幼儿园民主管理的进程，营造乐说、敢说、会说的氛围，达到共享共雅的目的。三是按需开展"雅乐众筹"。"雅乐众筹"活动，是将金融众筹的理念迁移，即由发起人向教师募集有关教研教学、园务管理等资讯，以支持某一研究、学习、主题实践或教育教学行为或管理举措的开展。"雅乐众筹"不仅是一个能为教师提供在教学实践研究和日常管理中发现问题、提出问题、解决问题方略的平台，更是促使教职工心往一处想、力往一处使，促进教职工共谋园人园事内在动力的助推器。"雅正和顺"的管理，为广雅幼儿园实现"雅乐共长"的梦想，共同追求那一束心灵之光提供了保障。

三、涵养"雅德善导"的团队

组建"雅德善导"的团队，是广雅幼儿园师德养成的重要工作目标。为了实现这一目标，幼儿园通过大力开展园本培训，有效助推目标达成，在"以思政学习促教师养德塑品，以专业培训促教师善教会导"的基础上着力开展"雅乐"晨会涵养雅正品行。这一措施是专门针对幼儿园教师"一个萝卜一个坑"，难以经常性长时间地开展全员集中学习的特点而设计的。具体做法是每天利用开园前的 15 分钟，以"乐行齐立德——经典晨会""乐教思百通——业务晨会""乐闻知时事——时政晨会"和"乐学会生活——科普晨会"为主题，采用视频、讲述、展示等形式，由教职员工轮流当主持人来进行的。其中，"经典晨会"以培养具有"十德"（仁、义、礼、智、信、忠、孝、节、勇、和)素养的"四有"好老师为目标,以中华伦理中的"十德"及红色教育为主题。过程中用心甄选与每日晨会相关的经典著作、经典故事、经典歌曲、经典电影等内容,有计划、有准备、有记录地实施。鼓励作为主持人的教师充分运用"一百种语言",为塑造团队的雅正品行灵活赋能。此外,幼儿园还为每位教师建立了电子成长档案,助推教师成长。以"我的学习""我的工作""我的进步"和"我的发现"为内容,由教师个人每月记录自己的成长点滴,让成长轨迹有案可寻,进而不断提升自我管理意识,形成内观自省的自我修养习惯。

以涵养"雅德善导"团队为取向的常态化园本培训有效提升了广雅幼儿园教师的师德素养和专业能力。近年来,先后共有 7 名教师获得广州市荔湾区直属机关"优秀党务工作者""教育协作工作先进个人"等荣誉称号;42人次在活动设计评比中获市区一、二、三等奖;15 篇教育技术论文获市区二、三等奖;20 人次在多媒体教育软件设计比赛中获市区一、二、三等奖;11 名教师制作的书画及手工艺作品荣获市区一、二、三等奖。

四、同构雅乐"经典童戏"特色课程

寓教于乐是教育的最高境界,也是"雅乐"教育中的"乐"所追求的实质意涵。那么,幼儿园的乐从何来,乐由何生?广雅幼儿园认为,幼儿园的"乐"应该从一日生活中来,由"师幼共振"而生。为此,幼儿园建构了雅乐"经典童戏"园本特色课程。该课程以中华伦理中的"五德"(仁、义、礼、智、信)和"红色文化"为主题,以中华经典中的思想、文学(故事、诗歌)、戏剧(粤剧)、琴棋书画等为内容,以听经典、看经典、诵经典、唱经典、画经典等为组织方式,努力培养崇尚高雅品德的雅乐孩子,使孩子们在游戏中汲取中华经典文化及社会主义先进文化的滋养,筑牢雅正的德行根基。通过在了解"经典童戏"课程的实施背景、梳理课程理念、进行课程核心概念界定、制定课程目标、甄选课程内容、设计课程的组织与实施方案、设定课程评价这七个方面不断下功夫,教师一方面先行获得了经典文化的滋养,另一方面则依托不断精进的课程构建让良好师德不断养成,真正实现教学相长。

五、创设"雅致净美"环境

环境是幼儿园文化无声的表达，传递着与教育相关的理念，潜移默化涵养身心。广雅幼儿园在文化涵养师德研究项目组所提出的"一方水土一方人，一区一校一特色"的整体建设思路启发下，着力从精神、物质、人文三个层面营造良好的育人环境。

在精神层面，大力倡导"乐"精神。一是实施雅乐管理形成和谐融洽的干群关系；二是采取"师徒结对"的方式建立互助友爱的同事关系；三是对标《荔湾区幼儿园保教质量量化考核方案（第五稿）》建立民主平等的师幼关系；四是重视音乐怡情、故事养性，利用幼儿园广播，在来园、游戏、盥洗、进餐、午睡前后等环节，有针对性地播放与季节及节日相关的经典音乐作品、古诗词和故事，愉悦师幼的身心。此外，还通过"微心愿""送温暖""保安全"，以及观影、参观、团建等活动，增强师幼身处雅园的安全感、幸福感，使幼儿获得乐学习、乐生活、乐探索、乐创新的体验。

在物质层面，依托所处地域荔湾区大坦沙岛"小新加坡"的国际生态岛建设理念，着力创设立足本土放眼世界的多元文化场景。比如，在幼儿园户外，设置了富有中国特色的满洲窗、介绍中国二十四节气与四大发明知识的攀爬栏、镶有中国建筑之窗的休闲阁及岭南西关大屋风格的网桶组合；在幼儿园门厅，映入眼帘的是岭南风攀岩墙、小园大雅"园史墙"；在幼儿园一楼，创设了"雅乐坊"，内设粤韵台、西关茶楼、广彩坊、西关手信店、广绣坊、国医馆、剪影坊、考古吧等游戏场景；在幼儿园课室，六个教学班的环境布置呈现出了中国、东南亚、欧洲、非洲、大洋洲、美洲六种风格；在幼儿园天台，是放眼世界的茶饮、美食及国际旅游视听游戏区；在幼儿园走道梯间，随处可见有关社会主义核心价值观的宣传图文。雅致净美的环境，强调传统文化与现代生活的连接、本土文化与多元文化的交融，让师幼充分获得"居雅室、说雅言、做雅事、行雅道"的自然熏陶。

在人文层面，努力营造具有荔湾风情的环境。一是每周开展传统文化角色游戏，充分利用具有本土特色的游戏区域，师幼互动，通过衣食住行的模拟游戏营造乐生活、会生活，乐交往、会交往的氛围，师幼从中习得经验；二是推行粤语日，每周五全园师幼"讲粤语、学讲古"，"听粤曲、学粤剧"，营造浓厚的粤韵氛围，激发"我是荔湾人"的自豪感；三是传承中医文化，根据时节开展四时保健讲座、组织二十四节气实践活动，师幼每天同做经络保健操，营造乐保健、会养生的健康氛围。

在不断的实践与省思中，广雅幼儿园初步体会到了文化培志开慧、经典明德养正的深层力量。今后，幼儿园将立足中华民族的伟大复兴，立足促进中国儿童健康快乐成长、坚定"以雅立德以乐树人"的教育理念，深入开展师德养成的实践与探索，以有人性、有温度、有故事、有美感的教育，描绘雅乐共长的新样态。

（周志芬、钟燕清，广东省广州市广雅幼儿园）

湖南省长沙市长师附二幼：
百年薪火相传，潜心培幼育人

一、案例背景

长沙师范学院附属第二幼儿园（简称"长师附二幼"）创建于 2010 年，现开设 17 个班，其中 16 个幼儿班，在园幼儿 670 人，教职工 102 人，其中行政 8 人，专任教师 52 人，保育教师 18 人，教辅人员 11 人，工勤人员 13 人。

幼儿园秉持"促进儿童健康发展，繁荣学前教育科学，服务学前教师教育"的办园定位，集师范性、研究性与服务性于一体，发展成全国儿童青少年人格发展与培养研究实验基地、全国足球特色幼儿园、湖南省示范性幼儿园、湖南省首批保育教育规范园、湖南省幼儿教师培训基地、湖南省普通高校党建工作样板支部。

幼儿园拥有一支高素质、专业化的教师队伍，91.8％的教师具有本科学历，14.2％的教师具有研究生学历，一批教师获评湖南省徐特立教育奖（湖南省教育最高奖）、湖南省教书育人楷模提名奖、湖南省特级教师、湖南省师德标兵、湖南省教育能手、长沙市卓越教师工程"首席名园长""学前教育骨干教师""教学能手"等荣誉。

教育大计，教师为本。建园十余年来，幼儿园一直坚持以文化立园，以文化育人，不断思考要培养什么样的儿童？成就什么样的教师？如何用文化涵养师德师风，打造一支拥有共同的、诗一般的理想信念和精神追求的教师队伍。

二、探索实践

(一)承特立之志，探寻精神归属

幼儿园极力架构植根教育教学、具有时代特征、彰显长沙师范学院附属幼儿园特点的文化建设框架，打造价值认同。一是确定办园宗旨。幼儿园的石碑上刻着被全园教职工所认同接纳的办园宗旨，即老校长徐特立先生 1940 年为陕甘宁边区第一保育院的题词"保证儿童身心平均发育"，与《3—6 岁儿童学习与发展指南》《幼儿园教育指导纲要》等文件提出的"促进幼儿身心全面和谐发展"等思想遥相呼应，致力于幼儿身心和谐发展的平衡与兼得，成为全园教职工共同的精神追求。二是形成教育理念。承特立遗志，办好学前教育。徐老提出："幼儿教育是教好后一代的基础的基础，做好这个工作，首先是要求搞幼儿教育工作的同志自身要有高尚的共产主义的道德修养，热爱自己的专业，专心致志，钻研业务，对培养好幼儿具有高度的责任感。"在与徐老教育思想的对话中，幼儿园形成了独特的教育理念——热爱儿童、研究儿童、通达童心、服务儿童。三是营造团队文化。幼儿园成立了徐特立读书会，在阅读中领略徐老倡导的诗教内涵，教师结合日常实践，不断研讨对话，相继成立了师幼互动、主题活动、游戏活动、一日生活等研训团队，在专心致志的业务钻研中，用研究的态度观察每一处日常教学，形成了幼儿园"诗教陶冶、教研合一"的团队文化。

(二)拓发展之路，审视制度文化

幼儿园紧随时代发展，从"以人为本"出发，以审视的眼光不断夯实幼儿园的制度文化体系，将看得见的制度办法打造为内隐的"规章制度"。第一，以学前教育事业发展和立德树人为基本抓手，不断建立健全幼儿园工作与保障机制，修订完善制度 60 余项，在建章立制的基础上进一步明确工作责任，实行层级管理，由党支部支委牵头，成立党小组，抓一层、带一层、辅一层，以点带面，以身示范，充分发挥了党员干部的榜样作用。第二，将师德规范纳入教师评优评先与考核机制，实施师德"一票否决"制。在执行幼儿园相关规定的基础上，对教师进行评优评先与考核时，首先评定其思想政治表现，严把政治观；在重新修订的教职工晋级制度中，将"师德师风"作为第一审核标准。第三，在健全制度的基础上，不断完善师德师风建设的工作机制。定期召开党政联席会议、园务工作会议、教职工会议及部门会议，传达师德师风相关文件精神，结合具体事例解读教师的使命与责任，依托"青蓝结对"工程，实现幼教工作与教育思想的传帮带。

(三)润师幼之心，推行行为文化

1. 以思政为引领，助推师风建设

一是向书本学习。在人员上，采取集中学习、部门学习与个人学习相结合；在内容上，将政治学习与业务学习相结合；在方法上，开展读书会、好文推荐、知识竞赛、心得分享等活动。二是向榜样学习。每年定期进行评选表彰与优秀事迹宣传等活动。结合工作实际，深入开展幼儿园"最美幼儿教师"表彰与宣传，通过学前教育宣传月、三八妇女节、建党节、教师节活动讲述教师典型事迹等，大力弘扬新时代教师高尚师德师风。

2. 以保教为基础，助推幼儿发展

一是在日常保教工作中融入师风建设。在幼儿一日活动、课程实施、节日活动等日常保教活动中，融入德育与爱国主义教育，如结合国庆、建党日等开展主题晨会，年级组开展重阳、端午、中秋节等传统节日主题活动，班级开展"好大一个家""我是中国人"等红色主题活动。二是在教育科研工作中融入师风建设。以文化为中心，站在关注幼儿生命成长的视角，丰富文化内涵，不断迸发出强劲的生命活力。以"亲近自然、守护童心、文化滋养、润泽童年"为课程理念，以"培养亲自然、乐探索、爱生命、尚创造、善生活的幼儿"为课程目标，开展自然教育的探索。同时，构建多层次教研建设研究体系，开展有价值、有前瞻性的研究课题。2020 年，课题"以党建工作为引领，促进幼儿园保教专业化发展的实践研究"被评选为长沙师范学院校级党建工作一般课题；2022 年，"红色基因在学前教育中的有效传承研究"获得湖南省学前教育规划课题立项。

3. 以活动为载体，助推凝心聚力

一是党支部活动有深度。将支部活动与业务工作有机结合起来，开展学前教育宣传月、师德教育、教师节、国庆节、幼儿园月会等活动，加强师德师风建设。二是团支部活动有意义。团支部跟随党员步伐，开展读书沙龙、尊老爱幼、"环保小卫士""师徐学徐"主题实践等活动，为团队注入活力。三是工会活动有温度。紧扣党建工作重点，定期组织开展体检、医疗互助保障、健康宣讲、文化娱乐和体育休闲活动，重点关注教师身心健康，增添人文关怀。

4. 以先进为榜样，选树典型模范

注重挖掘师德师风典型事迹，通过榜样引领，激励全体教职工爱岗敬业、奋发有为。定期利用 QQ 群、微信公众号、微信群等宣传师德师风典型事迹和榜样人物，重点结合全国学前教育主题教育宣传月、国庆系列主题活动、建党节主题活动推出专题报道与师德宣讲等活动。在幼儿园十周年园庆中，创新开展"故事分享会"，通过讲述与幼儿园之间的故事，弘扬教职工优秀的事迹、高尚的情操。

5. 以协同为抓手，助推区域发展

一是协同社区联动。幼儿园以定期进行的社务服务活动感染影响幼儿及家长，使其自发跟随教师到敬老院开展送温暖活动，为社区与幼儿园提供更多交流渠道。二是协同农村园发展。创设多元辐射路径，根据园所帮扶需求有效开展对口支援驻园诊断、送教下乡、跟岗观摩等活动，以身示范，充分展现长师附幼人扎实的工作作风。三是协同所在区域迈进。依托长沙市罗晓红园长工作室，长沙市美术、语言兼职教研员，长沙县学前教育教研工作坊等基地园资源优势，开展师德专题巡讲，并在 2022 年长沙县学前教育"六一"主题活动上展演情景剧《嘱托》，充分展现幼儿园文化内涵，全面促进区域辐射带动作用。

三、工作成效

十余年来，长师附二幼获得国家级荣誉 11 项、省级荣誉 21 项、市级荣誉 6 项、区县级荣誉 19 项、院级荣誉 11 项，共计 68 项。其中，2016年获评湖南省先进基层党组织；2019 年获评"长沙市巾帼文明岗"、湖南教育系统"芙蓉标兵岗"先进系统称号；2020 年获评湖南省第二批高校党建工作"样板支部"称号；3 次获评长沙师范学院先进基层党组织称号。教职工19 人次获得省级荣誉表彰，24 人次获得市级荣誉表彰，30 人次获得区县级荣誉表彰，52 人次获得院级以上荣誉表彰。园长罗晓红荣获湖南省师德标兵、湖南省先进工作者、湖南省徐特立教育奖、湖南省教书育人楷模提名奖，郑岗荣老师获"长沙市先进教育工作者"称号，谢书琴老师的作品《一辈子专注做好一件事》获评湖南省 2021 年师德师风征文一等奖，周林老师荣获 2020 年长沙市师德标兵，黄丹阳、游芳等多名教师荣获长沙市、县优秀教师、优秀班主任等荣誉称号。幼儿园教职工个人先进事迹多次被《中国教育报》《湖南日报》《长沙晚报》等媒体报道；2022 年，幼儿园结合教师节进行的文化建设系列报道被《星沙时报》连续刊登。

四、启示思考

1. 溯根源，兴文化，重内涵

寻根溯源，以徐老教育思想为精神灯塔，文化为魂，潜心育人，促文化共识转化为行为共显，推动园所内涵发展。

2. 立制度，强机制，重培育

始终把师德师风建设摆在工作的首位，不断完善工作制度，健全师德师风保障机制，将师德师风建设落在日常，做在经常。

3. 点线面，多方位，全覆盖

以党支部为核心，发挥示范作用，以党建课题研究提升重点领域水平，点、线、面深度结合，不断提高教职工的思想觉悟和理论水平。依托全方位教育教学活动、党团工会活动，确保教师思政工作实现全覆盖，不断加强和有效推进师德师风建设。

百年薪火相传，潜心培幼育人。长师附二幼将继续把"四有"好教师标准、"四个引路人"和"四个相统一"等要求细化落实到教师队伍培养全过程，加强师德师风建设，促进教师专业发展，使教师在追寻幸福而有意义的教育生活的同时，不断提高幼儿保教的质量与水平。

（罗晓红，湖南省长沙市长师附二幼）

陕西省西安市陕师大幼儿园：
蒙以养正秉初心，无私奉献铸红烛

"蒙以养正　行稳致远"是陕西师范大学幼儿园（简称"陕师大幼儿园"）的文化核心理念，与"学为人师　行为世范"的师范大学精神一脉相承。"养正"是中国几千年教育思想的精髓，是蒙学教育的出发点和落脚点，将品德的涵养、人格的培育、生命的完善、素质的提升等根植于儿童心灵深处，通过幼儿园教育让儿童能够正身心、教师能够正三观，这是陕师大幼儿园全体教职工的初心使命，也是责任担当。

陕师大幼儿园的园训是"尊重、合作、博爱、奉献"，其内在主旨与陕西师范大学"西部红烛精神"深入呼应，体现了一种爱国的精神、一种奋斗的精神、一种坚守的精神、一种奉献的精神。师大一代又一代的幼教人正是在"西部红烛精神"的感召下，以自身言行坚守初心、诠释理念、践行师德。

坚持党建引领　培根铸魂

幼儿园教育是启蒙教育，幼儿教师一个肩膀承载着家庭的希望，另一个肩膀担负着国家的未来。"育人先育师"是幼儿园师德建设的首要任务；"将业务骨干发展为党员，把党员培养成名师"是幼儿园建设"德能双馨"教师队伍的方向和目标。

多年来，幼儿园坚持党建引领，强化支部标准化建设，建立学习型组织，深入实施"双培养"机制，形成良好的学习氛围，提升党员教师的党性观念和政治理论水平，引导和教育党员教师坚守师者初心，担当育人使命，志存高远，甘于奉献，努力办好人民满意的教育。同时，结合实际多措并举，通过多形式、多视角的学习与培训，创新工作思路，优化发展举措，聚合骨干力量，全力打造更专业、更全面、更优秀的幼儿教师队伍，为实现"为党育人、为国育才"目标提供源源不断的生力军。

追求价值认同　深耕教育

师德是深厚的知识修养和文化品位的体现。在陕师大幼儿园你会有一种特别的感受:"师德制度不是铺满墙,而是装满心。"谈到师德学习,教师坦言:"师德是红线也是底线,我们对于师德的理解没有固化在文字上,而是内化于心,外化于行。"

多年来,幼儿园始终把建设一支师德高尚、业务精湛、情怀深厚的教师队伍作为核心工作目标。通过典型案例、感人事迹、榜样带动将师德规范转化为与教师实际工作相关的具体要求,让教师们从"守住底线"提升到"追求大德"的层面。这与幼儿园不断完善师德师风预警和监督机制,以及推行师德养成策略密切相关。教师说:"师德对于我们,是鲜活的案例、生动的场景、触摸得到的理念、感受得到的精神。"对于《幼儿园教师专业标准》中"不讽刺、挖苦、歧视幼儿,不体罚或变相体罚幼儿",教师的理解是:不是控制自己不去做这样有违师德的事情,而是如何用自己的爱与责任尊重、理解、支持幼儿更深层次的学习与发展。只有幼儿园每位教师对师德的认知达成共识,才是对园训"尊重、合作、博爱、奉献"最好的理解与诠释。

发挥榜样力量　践行师德

知行合一,方能致远。师德是教师职业的灵魂,师德养成应坚持实效性与自觉性并行。如何能让师德落地,成为一种自觉行为,认知是基础,关键在行动。陕师大幼儿园重视对师德典型行为的梳理和提炼,将身边的"道德故事"编辑成册讲给老师们听,为大家提供践行师德的路径和方法,平凡岗位上一个个不平凡的故事激励和感动着幼教人。

2018年12月,陕西师范大学与陕西省榆林市人民政府签订战略合作协议,拟通过校地合作,将"榆林教育"打造成为陕甘宁蒙晋交界最具影响力的"城市名片",需要选拔三名管理骨干远赴塞上工作五年,支持榆林学前教育发展。选择去异地工作,就要面对与家人的分离,适应陌生而艰苦的环境,迎接未知的困难与挑战。但当号令发出后,教师们丝毫没有退缩,纷纷主动请缨、提交申请。通过竞聘选拔,三位业务骨干毅然踏上了北上的道路。

提供专业支持　坚守大爱

　　师德的涵养，一方面需要"认知共情"，另一方面强调"专业能力"。教育部公布的多起违反师德的案例很大程度上就是个别教师信念不坚定、专业能力欠缺、教育方法不当所致。为强化师德师风建设，陕师大幼儿园有效基于相关经验，聚焦教师和幼儿"双主体"发展，深入推进课程改革与实践研究，通过自我反思、同伴互助和专业引领，实现教学相长，逐步形成师德与专业并行互生的良好氛围，让教师真正读懂儿童，理解儿童色彩斑斓的内心世界。所谓恶作剧成为教师眼中儿童创作的序曲；面对"入园焦虑"，教师尊重孩子的意愿，从情感的建立开始，让孩子产生依恋、爱上幼儿园；对于孩子们大胆的尝试，教师全力支持，给予试错、思考和探索的空间……这种潜移默化是隐性的，但是教师愿意为此坚守，静待花开。

　　"幼吾幼以及人之幼"，这是师德的体现；"不计得失的付出和不求回报的耕耘"，这是大爱的彰显。优良的办园品质获得幼儿、家长和社会各界的广泛认可，幼儿园先后获得了省市两级"素质教育暨质量提升优秀幼儿园""西安市师德建设示范团队"等多项荣誉。教师中有多人荣获优秀党员、优秀教师及省市级教学名师、学科带头人、教学能手等称号，突显出陕师大幼儿园教师队伍的综合素质。

秉承无私奉献　点亮红烛

　　为了充分发挥省级示范幼儿园的引领作用，促进西部地区学前教育均衡发展，几代师大幼教人坚持20余年，孜孜不倦地通过建立教育发展共同体，辐射、带动陕西、云南、甘肃等地的30余所幼儿园高质量发展。卓有成效的工作被多家媒体报道，宣传和弘扬师大幼教人的情怀与大爱。陕师大幼儿园创建的"西部地区幼儿园办园质量提升协同发展模式"荣获陕西省第十二届基础教育教学成果特等奖。十余年来，陕师大幼儿园积极承担幼师国培及省培项目，助力陕西及西部地区幼儿教师专业提升和教育事业发展，相关经验入选教育部"国培十年"优秀案例。

　　长期以来，陕师大幼儿园矢志不渝地秉承大学"扎根西部、甘于奉献、追求卓越、教育报国"的西部红烛精神，以培养"四有"好老师为指南，不断强化师德师风建设，丰富育人文化，提升质量内涵，潜心服务社会，为促进西部地区学前教育高质量发展贡献了师大智慧与力量，而这信念的火种也必将继续传递，在祖国西部更广阔的土地上发出光和热。

（张文芳、高东慧，陕西省西安市陕师大幼儿园）